FIZEMOS TUDO O QUE ERA POSSÍVEL

WANIR CAVALCANTI ROTTA
JOSÉ MARCUS ROTTA
HENRIQUE SZKŁO

FIZEMOS TUDO O QUE ERA POSSÍVEL

A DETERMINAÇÃO INABALÁVEL DE UMA FAMÍLIA NA LUTA CONTRA O CÂNCER INFANTIL

Diretor
Roger Conovalov

Gerente Editorial
Aline Assone Conovalov

Gerente Comercial
Eduardo Carvalho

Coordenador Editorial
André Barbosa

Coordenadora de Revisão
Stephanie C. Rodrigues

Revisão
Bartira Costa Neves

Editor Responsável
Henrique Szkło

Título
Alessandra Almeida Lazzarini

Capa
Henrique Szkło/Lura Editorial

Ilustração
Henrique Szkło/ChatGPT OpenAI

Projeto gráfico e diagramação
Lura Editorial

CATALOGAÇÃO NA PUBLICAÇÃO
ELABORADA POR BIBLIOTECÁRIA JANAINA RAMOS – CRB-8/9166

Dados Internacionais de Catalogação na Publicação (CIP)
(Câmara Brasileira do Livro, SP, Brasil)

Fizemos tudo o que era possível - AACC. — Wanir Cavalcanti Rotta/José Marcus Rotta/Henrique Szkło — Lura Editorial — 1a ed. -- São Caetano do Sul/SP, 2025.

304 p. 15,5x23cm
ISBN 978-65-5478-240-1

1. Câncer em crianças. 2. Leucemia. 3. Filhos. I. Szkło, Henrique. II. Rotta, Wanir Cavalcanti. III. Rotta, José Marcus. IV. Título.

CDD: 618.92994

Índice para catálogo sistemático
I. Câncer em crianças

[2025]
Lura Editorial
Alameda Terracota, 215. Sala 905, Cerâmica
09531-190 – São Caetano do Sul – SP – Brasil
www.luraeditorial.com.br

Quando contamos nossa história, as pessoas, muitas vezes, pensam que as portas estavam todas abertas e que nós fomos caminhando por aquela luz, por aquela estrada livre, asfaltada, sem obstáculos. Mas não foi assim. Foi uma verdadeira tempestade.

José Marcus Rotta

Dedicado aos três filhos do casal Rotta: Marcus Alexandre — doador da medula óssea para o irmão mais novo —, Maria Letícia e Luis Felipe, que passaram meses distantes dos pais, numa idade em que ainda não eram capazes de compreender o porquê disso.

APRESENTAÇÃO

Esta é a história de Thiago Cavalcanti Rotta. Mas não apenas dele. É, também, a história de uma família que enfrenta um desafio imenso, uma provação que abala profundamente e, ao mesmo tempo, fortalece. Uma jornada que envolve não só pais, irmãos e parentes próximos, como também amigos, profissionais da saúde e, até mesmo, desconhecidos que, de alguma forma, são tocados pela situação e se tornam parte dessa luta. É uma história de superação.

AJUDAR CRIANÇAS COM CÂNCER FAZ BEM AO CORAÇÃO

Tudo começou em 1997, quando eu era diretor de criação de uma agência de publicidade e recebi o telefonema de um amigo, Itagiba Cobra, pedindo que eu criasse o roteiro de um comercial para uma associação que apoiava crianças com câncer. Coincidentemente, naquela época, eu estava mesmo buscando uma causa que eu pudesse ajudar por meio da minha profissão e, não sei por que, teria que ser algo relacionado a crianças. Criei o roteiro e enviei para o Itagiba.

Semanas depois, ele me mostrou o filme pronto e me perguntou: "Como você sabia que o filho deles tinha morrido de leucemia?". Respondi que não sabia, foi apenas uma ideia que me veio à cabeça. Duas coincidências num espaço tão curto de tempo me fez pensar em algum tipo de sinal metafísico. Mas a vida continuou e não pensei mais no assunto. Até que, um ano depois, o Itagiba me ligou de novo, pedindo outro roteiro. Desta vez, eu quis conhecer as pessoas por trás das coincidências. Foi nessa ocasião que fui apresentado à Wanir e ao Marcus. A empatia foi instantânea — e acredito que mútua, tanto que saí da reunião com a conta da AACC. A partir dali, eu seria o responsável pela comunicação da entidade.

Durante muitos anos, tive o prazer e a honra de poder servi-los com o melhor de minhas habilidades. E foram anos preciosos de muito trabalho e satisfação, que guardo até hoje em minha memória afetiva. A AACC é parte importante da minha trajetória de vida, profissional e pessoal. Estamos conectados de um jeito ou de outro.

Mas a vida nem sempre caminha por onde desejamos e, a partir de um determinado momento, não pude mais oferecer a atenção e a dedicação que eles mereciam e necessitavam. Precisei me afastar para abrir espaço a quem pudesse ajudá-los de verdade. Mas nunca nos desligamos totalmente. Nossa amizade permaneceu e, eventualmente, continuei colaborando sempre que possível. Mas um tema recorrente de nossas conversas nos últimos 20 anos era o livro sobre a saga da família na busca pela cura do Thiago, que eles gostariam que eu escrevesse. Mas a vida, novamente, fez seus movimentos estranhos e o projeto não saiu do papel.

Até que, em 2025, finalmente conseguimos driblar os desencontros da vida e materializar a ideia tão aguardada. Me sinto privilegiado por poder ajudá-los a contar essa história belíssima e inspiradora, que todo mundo precisa conhecer. Um trabalho emocionalmente desafiador, realizado a seis mãos e uma infinidade de corações. Se eu já os admirava, conhecendo apenas alguns dos detalhes da jornada, agora a admiração se transformou em reverência.

E, a propósito, meu papel nunca foi o de escrever este livro, como eles sempre me pediram. Apenas assumi uma posição que não atrapalhasse a história, que, por si só, já é uma obra-prima do amor parental. Fui um mero organizador da memória do casal, os verdadeiros autores de cada palavra, cada página, cada capítulo desta biografia autorizada pelos céus e obrigatória para quem ainda acredita na capacidade de amar do ser humano. Não sei se consegui meu intento, mas garanto que fiz tudo o que foi possível.

HENRIQUE SZKŁO

O TEMPO NÃO CURA

Quando meu filho ficou doente, algo dentro de mim se partiu. E essa parte nunca mais voltou pro lugar. Me disseram que o tempo cura tudo. Mentira! O tempo ensina a respirar com metade do ar. A caminhar com o peito apertado. A sorrir por fora, quando, por dentro, está tudo em pedaços.

Thiago era só um menino. Três anos. Pequeno, leve, cheio de vida. Quando ficou doente, eu não sabia nem pronunciar direito o nome daquilo: leucemia. Pra mim, era uma palavra que aparecia em filmes, em noticiários, em histórias que aconteciam com os outros. Mas ela entrou na nossa casa. Entrou na nossa família. Tomou tudo.

Eu lembro do dia em que Marcus voltou do hospital com ele nos braços. Não precisou dizer nada. Eu vi. Eu senti. E, desde aquele instante, nada foi como antes. Fiquei muitos dias sem conseguir chorar. Quando chorei, foi no escuro, em silêncio, para não acordar os outros filhos. Eu tinha quatro filhos pequenos. Quatro. Mas, naquele momento, minha energia era uma só: manter o Thiago vivo. Dormi sentada em cadeira dura. Comi restos de lanche frio. Rezei de olhos abertos, segurando mãozinhas pequenas cheias de dor.

Este livro não é sobre mim. É sobre ele. Mas também é sobre o que a dor de uma mãe é capaz de fazer. Porque ninguém te ensina a ser mãe de uma criança com câncer. Ninguém te diz como sobreviver aos protocolos, aos remédios, aos olhares de pena, ao cansaço que não passa, às frases do tipo "vai dar tudo certo", ditas por quem não tem ideia do que está dizendo.

Houve um momento em que olhei pro Thiago e pensei: "ele não vai aguentar". E, depois, pensei: "eu é que não vou". Mas ele foi. E eu fui com ele.

O que você vai ler a seguir é a nossa travessia. É uma história contada com cicatriz. Mas também com muito amor. Porque, no fim, foi isso que nos manteve em pé: o amor. E uma fé que não vem das igrejas, nem dos livros. Vem do desespero. Vem do útero. Vem de um lugar que só as mães conhecem.

WANIR CAVALCANTI ROTTA

DETERMINAÇÃO, RESILIÊNCIA E FÉ

Quando decidi pela carreira médica, não imaginei nem de longe que um dia teria que me sentar e colocar em palavras a história de um filho doente.

Quando você é médico, você se acostuma com o sofrimento alheio. Com o diagnóstico dito em tom neutro. Com a palavra "paciente". Com a distância segura que a ciência nos oferece — como se o jaleco fosse também uma armadura emocional. Eu me tornei um bom médico assim: ajudando. Cuidando. Operando. Tentando. Mas sempre voltando pra casa inteiro. Até que não voltei mais.

Quando Thiago ficou doente, eu virei outra coisa. Um homem sem roteiro. Um pai no escuro. E, naquele momento, todas as fórmulas, todas as teorias, todos os livros da Medicina pareciam escritos em outra língua. Você pode passar a vida inteira lendo sobre leucemia. Eu li. Eu sabia. Mas, quando eu tive a notícia de que o Thiago era uma vítima real da doença, tudo virou ruído. Não era mais ciência. Era o meu filho.

Senti dificuldade de ser médico naquele momento. Porque minha cabeça sabia o que significava, mas meu coração implorava por uma mentira. A partir dali, começamos a andar por corredores que eu conhecia — mas agora com outro cheiro, outra luz, outra verdade. O hospital, meu *habitat* natural, virou um lugar estranho. Os jalecos, antes meus colegas, agora me pareciam uma barreira entre mim e a realidade.

Thiago tinha só 3 anos. Não entendia nada. E, talvez por isso mesmo, fosse mais forte do que eu. Ele não chorava. Só olhava. Aqueles olhos cansados, fundos, mas com o brilho natural de uma criança. Como se ele soubesse antes do que a gente que aquilo seria longo. E pesado.

Preferia não ter que contar esta história. Mas não tive como segurar. Ela transbordou do meu coração e da minha alma. As conversas que tive com Wanir, os silêncios que dividi com ela nas madrugadas em claro, os momentos em que eu me sentia um pai procurando força para não desmoronar na frente do filho...

Não espere encontrar aqui nenhuma lição. Nenhuma resposta. Talvez nem esperança em alguns trechos. Mas se você é pai, mãe ou já amou alguém a ponto de perder o chão, talvez encontre alguma verdade. Porque amar alguém é isso: é assinar um contrato sem cláusula de segurança. E, quando a vida vira do avesso, a gente continua — mesmo sem saber como.

José Marcus Rotta

SUMÁRIO

“NÃO HÁ FORTALEZA MAIS INEXPUGNÁVEL QUE O CORAÇÃO DE QUEM AMA SEM TRÉGUA.

— ANÔNIMO”

Capítulo 1

A CHEGADA

O avião desce por entre as nuvens pesadas de novembro. Lá fora, uma garoa fina tamborila nas janelas. Um manto cinzento envolve tudo ao redor. Dentro da cabine quase vazia, Marcus observa a esposa e os filhos adormecidos. Wanir, com 29 anos, mantém o pequeno Thiago, de apenas 3, aninhado no colo. Sente a respiração calma do menino contra o peito. Mesmo exausta, encontra um lampejo de paz nesse contato. Ao lado deles, Marquinhos, com 5 anos, encolhe-se sob uma manta. Lutou contra o sono durante boa parte do voo, mas acabou sucumbindo, com a cabeça apoiada no braço do pai. Marcus, porém, não consegue dormir. A cada quilômetro em direção a Seattle, seu coração bate mais forte — uma mistura de esperança e medo. Médico neurocirurgião de 30 anos, acostumado a salvar vidas, agora sente-se impotente diante do que ameaça o filho. Seus pensamentos viajam longe, antecipando cenários que preferia não imaginar, enquanto o rugido das turbinas preenche os ecos da madrugada.

Wanir abre os olhos por um instante e vê o marido pensativo, o semblante tenso. Conhece aquele olhar. Marcus parece ausente, perdido em conjecturas. Com suavidade, estende a mão livre e toca de leve o braço dele. Ele força um sorriso discreto. Sob a luz fraca da cabine, os dois trocam um olhar cúmplice. Nenhuma palavra é dita — ambos compartilham o mesmo turbilhão. Estão deixando para trás o Brasil, a família, tudo o que conhecem. Rumam para o desconhecido sem mapa ou bússola.

Ele é médico. Sabe ler exames, interpretar sintomas, operar cérebros com precisão milimétrica. Mas nenhuma de suas habilidades o preparou para ser pai nesse voo. Sente-se como um nadador olímpico jogado em mar aberto, onde não há técnica que baste, nem linha de chegada visível. Não há preparo possível para assistir a seu filho lutar pela vida.

Há outra angústia que não dorme: como sobreviver financeiramente em outro país, com um filho doente, sem sistema de saúde público, sem saber quanto tempo ficariam ali. Tudo isso em meio a uma crise emocional. Apesar da pouca idade, o casal tem alguma estabilidade. Marcus exerce a neurocirurgia há alguns anos e seus rendimentos permitem que Wanir se dedique exclusivamente aos filhos. Mas agora o montante necessário vai muito além. Moram em um bom apartamento alugado. A única coisa de valor: uma Caravan novinha, recém-comprada, e um Passat TS. Leiloaram o carro novo, mas o ganhador, num gesto inesperado, devolveu-o. Venderam o que podiam. Receberam doações: seu Walter e dona Nair (pais de Wanir), seu José e dona Noêmia (pais de Marcus), amigos, conhecidos, desconhecidos. Ainda assim, era pouco. Muito pouco diante do custo real da estadia. E muito menos para o tratamento. Mas mesmo com essa enorme espada sobre suas cabeças, eles sabem que não podem parar. E, quando não se pode parar, a vida empurra, mesmo sem dar garantias.

Wanir lembra-se dos preparativos frenéticos dos últimos dias: os documentos, as passagens, as malas cheias de agasalhos improvisados para o frio que os espera, os doze mil dólares, divididos em dois maços de seis mil que cada um carrega guardado em sua bagagem de mão. "Será o bastante?", ela se pergunta, com o olhar perdido na escuridão lá fora e já sabendo que a resposta será não. Marcus aperta de leve o envelope no bolso interno do casaco, no qual estão os prontuários de Thiago e os contatos do hospital. Ali dentro, repousa também a carta de aceite do centro de tratamento em Seattle, um fio de esperança ao qual se agarraram como náufragos.

Um solavanco suave. As rodas tocam o solo. Wanir sente o coração acelerar.

— Chegamos — sussurra, aliviada, passando a mão pelos cabelos macios de Thiago.

O filho esfrega os olhos, sonolento. Marquinhos desperta e espreita pela janela.

— Já estamos em 'Siátu'? — pergunta, com a voz embolada de sono.

— Sim, meu querido, chegamos — responde Marcus, tentando soar animado.

Wanir busca a mão do marido; entrelaçam os dedos. Ambos inspiram fundo. O cheiro distinto de cabine e chuva fria invade a aeronave quando a porta se abre. Um passo adiante. E a família Rotta desembarca na América. Eles não sabem, mas imaginam, que o que haviam vivido até agora, apesar de dramático, não será páreo para o que terão de enfrentar nos próximos meses.

Capítulo 2

O SONHO ANTES DA TEMPESTADE

Algumas semanas antes, em uma manhã quente de sábado, em setembro de 1983, a família Rotta vivia um fim de semana aparentemente comum, sem imaginar a tormenta que se aproximava. Era bem cedo e o sol já infiltrava réstias de luz pelas frestas da janela do chalé alugado no clube de campo da Associação Paulista de Medicina. O chalé modesto, com paredes de madeira clara, cheirava a café recém-passado e grama molhada — Wanir havia acordado antes de todos para preparar um café da manhã simples. As crianças ainda dormiam espalhadas pelos colchões improvisados. Os quatro filhos do casal estavam juntos naquele refúgio de lazer: Marquinhos, de 5 anos, e Thiago, de 3, dividiam uma cama de solteiro encostada na parede; Letícia, carinhosamente chamada de Leca, de 2 anos, dormia em um berço portátil; e o bebê Felipe, de poucos meses, repousava em um moisés ao lado da cama do casal.

Wanir aproximou-se silenciosamente dos meninos mais velhos — Marquinhos dormia esparramado, uma perna jogada por cima do irmãozinho; Thiago, indiferente à invasão territorial do irmão, respirava suavemente, com as bochechas rosadas de calor. Essa imagem encheu o coração de Wanir de amor e ternura. Ela sorriu sozinha. Por um momento, teve vontade de congelar o tempo ali. Uma moldura invisível parecia contornar aquela cena doméstica, como se dissesse: "Guarde isso. Vai passar.".

Letícia, Marquinhos com Felipe no colo e Thiago

Durante toda a semana, a família estava animada com a perspectiva do passeio: tinham sido convidados para um churrasco com amigos e colegas médicos no clube de campo da APM. Wanir, sempre organizada, planejou transformar o convite numas miniférias familiares. Reservou, com antecedência, um chalé no clube para passarem as noites de sexta e sábado e ficarem até domingo, evitando a pressa de voltar para

São Paulo no mesmo dia. A ideia era dar às crianças um fim de semana de diversão, com direito a piscina, bicicleta e piquenique em família. A proximidade do local — apenas meia hora de casa — tornava tudo mais fácil. Mas o passeio quase não aconteceu.

Na noite de quinta para sexta, Marcus acordou no meio da madrugada com o coração disparado e uma sensação de angústia sufocante. Ele teve um pesadelo terrível. Sentou-se na cama num sobressalto, suado, apesar do ar fresco que entrava pela janela entreaberta. Wanir, ao seu lado, despertou ao sentir o movimento brusco.

— Marcus?... O que houve? — perguntou, com a voz grogue e preocupada.

Ele levou as mãos trêmulas ao rosto, tentando apagar as imagens que ainda dançavam diante de seus olhos.

— Eu... eu tive um sonho horrível! — respondeu enfim, com a voz baixa e rouca.

Wanir se endireitou, agora totalmente desperta. Mesmo na penumbra, enxergou o brilho de lágrimas nos olhos do marido. — Me conta — sussurrou, segurando a mão dele.

Marcus respirou fundo, procurando as palavras.

— Eu sonhei que o Thiago... tinha morrido — disse de uma vez, quase num sussurro engasgado.

Ao verbalizar, seus olhos se encheram d'água e ele encarou Wanir com a expressão atônita de quem ainda não acredita no que viu.

— Eu o vi no sonho, Wanir... ele estava branco, branco... parecia sem vida nos meus braços.

Sua voz falhou.

Wanir sentiu um frio na espinha. Morrer? Thiago? Ela imediatamente puxou o marido para um abraço apertado, como se quisesse espantar qualquer mau agouro.

— Shhh... Foi só um sonho, meu amor. Um sonho, nada mais — sussurrou, fazendo um leve carinho na nuca dele.

Ela mesma, porém, tentou controlar o susto — a imagem descrita era pavorosa demais para qualquer mãe suportar. Wanir afastou uma mecha de cabelo da testa de Marcus e lhe deu um beijo ali, como que o abençoando.

— Nosso Thiago está bem, dormindo feito um anjinho. Foi só um pesadelo, meu amor.

O peito do pai doeu só de imaginar aquilo se tornando realidade.

— Esse pesadelo mexeu comigo demais, Wanir. Acho que a gente deveria cancelar nossa viagem — disse, desanimado.

Wanir não disse nada naquele momento. Preferiu continuar abraçando o marido em silêncio, como se quisesse deixar o medo escoar. Minutos depois, tentando aliviar o clima, ofereceu:

— Quer um café? Eu posso fazer, e a gente se senta na cozinha um pouquinho.

Marcus meneou a cabeça.

— Não, não... eu estou bem — e suspirou, enxugando discretamente o choro que teimosamente escapou. — É que... foi tão real.

Wanir apertou a mão dele.

— Eu sei. Mas não vamos deixar um sonho ruim estragar nosso passeio, né? Os meninos estão tão empolgados com o churrasco!...

Ela lançou um olhar terno, encorajando o marido a seguir em frente. Marcus respirou fundo mais uma vez e forçou um sorriso leve.

— Você tem razão. Eles estão animados. Não vou decepcioná-los por causa de uma besteira da minha cabeça.

Ele se levantou e esticou os braços, tentando dissipar de vez o peso do sonho. Wanir o observou enquanto ele caminhou até a porta do quarto das crianças e conferiu Thiago mais de perto — instinto de pai médico: precisava certificar-se de que o filho respirava, de que a cor de sua pele estava normal. Thiago dormia profundamente. O peito subindo e descendo em ritmo constante. A palidez fantasmagórica do sonho não coincidiu com a realidade: apesar da luz fraca, Marcus conseguiu notar o rubor saudável nas bochechas do filho. Ele suspirou aliviado, murmurou uma prece silenciosa pedindo proteção e retornou ao quarto do casal.

Antes de deitar novamente, Marcus ficou parado alguns segundos junto à janela do quarto. O vidro ainda guardava o calor do dia anterior. Lá fora, o céu começava a clarear, tingindo o mundo com aquele tom cinzento-azulado que antecede o sol. Ele apoiou a testa contra o vidro. Pensou no filho. No que significava ser pai. Na fragilidade dos corpos pequenos. Nos sonhos que pareciam avisos. Mas preferiu não acreditar em presságios. Naquela noite, decidiu: o melhor a fazer era abraçar o presente. O fim de semana logo chegaria. E com ele, o sol, filhos brincando, carne no braseiro e bicicletas em disparada. Pelo menos por mais alguns dias, tudo estaria bem.

A manhã de sábado logo chegou, e o chalé rapidamente se encheu dos sons alegres do despertar das crianças. O sol se insinuou pelas cortinas do quarto, prometendo um dia bonito. Marquinhos foi o primeiro a pular da cama, animado ao lembrar onde estava.

— Papai, a gente vai nadar na piscina hoje, né?! — disparou, invadindo o quarto dos pais sem cerimônia, já de bermuda e segurando o par de boias de braço do irmão.

Marcus, que estava terminando de abotoar a camisa, pegou o filho no colo.

— Vamos, sim! Mas, primeiro, vamos tomar café e, depois, vamos ao churrasco do tio — respondeu, beijando a bochecha do menino, que cheirava a suor infantil e travessura.

Thiago veio logo atrás, cambaleando, ainda sonolento, arrastando no chão o inseparável cobertor amarelo.

— Bom diiiiia... — ele disse, com voz manhosa e esfregando os olhos.

Wanir o acolheu num abraço e cobriu seu rosto de beijos estalados:

— Bom dia, meu amor! Pronto pra brincar muito hoje?

Thiago assentiu, timidamente, encostando a cabeça no ombro da mãe. Ele sempre acordava mais lento, agarrado à mãe até "pegar no tranco", como Marcus costumava dizer. Letícia, acordada pelos irmãos, começou a chamar do berço. Wanir a buscou e encheu a pequena de carinhos também.

O sol convidava a família para usufruir do seu calor, então os serviços parentais começaram: trocar as fraldas do Felipe e da Letícia, vestir os meninos com roupas confortáveis, passar protetor solar nas bochechas rosadas e mandar todos eles se comportarem no churrasco. Marcus e Wanir agiram em equipe, embalados pela animação dos pequenos. Era um ótimo começo para um fim de semana que prometia ser especial. E, de uma forma torta, foi.

Capítulo 3

O ÚLTIMO DIA DE SOL

O clube de campo era como um paraíso verde às margens da cidade — bosques, parquinho, piscinas azuis cintilando sob o sol das dez da manhã. O local do churrasco era um gramado amplo próximo a um salão coberto. Havia mesas distribuídas debaixo das árvores e já se ouvia o som de risadas e música ao vivo — um colega trouxe um violão e dedilhava uma bossa nova descontraída e levemente desafinada. O aroma tentador de carne assando no braseiro se espalhava pelo ar. Marcus avistou alguns amigos médicos e acenou, sentindo-se finalmente relaxar. A normalidade daquele cenário — amigos conversando, crianças correndo, cervejas sendo abertas — trouxe um alívio imenso depois das semanas de tensão no trabalho. Wanir aconchegou Felipe no cercadinho improvisado com almofadas à sombra de uma árvore e logo engatou papo com as outras esposas. Letícia, ainda não familiarizada com o ato de caminhar, agarrou-se às pernas da mãe com certa timidez diante de tanta gente, mas logo uma amiguinha da mesma idade apareceu com uma boneca e as duas se sentaram juntas na grama, mutuamente intrigadas, mas abertas a uma nova amizade.

Marquinhos e Thiago, no entanto, dispararam para suas tradicionais expedições de exploração do terreno.

— Cuidado com a piscina, hein! — Wanir lembrou, em tom alto.

Marquinhos, já acostumado às regras, respondeu de longe:

— A gente não chega perto, mãe!

Enquanto isso, Thiago apenas riu e seguiu o irmão. A mãe não percebeu no momento, mas seus olhos não disfarçaram suas reais intenções: travessuras em série. Os dois logo descobriram um conjunto de pedras grandes perto de um jardim e decidiram escalá-las. Marcus observava de longe, tomando um gole de refrigerante, pronto para intervir em caso de emergência, mas deixou-os brincar livremente. O riso dos filhos era música para ele naquele momento.

Entre uma conversa e outra com colegas neurocirurgiões, ele manteve um olho nas crianças. Em dado momento, Wanir ouviu gargalhadas escandalosas vindo da direção das pedras e franziu a testa, curiosa. Marquinhos voltou correndo, quase sem fôlego de tanto rir:

— Mamãe, mamãe! O Thiago... o Thi fez xixi na pedra! — anunciou, achando aquilo a coisa mais engraçada do universo.

Thiago regando as plantinhas

Wanir arregalou os olhos.

— O quê?!

E se aproximou, seguida por Marcus e por um pequeno séquito de amigos que também ouviram a notícia extraordinária. E lá estava Thiago, em pé sobre uma pedra maior, ainda com as calças abaixadas até os joelhos, exibindo um sorriso esperto de missão cumprida. Ele havia decidido fazer xixi lá de cima, como um explorador marcando território. Por um segundo, Wanir puxou o ar, preparando-se para dar uma bronca — "Thiago, desce já daí!" — mas a visão era tão cômica que ela não se aguentou. Começou a rir, primeiro contidamente, depois com riso solto, tanto quanto os outros.

Thiago desceu da pedra com a ajuda do pai, que o pegou no colo rindo.

— Mas que figurinha você é, hein, rapaz!

Marcus balançou a cabeça, entre o repreender e o se divertir. Wanir limpou as lágrimas de riso dos olhos e tentou um tom sério:

— Thiago, menino, isso lá é lugar de fazer xixi?

Ele fez um biquinho arrependido, mas, pelo brilho vivaz em seus olhos, ficou claro que não estava realmente envergonhado. Alguns amigos brincaram:

— Ah, Wanir, deixa o garoto ser selvagem um pouquinho! Deve ter achado que era banheiro de índio!

— Isso, Thiaguinho. Regando as plantas!

O dia transcorreu leve e alegre. Depois do churrasco farto — durante o qual Thiago e Marquinhos se lambuzaram de farofa e provaram pela primeira vez um pedacinho de carne malpassada ("Eca, está sangrando!", reclamou Marquinhos, arrancando gargalhadas dos adultos) —, a turma se espalhou pelo clube. Wanir e Marcus levaram os meninos para andar de bicicleta numa estradinha interna. Marquinhos, já sem a ajuda das rodinhas de apoio da bicicleta, disparou na frente, mostrando suas habilidades, enquanto Thiago, ainda amparado pelas rodinhas em sua BMX roxa, pedalou concentrado, com a língua para fora num gesto caricato de esforço. Letícia veio atrás no triciclo empurrado por uma amiga da família, e Felipe observava tudo do carrinho empurrado por Wanir. Era uma cena de propaganda de família feliz. O pai correndo ao lado dos filhos maiores incentivando a molecada:

— Isso, Marquinhos. Cuidado na curva! Vai, Thiago. Você está indo muito bem!

E a mãe empurrava o carrinho sob a sombra das árvores, apontando passarinhos no galho para o filho.

A tarde passou sem pressa, com o sol dourando as copas das árvores e lançando reflexos no lago do clube.

Já perto do entardecer, a família se preparou para retornar ao chalé. O churrasco se estendeu, alguns amigos decidiram ficar também em chalés vizinhos. Marcus ajudou a recolher as bicicletas.

— Eu levo as bicis pelas trilhas descendo a montanha. Vocês podem ir pelo caminho de carro — ele disse a Wanir, querendo poupar a família de carregar peso.

A mãe dele, dona Noêmia, sempre dizia, orgulhosa, que o filho era um homem muito forte. Que carregava o mundo com uma mão e protegia a família com a outra. Marcus colocou uma bicicleta em cada mão e desceu a estrada de terra íngreme que levava aos chalés, enquanto Wanir seguiu de carro com as crianças. As primeiras estrelas já despontavam no céu quando finalmente estavam de volta ao chalé aconchegante. As crianças, imundas de brincar o dia inteiro: pés pretos de terra, cabelos grudados de suor e piscina, cheirinho agridoce de sol. Wanir improvisou banhos ligeiros em cada um — um *splash* rápido nos maiores e só uma toalhinha molhada para os pequenos —, porque todos estavam exaustos. Em pouco tempo, o chalé silenciou. As crianças apagaram assim que tocaram os travesseiros. Até Marquinhos, que sempre insistia em ouvir historinhas, dormiu de boca aberta de tanto cansaço.

Wanir e Marcus se encontraram na pequena varanda do chalé, após colocarem os filhos para dormir. O ar da noite estava morno, e zumbidos de cigarras ressoavam ao longe. Wanir trouxe duas xícaras de chá e entregou uma ao marido, que se espreguiçou na cadeira de madeira. Eles se sentaram lado a lado, ombro com ombro, olhando para o céu escuro salpicado de estrelas. Por um momento, nenhum dos dois disse nada. Não era preciso. A cumplicidade do dia bem aproveitado preencheu o espaço entre eles. Wanir finalmente quebrou o silêncio, falando baixo para não acordar as crianças:

— Eu estava pensando… a gente tem tanto pra agradecer, né?

Marcus virou o rosto para ela, arqueando as sobrancelhas.

Ela continuou, com a voz embargada de felicidade tranquila:

— Olha só… eu sempre quis ter quatro filhos. E aqui estamos nós, com nossos quatro pequenos, todos com saúde, brincando junto. Somos muito abençoados.

Marcus sorriu, pegou a mão da esposa e beijou-a de leve.

— Tem razão, meu amor — sussurrou, olhando para as janelas do quarto onde os filhos dormiam juntinhos.

Wanir sentiu os olhos marejarem de gratidão. Fez uma prece em voz baixa ali mesmo, agradecendo a Deus pela família que construíram e pela alegria daquele fim de semana. Marcus inspirou o ar noturno, sentiu o perfume distante de jasmim do jardim e concordou consigo mesmo que a vida era boa. Ele abraçou a esposa de lado e beijou o topo de sua cabeça. Naquele instante, seus temores da manhã anterior pareciam tão distantes quanto as estrelas.

Capítulo 4

O PRIMEIRO ALARME

Mas a quietude seria breve.

O chalé dormia como uma pintura emoldurada pelo silêncio da mata. Até que um som, quase imperceptível, veio como uma rachadura na tela. No meio da madrugada, Wanir acordou sobressaltada ao ouvir um gemido baixinho vindo do quarto dos meninos. Ela se levantou rapidamente, com o coração já acelerado — o sono de mãe nunca é profundo. Ao adentrar o pequeno quarto, mal iluminado pela lua fraca, avistou Thiago sentado na cama, esfregando os olhos. Marquinhos continuava dormindo profundamente ao lado dele. Ela aproximou-se e sussurrou:

— O que houve, meu amor? — ajoelhando-se ao nível do filho.

Ao colocar a mão na testa de Thiago, percebeu que estava quente. Não muito, talvez só um pouco acima do normal. Mas ele se queixou:

— Mamãe, tô dodói — e apontou para a barriga.

Wanir sentiu uma fisgada de preocupação. Tocou suas bochechas, que estavam quentes também, e então notou, sob a luz difusa, que o rosto do pequeno não apresentava a cor normal — talvez fosse apenas impressão.

— Vem. Vamos ao banheiro — ela disse, temendo que o filho fosse vomitar.

Levou-o no colo até o banheiro, mas Thiago não vomitou; apenas encostou a cabeça em seu ombro, mole, como se estivesse sem energia. Wanir pegou o termômetro na *nécessaire* de medicamentos da família. Enquanto aguardava o mercúrio subir, Marcus apareceu na porta, sem camisa, os cabelos desgrenhados.

— Tudo bem? — perguntou em voz baixa, coçando os olhos.

— O Thiago não está bem. Tá febril — Wanir respondeu, retirando o termômetro e erguendo-o contra a luz.

37,8°C. Nada muito alto, apenas uma febrícula. Marcus franziu a testa, se aproximando. Ele também tocou o filho, e seu instinto clínico despertou. Ao acender a luz do banheiro para ver melhor, notou algo estranho: pequenos pontinhos vermelhos sob a pele ao redor dos olhos de Thiago. Eram minúsculas petéquias, como picadas de mosquito, mas concentradas ali perto das pálpebras. O pai médico sentiu o coração acelerar; uma intuição perturbadora. Febre baixa e petéquias não combinavam com uma simples indisposição estomacal.

Wanir notou o olhar do marido.

— O que foi? — perguntou, tensa.

Marcus rapidamente desligou o instinto de alarmismo — não quis preocupá-la.

— Nada... talvez seja só cansaço. Ele brincou muito, tomou sol. Às vezes, crianças têm febrezinha quando exageram — improvisou, tentando parecer casual.

Então, pegou Thiago no colo:

— Vamos colocá-lo pra dormir de novo. Amanhã cedo, vemos como ele vai estar.

Wanir concordou, mas uma inquietação já se instalou em seu peito. Algo pareceu diferente no filho, mas ela não conseguiu articular o quê. Com cuidado, aconchegaram Thiago no meio da cama do casal, separando-o de Marquinhos para não incomodar o sono do irmão.

Wanir trouxe uma toalhinha umedecida e passou na testa e no pescoço do filho, para refrescá-lo. Ele gemeu baixinho, os olhos semicerrados e vidrados pela febre leve.

— Mami... fica aqui — pediu, estendendo a mãozinha.

A mãe deitou-se ao lado dele e o embalou, cantando baixinho uma canção de ninar.

O pai permaneceu de pé, encostado no batente da porta, observando com preocupação. A mente do médico viajou: poderia ser uma virose qualquer, uma insolação... mas e as petéquias? Ele conhecia bem aquele sinal — poderiam ser rompimentos de pequenos vasos causados por esforço de vômito ou tosse intensa, porém Thiago não teve nenhuma dessas intercorrências. Em raras ocasiões, febres altas podem causar essa reação, mas a febre dele nem estava tão alta... Marcus engoliu seco. A alternativa que surgiu na mente era sombria: petéquias podem indicar problemas de coagulação, problemas sanguíneos...

— Não, é exagero — ele repreendeu a si mesmo. — Não vamos pensar no pior.

Depois de alguns minutos, Thiago adormeceu de novo, agora num sono mais inquieto. Wanir trocou com Marcus um olhar carregado de apreensão. Ela mal fechou os olhos o resto da noite, alerta a cada suspiro do filho. Em sua mente, a prece agora era de proteção: que fosse só uma febrezinha passageira.

O domingo amanheceu com o canto distante de pássaros e o primeiro clarão do sol entrando pelas frestas. Thiago acordou mais tarde que os irmãos, que já saltaram da cama cheios de energia, como crianças tipicamente fazem. Enquanto Marquinhos e Letícia corriam pelo chalé brincando de pega-pega e Felipe balbuciava no colo do pai, Wanir tentou alimentar Thiago com um pouco de leite morno e pãozinho. Ele estava sentado no colo dela, abraçado e quieto — comportamento bem diferente do menino espevitado e agitado de costume. Beliscou meia fatia de pão, sem entusiasmo, e logo largou de lado.

— Não quer mais, filho? — a mãe perguntou, alisando os cabelos dele.

Ele fez que não com a cabeça e escondeu o rosto no peito dela. Estava visivelmente cansado e manhoso. A febre cedeu, mas deu lugar a um rosto sem cor, quase translúcido. Wanir sentiu o nó na garganta apertar. Marcus se aproximou e tocou o rosto do menino: continuava um pouco quente.

— Filhão, vamos brincar lá fora? O Marquinhos quer andar de bicicleta de novo — ele sugeriu, tentando animá-lo.

— Não, não quero — Thiago murmurou baixinho, agarrando-se ainda mais à mãe.

Uma recusa assim era inusitada. O menino normalmente adoraria fazer companhia ao irmão, principalmente nas brincadeiras.

Wanir e Marcus trocaram um olhar significativo. Estava decidido: hora de ir embora. O plano de curtir o domingo no clube foi abandonado sem hesitação.

— Vamos voltar pra casa — ela anunciou firmemente, já começando a juntar roupas e pertences espalhados.

Marquinhos protestou, como de costume:

— Ah, não! Já? Eu queria continuar brincando!

Mas logo se calou ao ver a seriedade no rosto do pai. Marcus tentou distrair o mais velho:

— Hoje não vai dar, filho. O Thiago não está legal. Vamos levar ele pra casa e depois a gente combina de voltar outro dia, tá bom?

Marquinhos assentiu, chateado, mas aparentemente compreensivo. Ele se aproximou da mãe, que ajeitava Thiago no colo, e observou o irmão quieto, algo que nunca havia presenciado.

— O Thi tá dodói, mãe? — perguntou, já intuindo a resposta.

Wanir forçou um sorriso e afagou o cabelo de Marquinhos:

— Acho que ele pegou um resfriado, amor. Mas, em casa, ele melhora.

Por dentro, seu coração estava acelerado e inquieto.

Com a decisão tomada, Marcus resolveu buscar uma segunda opinião antes de pegar a estrada. No clube, havia um pequeno ambulatório médico, com um pediatra de plantão para emergências dos hóspedes. Ele avisou Wanir:

— Vou levar o Thiago ali no médico do clube, só pra dar uma olhada nele antes de irmos.

Wanir concordou com um aceno, enquanto continuou arrumando as malas e organizando os outros três filhos.

Capítulo 5

ALGO ESTÁ ERRADO

Marcus carregou Thiago no colo até o ambulatório próximo à recepção do clube. O local era simples, mas equipado para primeiros-socorros. Lá, um pediatra de meia-idade os atendeu prontamente, com aquele semblante tranquilo de quem está acostumado a lidar com pais preocupados em pleno fim de semana. Marcus expôs resumidamente a situação: febre baixa na noite anterior, alguns pontinhos vermelhos perto dos olhos, criança mais abatida que o normal. O médico examinou Thiago rapidamente — auscultou o peito, apalpou a barriga, conferiu garganta e ouvidos. Thiago, quieto e manhoso, se deixou examinar sem resistência, apenas com expressão cansada. Após poucos minutos, o médico deu um sorriso leve e ofereceu seu parecer:

— Parece ser algo viral, viu? Nada específico. Provavelmente, uma virose passageira, coisa comum.

Marcus sentiu uma ponta de frustração — a resposta vaga não o convenceu. Ele conhecia aquele discurso genérico, até esperava ouvir isso, mas seu instinto de pai e médico lhe dizia que havia algo mais.

— Tem certeza, doutor? Esses pontinhos vermelhos aqui. Olha... — insistiu, apontando delicadamente as petéquias perto dos olhos do filho.

O pediatra deu de ombros e minimizou:

— Pode ser do esforço de chorar ou tossir. Não vejo nada alarmante. Continuem observando, mantenham ele hidratado, mediquem a febre, se subir. Em alguns dias, deve melhorar.

Sem escolha e sem querer soar inconveniente, Marcus agradeceu o atendimento. Saiu do ambulatório com Thiago nos braços e o coração ainda pesado. "Viral... clássico", pensou, tentando se convencer de que talvez fosse mesmo apenas isso.

Minutos depois, todos estavam no carro rumo a São Paulo. Thiago dormiu recostado em Wanir no banco de trás durante todo o trajeto, enquanto Marquinhos, ao lado, permaneceu calado, sentindo a atmosfera apreensiva. Marcus dirigiu com atenção redobrada, mas sua mente voava — ele já planejava levar o filho ao pediatra de confiança logo cedo no dia seguinte, se a prostração persistisse. Mas um som incômodo e contínuo desviava sua atenção e ampliava ainda mais a sua apreensão. Cada vez que pisava no freio, um som agudo e rascante ressoava — metálico, dissonante, como um aviso que ninguém mais parecia escutar. Era como se algo, em algum lugar, estivesse prestes a quebrar.

Ao chegarem em casa, no meio da tarde de domingo, Wanir suspirou de alívio por estarem em seu lar, onde se sentiam mais seguros. A casa na zona sul de São Paulo, que na sexta-feira estava repleta de malas prontas para um fim de semana divertido, agora os recebia com a preocupação pairando no ar.

Wanir colocou Thiago diretamente em sua cama. Ele continuava abatido e sem apetite e recusou o jantar. Somente Marquinhos comeu bem naquela noite. Letícia e Felipe logo dormiram em seus berços, após a papinha de uma e a mamada de outro, alheios à tensão crescente dos pais.

Nessa última noite do fim de semana, um novo pesadelo viria assombrá-los. Wanir finalmente adormeceu, após velar o sono de

Thiago por horas. Perto da madrugada de segunda-feira, ela se contorceu inquieta na cama, mergulhada em um sonho angustiante. Em sua visão onírica, viu a casa onde moravam tremer. As paredes apresentavam rachaduras súbitas, e o teto rangia. Num átimo, as vigas cederam e a casa começou a desabar ao seu redor. Desesperada, ela procurou pelos filhos em meio aos escombros imaginários. Avistou Thiago, pequeno e frágil, preso sob uma viga caída em um canto escuro. Wanir tentou correr até ele, mas seus pés pareciam colados ao chão. "THIAGO!" ela gritou, mas sua voz saiu muda. O pânico a dominou. Viu a poeira cobrindo tudo, ouviu o som de paredes ruindo. Ela estendeu os braços em direção ao filho preso, esforçando-se contra uma força invisível que a impedia de avançar. Lágrimas corriam por seu rosto no sonho, misturando-se ao pó. A estrutura continuava colapsando e, no exato instante em que ela sentiu que iria perdê-lo para sempre sob os destroços, acordou ofegante.

Seu coração estava disparado, e suas faces, úmidas de pranto verdadeiro. Levou alguns segundos para reconhecer a segurança do quarto escuro. Marcus despertou ao seu lado com seu sobressalto.

— Wanir, o que foi?! — perguntou assustado, acendendo o abajur.

Wanir estava pálida como papel, a mão espalmada no peito, na tentativa de acalmar o coração.

— Eu… eu sonhei… — a voz saiu entrecortada.

Marcus segurou os ombros da esposa, preocupado:

— Calma, respira.

Wanir fechou os olhos, inspirou fundo e, aos poucos, as batidas do coração desaceleraram. As imagens do sonho ainda a rodeavam: a casa caindo, Thiago preso, impotência… Ela lançou um olhar para o berço encostado na parede do quarto: lá dormia Felipe, tranquilo. Os outros filhos estavam no quarto ao lado.

— Foi um pesadelo horrível — Wanir finalmente conseguiu dizer, cobrindo o rosto com as mãos trêmulas. — Sonhei que nossa casa desabava… e o Thiago… eu não conseguia salvá-lo…

A voz falhou e ela desabou num choro silencioso, os ombros sacudindo. Marcus a envolveu num abraço protetor imediatamente.

— Shhh... foi só um sonho, meu bem. Só um sonho — ele murmurou, embora por dentro sentisse um frio percorrer a espinha.

"Outro sonho terrível envolvendo Thiago? É coincidência ou nossos subconscientes estão tentando nos avisar de algo?" Ele afastou rapidamente esses pensamentos e se concentrou em acalmar Wanir.

O casal se levantou e foi até o quarto dos meninos para conferir as crianças, buscando paz de espírito. Empurraram a porta devagar e encontraram a cena que precisavam ver: Marquinhos e Thiago dormindo juntos na mesma cama de solteiro — Marquinhos abraçando o irmão durante a noite, como se instintivamente o protegesse dos medos. Ambos respiravam compassados, entregues ao sono. Wanir passou a mão suave pelos cabelos de Thiago, que franziu a testa, mas não acordou. Ele estava quente de novo — o antitérmico perdera o efeito e a febre voltara a rondar. Wanir suspirou. Marcus, ao lado, engoliu em seco ao notar sob a penumbra que a pele do filho estava preocupantemente pálida, quase como no seu sonho macabro. Naquele momento, num choque de percepção, uma decisão foi tomada. O casal se entendeu num olhar: pela manhã, assim que o dia raiasse, levariam Thiago ao hospital para uma avaliação completa. A incerteza tornara-se insuportável.

Wanir e Marcus retornaram à cama, mas mal pregaram os olhos até o amanhecer de segunda-feira. Cada um perdido em seus temores, fazendo preces baixinho: ele, pedindo discernimento médico para lidar com o que viesse; ela, pedindo a Deus que protegesse seu menino e que aqueles sonhos não fossem presságios, mas, sim, apenas temores infundados de pais amorosos. Naquele momento, desconheciam o quão drasticamente suas vidas estavam prestes a mudar. Em poucas horas, viriam a descobrir a verdade por trás daqueles pequenos sinais — e iniciariam, então, a batalha mais difícil de suas vidas. Entretanto, mesmo diante da incerteza esmagadora, Marcus e Wanir apertaram as mãos no escuro e, na quietude da noite, renovaram sem palavras o pacto de amar, resistir e proteger.

Capítulo 6

QUANDO UM NOME VIRA SENTENÇA

A segunda-feira amanheceu sem cor. O céu, pálido, hesitava em nascer por completo, como se pressentisse a dor que silenciosamente se espalhava naquela casa. Marcus não dormira. Caminhava pela sala com passos curtos e tensos. O som abafado de sua respiração preenchia o espaço como uma névoa de inquietação. Wanir preparava o café da manhã com movimentos automáticos, como se cada gesto exigisse uma força que ela não tinha. O cheiro do café preto se misturava ao do pão tostado na chapa, compondo uma normalidade artificial — um teatro doméstico encenado contra o caos iminente.

Thiago estava abatido. Seu corpo pequeno permanecia encolhido no colo da mãe, como um passarinho ferido, sem forças para voar. Não chorava. Apenas observava o mundo com olhos desproporcionalmente grandes, como se a febre houvesse empurrado sua alma para um lugar mais fundo dentro de si. Havia naqueles olhos um silêncio assustador, como se já houvesse compreendido aquilo que os adultos ainda temiam nomear.

Marcus o observava e, antes mesmo da confirmação, já sabia. Era um saber que não se aprende nos livros de Medicina, uma intuição ancestral que vive no intervalo entre o batimento do coração e o pensamento racional. Médico experiente, acostumado a lidar com diagnósticos difíceis, com notícias que desmoronam futuros, mas ali, diante do próprio filho, sua ciência era impotente. Nenhum bisturi podia remover aquela sensação de agouro. Nenhum protocolo anestesiava o medo primordial de um pai diante da fragilidade do filho.

Tomando um único gole de café, Marcus pegou Thiago no colo e o levou ao hospital. Já havia avisado Tomás, o pediatra, que estariam ali na primeira hora. Não queria esperar. Sabia que, quando o corpo fala com sintomas tão claros — febre persistente, prostração, ausência de cor nas bochechas —, o tempo se transforma em lâmina. Tomás examinou Thiago com atenção; seus gestos delicados escondiam a gravidade implícita. Enquanto isso, Wanir ficou em casa, sustentando a estrutura emocional da família como quem impede que o teto desabe apenas com o peso da própria presença.

— Está parecendo uma glomerulonefrite[1] — disse Tomás, com a serenidade dos que aprenderam a controlar a voz diante da aflição. — Pode ser infeccioso, mas parece mais um distúrbio imunológico. Vamos investigar os rins e fazer todos os exames necessários.

A palavra soou como um alívio disfarçado. Glomerulonefrite. Algo grave, sim, mas tratável. Dentro do universo sombrio das possibilidades, era quase uma bênção. Marcus acenou, mas não se tranquilizou. As amostras foram colhidas por uma enfermeira precisa e contida, cujos movimentos mecânicos traduziam um cuidado funcional. Marcus sentou-se na sala de espera com Thiago no colo — os dois mergulhados num silêncio de presságio. O tempo passava em câmera lenta. Então, Marcus percebeu que não era sua ansiedade o problema: o hemograma, de fato, demorava mais que o habitual. O incômodo latejava atrás dos olhos. Resolveu ir pessoalmente até o laboratório.

1 Glomerulonefrite é uma inflamação em estruturas dos rins responsáveis pela filtragem do sangue que causa retenção de líquidos e substâncias tóxicas no organismo.

Ali, mais uma ruptura no roteiro. Normalmente, bastaria aguardar. Mas algo o empurrava. Não estava certo se Tomás havia sugerido fazer os exames ali mesmo ou se ele próprio tivera esse impulso. Só sabia que precisava ver o resultado quanto antes. Ao chegar, encontrou um hematologista japonês, que ele já conhecia, examinando uma lâmina no microscópio. O ambiente era silencioso, pesado. Marcus permaneceu parado na porta. O colega alternava olhares entre a lâmina e ele, desviando os olhos logo em seguida. Repetiu esse gesto várias vezes. Cada olhar carregava hesitação; a cada desvio, um aviso não pronunciado.

Uma ausência absoluta de ruídos ali tinha peso. Cada respiração do médico parecia afundar a sala. Marcus sentia o peito apertar a cada suspiro preso na garganta do outro. Finalmente, após uma eternidade de segundos, o hematologista ergueu a cabeça e encarou Marcus com uma expressão grave e desconfortável.

— Rotta — começou lentamente, quase relutante em pronunciar as próximas palavras. — Não é bom, não é bom.

Marcus sentiu um frio cortante atravessar sua espinha.

— O que não é bom? — questionou ele, com a voz quase inaudível pela apreensão.

O médico hesitou novamente, como se buscasse força para entregar a notícia devastadora.

— É blasto... é câncer... é leucemia — disse como quem arranca o curativo de uma ferida aberta.

Naquele instante, o chão sob os pés de Marcus se desfez. Sentiu o sangue esvair-se das pernas, os músculos falharem, como se o corpo quisesse deitar-se no chão e desaparecer. Ele ainda tentou negar, como se a recusa pudesse reverter a realidade.

— Para com isso. Você está brincando.

Mas o hematologista balançou a cabeça com firmeza.

— Não, Rotta. É leucemia. Tá cheio de blasto aqui. Olha.

Marcus não podia acreditar. Precisava ver. Precisava confirmar. Suas pernas pesaram, seu corpo quase se recusou a caminhar até o microscópio. Cada passo era um milagre de resistência. Quando enfim olhou para a lâmina, os blastos estavam lá — células deformadas, monstruosas, multiplicando-se com uma violência silenciosa. Uma desordem em forma de vida. Um exército cego destruindo o que encontrava pela frente. Naquele exato momento, sentiu que toda a sua vida havia mudado irrevogavelmente. E, de fato, havia.

Saiu do laboratório desnorteado, com Thiago nos braços. Foram direto ao setor de Hematologia. Receberam atendimento da chefe do departamento, uma mulher de prestígio, firme, dona de uma reputação irrepreensível. Ela analisou os exames, consultou a ficha, confirmou o diagnóstico sem hesitação. Era leucemia. Marcus, ainda em choque, balbuciou:

— Quero outra opinião.

A médica franziu o cenho. Sua postura endureceu. Era a chefe da Hematologia. Uma autoridade na área. E estava sendo desafiada.

— Mas cuidado com quem você vai ouvir — respondeu, numa frase que ressoou em Marcus como uma repreensão a um adolescente inexperiente.

Ele não respondeu, ressentido. Não por causa do orgulho ferido da médica, mas por causa da ausência de empatia. Ele precisava de humanidade, e recebeu hierarquia. Precisava de um abraço, e recebeu altivez. Pegou Thiago no colo e saiu sem dizer nada, as palavras duras ainda ecoando por dentro.

Capítulo 7

20% DE CHANCE

Antes de voltar para casa, Marcus resolveu desviar do caminho. Seguiu em silêncio para a igreja de Nossa Senhora Aparecida, como fazia desde menino. Entrou com Thiago nos braços, ainda anestesiado pela força do impacto. O templo estava quase vazio, e os bancos de madeira exalavam o cheiro de cera antiga e verniz envelhecido. A luz que entrava pelas janelas altas era difusa, como se até o sol hesitasse em invadir aquele lugar de recolhimento.

Sentou-se sem cerimônia, como quem desaba. Não rezava. Não pedia. Apenas existia. O filho, adormecido em seus braços, parecia leve demais, frágil demais, como se o tempo houvesse retrocedido para a primeira vez em que o segurou. As velas tremeluziam nas laterais do altar, e o som distante de uma porta sendo fechada ressoou como um sino dentro do peito. Marcus não sabia o que buscava ali. Talvez um instante de suspensão. Um intervalo. Um gesto de recuo do mundo. Mas encontrou apenas o próprio vazio, ampliado pela arquitetura sacra.

Foi ali que, de repente, uma lembrança emergiu — uma história lida muitos anos antes, ainda na adolescência, nas páginas amareladas de uma *Readers Digest*[2]. Um menino com leucemia e o fim trágico, no Natal. A memória veio inteira, como se tivesse sido plantada dentro dele décadas antes para brotar justamente naquele instante. Chorou aquela história quando era garoto. Agora, chorava a sua própria.

Quando voltou para casa, Wanir estava sentada junto ao bar de madeira — aquele mesmo onde tantas vezes conversaram baixinho enquanto as crianças dormiam. Ao vê-lo com Thiago nos braços, ela compreendeu. Não houve necessidade de palavras.

— É leucemia, né? — disse, sem hesitação.

A pergunta era apenas o selo de uma intuição já formada. Marcus assentiu. As lágrimas escorreram livres, sem resistência. E, surpreendentemente, Wanir não desabou. Não gritou. Não correu para o quarto. Ela permaneceu ali, firme. Seu rosto era o retrato exato da dor que se converte em força. O instinto de mãe havia detectado o perigo antes da linguagem. E, agora, com o nome dado ao monstro, ela reagia como se estivesse diante de uma batalha que já intuía. Seu corpo não tremia. Tremia o mundo.

Na manhã seguinte, Marcus saiu cedo, levando nas mãos as lâminas com os exames de Thiago, como se carregasse o destino. Deixou o filho em casa, no colo aquecido de Wanir, que mantinha o cobertor sobre ele como se fosse um escudo.

Marcus foi até o consultório de Jacir Pasternak, amigo e médico de confiança. Sentou-se em frente ao microscópio e esperou, em silêncio. Jacir examinou as lâminas por longos minutos, respirando fundo, sem pressa. Cada pausa era uma sentença suspensa no ar. Enfim, tirou os óculos e anunciou:

— É leucemia mieloide aguda. Grave. Muito grave. Se eu fosse você, me preparava para levá-lo para fora do Brasil. Aqui, estamos muito atrasados.

2 *Seleções*, ou "*Reader's Digest*", é uma revista mensal de interesse geral. Fundada em 1922 nos Estados Unidos por DeWitt e Lila Bell Wallace, é publicada em 35 línguas e distribuída em 120 países, sendo vendida principalmente por assinatura. A revista contém artigos de diversos temas, como notícias, cultura, saúde, ciência e humor, além de histórias inspiradoras e dicas práticas.

Não era uma recomendação. Era uma condenação. E, ao mesmo tempo, uma chance. Marcus escutou como quem escuta um veredicto. Em seguida, a ordem mais importante:

— Comecem a quimioterapia aqui imediatamente, até entrar em remissão, e vão para os Estados Unidos.

Na cabeça de Marcus, cada palavra reverberou como uma sirene silenciosa. Thiago precisava atravessar fronteiras. Oceanos. Sistemas. A vida do filho não cabia mais naquele país, naquele tempo, naquela medicina.

Wanir, ao saber, chorou. Depois, silenciou. Depois, chorou de novo. Jacir havia sido claro: essa era a única chance. Ainda assim, a probabilidade de sucesso era de apenas 20%. Mas era tudo o que tinham. E o que tinham era suficiente para lutar.

Naquela noite, o sono não veio. E não viria mais, por muitas outras. Marcus e Wanir choraram juntos, sentados na penumbra da sala, enquanto o mundo dormia indiferente. Durante o dia, simulavam normalidade para os outros filhos. À noite, desmontavam. O tempo, a partir dali, deixou de ser calendário e virou campo de batalha.

Marcus, anos depois, diria com uma clareza cortante:

— A gente vai pagar por isso ainda. Essas noites não dormidas vão nos tirar anos de vida. Se era para chegarmos aos 90, agora talvez cheguemos aos 80. E tudo bem.

Mesmo assim, se fosse preciso, fariam tudo outra vez. Sem hesitar. Mil vezes.

Capítulo 8

REFÉNS DOS PROTOCOLOS

Na manhã seguinte ao diagnóstico, a cidade ainda dormia sob o véu úmido de uma madrugada silenciosa. O dia mal havia clareado e já trazia em si o peso de uma nova realidade. Enquanto o mundo lá fora se preparava para mais uma quarta-feira qualquer, Thiago deu entrada no hospital para iniciar a quimioterapia. Um menino de apenas 3 anos, franzino, com o corpo consumido pelo desgaste que não lhe pertencia. Era cedo demais para saber o que significava estar doente. Era cedo demais para carregar o peso de um protocolo clínico que parecia maior do que ele próprio. Ele não sabia o nome da doença. Mas seu corpo já a conhecia como uma invasora impiedosa, silenciosa — uma tristeza sem palavras que se alojava no cansaço dos ossos, no apagamento dos olhos, na recusa do brinquedo.

Wanir, em casa, preparava os outros filhos com uma calma forçada, quase coreografada. O café da manhã, a roupa da escola, o beijo na testa. Tudo acontecia como se ainda fossem uma família comum vivendo um dia normal. Mas, por dentro, ela estava desmoronando. Sabia que aquela rotina era uma encenação frágil e que, naquele dia, teria que abandonar três filhos pequenos para se dedicar integralmente ao que viria. Ao impensável. Enquanto penteava os cabelos da filha, sentia as mãos tremerem. Enquanto preparava o lanche das crianças, lutava contra o enjoo emocional. Estava ali, presente em cada gesto, mas em espírito já havia partido para outro lugar. Um lugar onde os olhos não desviam da máquina que pinga um veneno redentor.

Mas o problema era ainda maior. Quem iria cuidar deles enquanto estivessem no hospital? Wanir ligou para a sogra, dona Noêmia. Não disse tudo. Apenas pediu ajuda, com a voz embargada:

— A senhora pode vir até aqui? O Thiago está doente e vai fazer uns exames. Precisamos de alguém que fique com as crianças.

Do outro lado da linha, hesitação.

— Ah, vou ver se posso — não deu certeza se iria.

Wanir desligou o telefone e se sentou no sofá com as pernas trêmulas.

— E agora? E se ela não vier?

A casa estava quieta, mas, por dentro, Wanir gritava: "A QUEM RECORRER?". Sua mãe, na cidade de Presidente Prudente, não poderia vir. A verdade era que ninguém sabia o que eles estavam enfrentando. Wanir e Marcus não costumavam falar nada para ninguém sobre as suas vidas. Moravam longe e não queriam preocupar o resto da família. Se eles passavam por apuros ou se estavam bem, ninguém sabia. E, por algum tempo, decidiram manter as coisas assim. Mas a boa notícia chegou logo: dona Noêmia, quando entendeu a necessidade, chegou o mais rápido que pôde, tranquilizando um pouco o coração da nora.

A internação de Thiago foi rápida, quase burocrática. Papéis assinados, exames anexados, fichas preenchidas com letras redondas. A caneta raspava no papel com uma frieza metálica. A funcionária não olhava nos olhos. Apenas carimbava. O som da máquina de escrever pareceu mais alto do que o necessário — martelava um papel com impiedosa rotina. Nos braços de Marcus, o menino cruzou os corredores como um náufrago carregado pela correnteza. O olhar sem foco, a cabeça pendendo no ombro do pai, o corpo miúdo e pálido, sem resistência. Estava exausto. Tão exausto que não reclamava. E essa prostração, em um menino antes tão cheio de vida, pesava mais do que qualquer grito.

Mesmo sendo médico, o hospital parecia um lugar estranho para Marcus. Como se o fato de estar do outro lado — o lado dos doentes — o tivesse lançado em uma realidade paralela, na qual os mesmos corredores, as mesmas paredes, os mesmos jalecos, tudo carregasse um sentido diferente. Um sentido duro. Cruel. Impessoal. Ao cruzar com outros médicos, alguns acenaram. Outros desviaram. Ninguém sabia exatamente o que dizer ao colega que naquele momento carregava um filho doente no colo.

E lá estava o pequeno Thiago, deitado numa cama alta demais para seus pés tocarem o chão. A quimioterapia começaria de imediato. E foi então que tudo começou a parecer errado. Um protocolo impresso, estudado, rigidamente aplicado, mas que, aos olhos de Marcus e Wanir, soou como uma receita diante da vida do seu filho. O protocolo era uma espécie de bíblia. Mas quem o escreveu nunca precisou segurar nos braços uma criança que chamava por proteção enquanto recebia veneno na veia.

Marcus vestiu o avental no filho com mãos que tremiam como as de um cirurgião estreante. Ajustou os laços nas costas, prendeu o velcro do pescoço dele. Thiago não disse nada. Apenas olhou. Um olhar de entrega, talvez. Ou um olhar vazio, de quem já não reconhecia mais o próprio corpo. Aquilo não era uma roupa. Era uma armadura fina demais para o tamanho da batalha.

Na ponta do suporte de metal, o frasco de soro começou a gotejar devagar, atravessando a válvula controladora. Aquele som discreto — ploc... ploc...ploc... — passava quase despercebido. Mas para Marcus e Wanir, marcava o início de uma guerra. Cada gota era um passo. Cada gotejo, uma esperança e um temor. Ali começava o tratamento. Ali começava tudo. O som do gotejar parecia distante, mas era o tambor de uma guerra que ninguém quis declarar.

Capítulo 9

O GRANDE "C"

Havia uma palavra que ninguém ousava dizer. Como se a nomear fosse pior do que a enfrentar. Como se dar nome à dor fosse lhe dar existência plena — e, por isso mesmo, ela precisasse ser mantida trancada, invisível, como um monstro dormindo debaixo da cama.

Na ala pediátrica, os outros pais viam, calados. Partilhavam do mesmo pavor. Era um medo que os unia por silêncio. Um medo que não tinha nome — e que tampouco se queria nomear. Porque ninguém dizia a palavra "câncer". Era sempre "uma anemia", "uma disfunção", "uma alteraçãozinha no sangue". Até entre os médicos, ela era evitada. Como se fosse maldita. Como se carregasse um poder destruidor que se ativasse no momento em que fosse pronunciada. Um feitiço. Um carimbo. Um ponto final.

Durante muito tempo, a palavra "câncer" seguiu ausente. Ela não escapava dos lábios nem dos médicos, nem das mães, nem das enfermeiras. Mesmo quando as crianças perdiam cabelo, mesmo quando os exames mostravam os blastos, mesmo quando os corpos emagreciam até os ossos aparecerem, a palavra seguia numa proibição velada. Um código não escrito, uma blindagem emocional coletiva.

Wanir também não conseguia falar. Não por ignorância, mas por horror. Leucemia, para ela, não era câncer. Não naquele início. Não acreditava. E talvez, inconscientemente, não quisesse acreditar. O câncer era algo que acontecia com adultos. Com velhos. Com desconhecidos. Não com crianças. Não com seu filho. Um dia, ao ser indagada por uma amiga, travou. Sua boca secou. Os olhos encheram-se de lágrimas. As palavras não vieram.

— É uma coisa no sangue. Eles estão investigando — disse.

E chorou. Chorou até que a pergunta deixasse de existir. E depois chorou mais — pela palavra não dita e por tudo o que ela já sabia que significava, mesmo sem dizer.

Marcus passou pela mesma paralisia. Quando o irmão, Matheus, também médico, veio visitá-lo no hospital, perguntou:

— Mas o que o Thiago tem?

E Marcus simplesmente não respondeu. Tentou. Abriu a boca. Mas a palavra entalou como um espinho na garganta. O que saiu foi o choro. Um choro tímido, envergonhado, incontido. Matheus não insistiu. Apenas pousou a mão no ombro do irmão. E ali, naquele elevador apertado, entendeu tudo sem ouvir nada. Aquele silêncio era mais preciso do que qualquer diagnóstico.

José Carlos, amigo próximo da família, jamais entrou no quarto. Ele ia até a porta. Parava. E voltava. Mais tarde, contou que não conseguia girar a maçaneta. Não conseguia olhar para o menino. Não conseguia ver o olhar dos pais. Era demais. E eles compreendiam. A dor, às vezes, também empurra quem ama para longe — não por covardia, mas por fragilidade.

Só um bom tempo depois, já fora do país, é que Wanir irá entender o tamanho desse tabu. Quando chegar ao hospital americano e perceber, em letras grandes na entrada "*Cancer Center*", é que sentirá um choque físico. O ar se tornará mais denso. As pernas irão enfraquecer, o peito apertará. E, naquele instante, ela compreenderá: "Então é isso. Meu filho tem câncer." E será também naquele instante que entenderá que, no Brasil, ninguém tem coragem de dizer. Porque, em nosso país, muitas vezes, nomear a dor é algo tratado como falta de fé. Como se esconder fosse uma forma de proteger. Como se o silêncio curasse. Mas não cura. Só adia. Só mascara. Só adoece em silêncio.

Capítulo 10

O GRITO DE WANIR

O primeiro dia de quimioterapia parecia um ritual às avessas. Um batismo amargo, sem bênção, sem música, sem celebração — apenas insegurança, luvas e agulhas. Ainda antes do sol nascer por completo, a porta do quarto se fechou. De repente, os pais foram convidados a sair.

— É melhor para ele — disseram. — A criança sofre menos sem a presença dos pais.

Marcus e Wanir ouviram a justificativa como quem ouve uma mentira mal contada. Conheciam o argumento. Mas sabiam que era falso. Ainda assim, cederam — por insegurança, por dúvida, por exaustão física e emocional.

Viram, pela fresta da porta, a enfermeira levar o menino para outro cômodo. Ela caminhou com passos rápidos, mãos firmes e semblante apressado. Marcus a reconhecia de outros tempos. Era uma enfermeira experiente, mas rígida, sem tato. Não demorou a surgir o ruído abafado de choro. Primeiro, um murmúrio. Depois, um grito. Então, o silêncio sufocante do pavor. O pai decidiu ir atrás. Estava encardido de medo — e de indignação. A cena que encontrou o marcaria para sempre: Thiago estava amarrado com um lençol, cheio daquelas petéquias (as pintas vermelhas que apareceram por causa da falta de plaquetas no sangue, pela falta de coagulação). Sangramentos que podiam até se dar no cérebro. Estava vulnerável, exposto, sem proteção. Ele olhou para o pai naquele instante, com os olhos úmidos, implorando sem palavras. E foi com esse olhar que Marcus congelou. A enfermeira preparava a punção... na veia jugular. Ele não acreditou no que estava vendo. Era médico. Sabia que aquele procedimento era, no mínimo, imprudente e, mais do que isso, proibido. Em crianças, ainda mais imunossuprimidas, tentar um acesso pela jugular era como brincar com uma granada. E ela fazia aquilo com naturalidade, como quem seguisse uma receita de bolo. Marcus impôs sua autoridade de pai e de médico:

— Não vai pegar na jugular do meu filho! Chama outra enfermeira! Agora!

A solicitação dele foi seguida. Veio uma profissional mais jovem, de fala calma, olhos claros. Tinha mãos mais leves, mais lentas. Contudo, os métodos permaneceram medievais: seguraram Thiago à força para conseguir inserir o acesso. Ele chorou muito até que a nova enfermeira conseguiu finalmente pegar a veia.

Mas o pesadelo estava apenas começando. A cada novo dia, uma nova tentativa de acessar a veia. Às vezes, conseguiam na primeira. Outras, tentavam três, quatro vezes. Ele chorava. Se debatia. E era preciso amarrá-lo com faixas e lençóis. Para os pais, assistir àquilo era uma tortura. E não havia um protocolo para lidar com isso.

Wanir não se conformava com as intervenções brutais a que seu filho seria exposto diariamente.

— Vocês vão matar meu filho antes de começar a tratar.

Porém, em vez de tentarem uma solução diplomática, os profissionais do hospital se restringiam a seguir o protocolo, solicitando ao casal que se retirasse do quarto. A justificativa utilizada era que mãe e pai atrapalhavam o procedimento, que a criança ficaria birrenta, agitada, teimosa, dificultando o trabalho de enfermeiras e médicos. Mas os argumentos não foram convincentes. Daquele momento em diante, Marcus e Wanir tomaram uma decisão irrevogável: não sairiam mais do quarto. Jamais. Não importava quantas vezes dissessem que estavam atrapalhando. Não importava o incômodo da equipe. Não importava se fossem vistos como pais difíceis. Eles não sairiam dali. Porque aquele quarto, com suas paredes desbotadas, sua cadeira desconfortável, sua luz crua, naquele momento, era o único território onde ainda podiam proteger o filho — nem que fosse apenas com sua presença. Tornaram-se vigilantes silenciosos. Guardiões atentos. Testemunhas de cada acesso venoso, de cada aplicação de remédio, de cada alteração no prontuário. Não por desconfiança. Mas por amor. E talvez também por necessidade de recuperar o mínimo de controle sobre o caos.

A visão arcaica não era um problema daquele hospital em particular. Era a lógica da época no Brasil: a presença dos pais era um fator de risco e não parte da cura. Como se o afeto fosse descartável. Como se a presença dos pais fosse um capricho. E foi por isso que Wanir, que não aceitou essa lógica absurda, sentiu a tensão aumentando todos os dias. Estavam desafiando as normas, e isso não poderia ser tolerado. No entanto, como Marcus já era um médico respeitável, não poderiam impedi-la de ficar ao lado de Thiago o tempo que quisesse. E por isso, os pais se tornavam, pouco a pouco, presenças incômodas. Até que um dia, a mãe chegou ao seu limite.

Marquinhos foi levado ao hospital para visitar o irmão doente. Ao chegar à recepção, porém, foi barrado. Uma voz impessoal afirmou friamente que irmãos não eram permitidos. Apenas um responsável podia permanecer com o paciente. Wanir sentiu seu coração acelerar, um fogo de urgência e determinação crescendo dentro dela. Ela não aceitaria aquela regra absurda, não naquele momento tão delicado.

Mas naquele dia, algo quebrou naquela mãe. A obediência cedeu espaço à urgência. A paciência, ao instinto. Sem hesitar, Wanir se aproximou rapidamente da recepção, ergueu Marquinhos nos braços e correu com ele pelos corredores do hospital. A adrenalina impulsionava cada passo seu, enquanto vozes confusas e nervosas gritavam atrás dela, seguranças alertavam, ordens eram bradadas em vão. Ela continuou firme, ignorando o tumulto. O coração pulsando fortemente no peito com a certeza de que aquilo precisava acontecer.

Wanir precisava que os irmãos se vissem. Precisava que Thiago sentisse novamente o conforto familiar, visse o rosto conhecido, ouvisse a voz suave e alegre do irmão. Precisava que ele respirasse o cheiro da infância que parecia cada vez mais distante. Quando finalmente entrou no quarto, respirando fundo e com o choro prestes a transbordar, Thiago levantou os olhos lentamente e viu Marquinhos. Um sorriso, tímido e delicado, surgiu em seu rosto abatido. Um sorriso quase imperceptível, mas que significava tudo naquele momento.

A mãe, ainda ofegante e emocionada, sorriu também, sentindo naquele instante uma profunda certeza de que fizera exatamente o que precisava ser feito. Aquela pequena desobediência seria o começo de uma luta maior, pelo direito dos pais de estarem com os filhos durante todo o tratamento, sem exceção. Uma luta que, tempos depois, se tornaria uma lei. Mas que, naquele momento, era apenas o grito de uma mulher que se recusava a ser espectadora distante da dor de um filho.

Capítulo 11

ELES NÃO SABEM O QUE FAZEM

As dúvidas se acumulavam como nuvens prestes a desabar. Havia olhares que se desviavam, respostas ensaiadas demais. Médicos que cochichavam antes de responder. E quando respondiam, era como se lessem um manual decorado, sem vida, sem convicção. Nada soava certo. Para um pai que também era médico, aquilo era insuportável. A certeza de que os profissionais estavam apenas seguindo um protocolo, sem saber exatamente por que, corroía suas entranhas. "Eles não sabem o que estão fazendo", era isso que sentia. E esse sentimento não era apenas impressão. Era visível. Era palpável.

Wanir, sentada à beira do leito, observava cada gesto com a atenção de quem tenta decifrar o inimigo. Sentia o cheiro metálico dos medicamentos no ar, ouvia os sons abafados dos monitores e, no fundo do peito, o tambor surdo da indignação. Aquilo não parecia tratamento. Parecia desespero institucionalizado.

Marcus conhecia os limites da medicina brasileira naquele momento. Sabia que o país, afundado em mais uma crise econômica, vivia à margem do conhecimento científico que circulava pelo mundo. A década de 1980 havia trancado o Brasil dentro de si. Pouco acesso a publicações internacionais. Quase nenhum intercâmbio técnico. O país respirava com dificuldade, isolado, tentando sobreviver com o que tinha. E o que tinha era pouco. Muito pouco. Além disso, aquele pai era médico, conhecia os corredores, os protocolos, as hierarquias. Sabia que os profissionais não eram culpados. Sabia que faziam o melhor possível dentro de um sistema asfixiado. Eram guerreiros com armas antigas. Soldados perplexos diante de uma guerra complexa, extremamente difícil de compreender.

Havia uma exceção: a Dr.ª Sônia Viana, que por sua clareza em explicar os procedimentos, por seu conhecimento e atenção dedicados ao pequeno paciente e à família, acabou angariando a simpatia e o carinho do casal. Uma ilha de confiança em meio a tantas incertezas. Entretanto, apesar de sua boa vontade, ela também sofria com a falta de atualização científica que atingia a classe médica brasileira, principalmente no que se referia ao câncer de medula. Por isso, mesmo amparados por ela, o drama dos Rotta se mantinha elevado e impiedoso.

Nada ali diminuía a urgência. Ao contrário. O tempo não esperava. E, a cada dia, Thiago perdia peso, perdia brilho, perdia força. A infância dele começava a ser comida pelas bordas, roída pelos cantos, como um papel esquecido na chuva. Para Marcus, ver seu filho sendo tratado por médicos bem-intencionados, porém desatualizados, era como assistir a um incêndio sendo combatido com baldes de água furados.

Wanir, por sua vez, sentia uma impotência diferente. Para ela, que não vinha da Medicina, o mais assustador era perceber a ausência de acolhimento. As respostas eram técnicas, mas frias. As mãos que cuidavam eram firmes, mas distantes. Ela sentia que, mais do que tratar o corpo do filho, precisava proteger sua alma. E não sabia como.

Diante de um cenário tão desesperador, Marcus decidiu que não assistiria a tudo aquilo passivamente. "Eu não sou burro", pensou. "Sou médico, sou pai. Se eles não sabem, eu vou saber. Vou estudar, vou entender, vou descobrir o que precisa ser feito." E foi naquele instante que algo se acendeu dentro dele. Uma chama incômoda, que mistura impotência com fúria — e que só encontra alívio na ação.

Marcus começou um ritual quase sagrado: todos os dias, ao sair do trabalho, se instalava numa biblioteca científica para realizar suas pesquisas. Passava horas procurando artigos, estudos, tratamentos, verificando detalhadamente cada possibilidade.

Wanir não dormia, sempre alerta ao menor movimento. E o menor movimento, naquele contexto, era quase sempre dor. Marcus dormia por períodos tão curtos que não poderiam ser chamados de sono. Deitado na poltrona improvisada do quarto, às vezes cochilava com a cabeça encostada na beirada do colchão do filho. Sonhava coisas confusas. Sonhava com o Thiago correndo, com os outros filhos brincando no quintal, com jantares em família que talvez nunca mais vivessem. E acordava com uma culpa muda, como se sonhar fosse uma espécie de traição. Mas nada mudava sua determinação. Naquele amor cansado, naquele amor deformado pela exaustão, havia uma força que nenhuma doença podia destruir.

Na penumbra do quarto, aquele pai se perguntava com frequência se estavam enlouquecendo. Porque tudo ali parecia absurdo. Ver o filho ser amarrado para uma punção e não poder fazer nada. Ver enfermeiras agindo de modo automático, ignorando a dor como se fosse um efeito colateral esperado. Sentir-se grato por uma agulha encontrar uma veia — como se isso fosse milagre. E o mais difícil de tudo, saber que aquilo era o melhor que o país podia oferecer.

Foi esse impasse moral que levou Wanir à beira de um colapso. Em uma madrugada mais difícil, depois de uma punção malsucedida, ela saiu do quarto e foi até o banheiro dos fundos. Lavou o rosto. Olhou-se no espelho. E teve a sensação de não se reconhecer. Estava ali uma mulher de 29 anos, mas o rosto refletido parecia de alguém mais velho, mais seco, mais cansado. Teve vontade de gritar. Não por revolta, e sim como quem tenta soltar um nó que sufoca o peito. Mas se conteve, guardou o grito e voltou para o quarto. Sentou-se ao lado da cama. E começou a cantar baixinho para Thiago. Foi nesse dia que entendeu: manter a sanidade seria um ato de resistência.

E eles resistiam. Com gestos mínimos. Com pequenos rituais. Com as histórias que contavam antes de dormir. Com os bilhetes que deixavam para si mesmos, colados na parede com fita adesiva: "Hoje vai ser um dia bom.", "O corpo dele é forte.", "Deus está aqui." — frases simples, mas necessárias. Como alimento. Havia, entre os três, uma comunicação silenciosa. Thiago já não perguntava mais "quando vamos pra casa?". Mas seu olhar ainda buscava nos pais a promessa de que aquilo terminaria logo. E eles, mesmo sem saber como, prometiam. Não com palavras, mas com as mãos, com o toque, com a permanência.

Com as cortinas fechadas, não dava para saber se fazia sol ou se chovia lá fora. O mundo havia se reduzido àquele quarto, àquela criança, àquele tratamento. E, mesmo esse mundo sendo tão pequeno, era imenso em dor e esperança. Mas também o vínculo. A cada nova sessão, a cada novo susto, a ligação entre eles três se tornava mais espessa. Mais profunda. Thiago, mesmo fraco, buscava o olhar dos pais antes de cada procedimento. E encontrava. Wanir segurava sua mão até o último segundo. Às vezes, Marcus saía do quarto dizendo que precisava ir ao banheiro. Mas era só para chorar sozinho no corredor e voltar com o rosto lavado, como quem apaga rastros de dor para seguir firme.

O isolamento não era apenas físico. Era também social, emocional, simbólico. À medida que os dias passavam e o diagnóstico se tornava mais incontornável, Marcus e Wanir sentiam que o mundo lá fora começava a se afastar, como se a dor deles fosse contagiosa, como se a presença deles lembrasse aos outros que a vida é instável, injusta e, às vezes, incurável. Amigos sumiam sem aviso. Não por maldade, mas por receio. A leucemia do Thiago assustava até quem não a compreendia. Uns mandavam mensagens genéricas, cheias de esperança artificial, e depois desapareciam. Outros telefonavam, porém, ao ouvirem a voz embargada de Wanir, encerravam a conversa rápido demais, como quem tenta se livrar de um peso que não consegue carregar.

Naquele ritmo de sobrevivência silenciosa, os dias passaram como se fossem o mesmo. O tempo deixava de ser linear. Era circular, repetido, claustrofóbico. Os dois acordavam sem saber se era quarta-feira ou domingo. Tudo se resumia ao próximo exame, à próxima punção, à próxima reação do corpo frágil do filho ao coquetel químico que recebia. Mesmo assim, havia momentos de humanidade que sobreviviam entre as rachaduras da rotina. Como o Atari. Um videogame simples, mas que na época era uma grande novidade, que Marcus trouxe para o quarto. Era um gesto mínimo, quase absurdo diante da gravidade do que viviam. Mas a bolinha branca, que ia de um lado para o outro na tela preta, servia para relembrar que Thiago ainda era uma criança. Que havia vida ali. Que o jogo podia durar alguns minutos, mas que, naquele tempo comprimido, havia riso, havia conexão, havia algo além da doença.

Wanir se lembrava com nitidez do bebê Thiago, de quando o segurava no colo e sentia o calor de seu pequeno corpo como um prolongamento do próprio. "Meu Deus, era só isso. Um menino saudável dormindo no meu peito." Naquele momento, o mesmo corpo era atravessado por tubos, por acessos, por medicações que pareciam mais agressivas do que curativas. Mas ele ainda era o mesmo menino. E ela ainda era a mesma mãe.

Em mais uma noite insone, Marcus se lembrou de quando Thiago havia quebrado o braço ao cair do trepa-trepa do prédio. Ele estava de plantão, saiu correndo do hospital, pegou o filho no colo e, junto com toda a família, tentou levá-lo ao pronto-socorro. Porém, naquele dia, São Paulo estava paralisada por uma corrida de rua. As avenidas que levavam ao pronto-socorro estavam bloqueadas. O carro não passava. O menino chorava de dor e o pai, impotente, só dizia para ele ficar calmo que em breve chegariam ao hospital. Após muitas voltas infrutíferas, Marcus parou ao lado de um fiscal e pediu para liberar a passagem, explicando ao homem o porquê de seu pedido. O fiscal olhou então para o banco de trás através da janela do carro e viu o pequeno chorando em agonia. Convencido da gravidade da situação, esperou o movimento diminuir e abriu passagem. Foi assim que chegaram ao hospital e que o braço de Thiago foi finalmente engessado. Foi assim que Marcus pediu, pela primeira vez, que Deus tirasse a dor do filho e a colocasse nele. Um sentimento que voltaria, anos depois, multiplicado.

Capítulo 12

CABELOS NÃO CAEM. NEM A ESPERANÇA

No hospital, as dúvidas só cresciam, ocupando cada vez mais espaço nas cabeças e nos corações já massacrados de Marcus e Wanir. Em meio àquela paisagem de incertezas, uma frase descolada da realidade rasgou o ar. Um médico — talvez bem-intencionado, talvez apenas fora de sintonia — sugeriu colocar um gorro gelado na cabeça de Thiago. Era um gesto técnico, quase automático, dito com a frieza funcional de quem repete condutas sem considerar o todo.

— Para não cair o cabelo — disse ele, como se aquilo fosse uma preocupação legítima no topo da lista de prioridades.

Marcus apenas o olhou. Não com raiva, mas com uma perplexidade silenciosa, quase triste. Pensou, sem dizer: "Meu filho pode morrer. E ele está preocupado com cabelo?", mas preferiu o silêncio.

A vida, ali, havia se tornado essencial. Crua. O que importava era o próximo exame, o próximo passo, a próxima resposta de esperança.

O cabelo era, literalmente, a última das preocupações. Mas a vida, às vezes, surpreende — e se vinga da lógica.

Contra todas as previsões, os cabelos de Thiago não caíram. Mesmo com as sessões pesadas de quimioterapia no Brasil, e mais tarde também nos Estados Unidos, os fios permaneceram como estandartes de uma identidade que resistia. Como raízes que se recusam a soltar a terra, aqueles cabelos sustentavam não apenas a aparência, mas também a integridade de um menino que, embora silenciado pela doença, ainda era inteiro. Os fios fincados no couro cabeludo eram como pequenas rebeliões contra a estatística, contra a imagem que se espera de uma criança em tratamento. Firmes, presos à cabeça em desafio ao destino. Lisos, pretos, compridos, bonitos. Eram, de certo modo, o último traço da infância intacta. Um lembrete de que havia beleza mesmo no meio do caos. E talvez aquilo fosse mais do que resistência celular. Talvez fosse a teimosia da vida agarrada ao couro cabeludo. Como se o pequeno Rotta dissesse: "Ainda sou eu. Ainda estou aqui."

Wanir, entre lágrimas e sorrisos, lembrava dos tempos em que Marcus, já exausto de tantas travessuras, corria atrás do filho e o "capturava" pelas madeixas. Pegava-o pelos cabelos compridos, como quem segura um balão que quer fugir. E o menino, arteiro, não só não reclamava, como se entregava à brincadeira. Às vezes, até levantava a cabeça, oferecendo os fios com a malícia de quem sabe que está brincando com o amor do pai: "Me pega, pai." E então se jogava no chão, rendendo-se ao próprio riso.

Apesar de todo o sofrimento, não houve evolução satisfatória. Então, eles decidiram: vamos embora daqui. Ficar, naquela altura, já não parecia uma opção viável. A decisão foi silenciosa, mas definitiva: eles precisavam sair dali. Porém, em 1983, isso não era nada fácil. Não havia internet. Não havia e-mails. Nem fax. Médicos, como Marcus, andavam com um *bip*, que apenas indicava que alguém queria falar com eles. E telefone era artigo de luxo. Além de ser caríssimo — era considerado um bem, precisando, portanto, ser declarado no Imposto de Renda —, a espera para a instalação de uma linha durava semanas, meses e até anos. Antes de terem seu próprio telefone, Marcus, muitas vezes, precisava sair no meio da madrugada, à 1 h, às 2 h da manhã, para ir ao orelhão em frente de sua casa, com o bolso cheio de moedas, para garantir que conseguiria falar pelo tempo necessário.

Portanto, só restava a eles papel, caneta, envelopes, selos e fé, aquela fé pragmática, que os fazia acreditar que alguém, em algum lugar do mundo, teria a solução que tanto buscavam. Contudo, não bastava escolher um hospital por intuição, recomendação ou conveniência. Era preciso evidências, números, comparação. E foi em sua rotina de pesquisas em bibliotecas científicas que Marcus, ao fazer um estudo de levantamento bibliográfico dos resultados de cada local, encontrou três possibilidades: Nova York, Paris e Seattle. Cada qual com sua história, sua estrutura, seus limites. Em Paris, haviam realizado cerca de oitenta transplantes. Em Nova York, pouco mais de uma dúzia. Mas Seattle... Seattle tinha outra escala. Lá, já tinham feito 1.600 transplantes de medula. A experiência falava alto. Não havia muito o que pensar. A frieza dos números, naquele momento, era a forma mais precisa de amor. E o que confirmou a escolha foi a palavra do Dr. Jacir Pasternak, que, desde a primeira consulta, já havia sugerido Seattle como a melhor opção.

Para Marcus, a escolha estava feita.

— Nós vamos para Seattle.

A frase não veio como alívio. Veio como ruptura. Era um divisor de águas. Um deslocamento não apenas geográfico, mas simbólico. Seattle passou a ser o norte da bússola emocional daquela família. Porém, decidir o local apropriado era a parte mais simples. Difícil seria fazer com que o hospital aceitasse o caso do Thiago. Eles só não imaginaram o quão difícil acabaria sendo.

Além da vontade e determinação, precisariam de alguém que os ajudasse. E ali entrou em cena uma peça fundamental: Lúcia Karolczak. A esposa de Alberto, primo de Wanir, portanto sua prima por afinidade, era muito mais do que um laço familiar. Era uma ponte. Uma mulher que havia sido comissária de bordo, viajado internacionalmente pela Braniff e conhecido pessoas em lugares estratégicos, além de ter o inglês fluente, naquela época, trabalhava como secretária executiva em uma grande empresa. Quando soube da situação, não hesitou:

— Eu sou a secretária de vocês aqui. Tudo o que precisarem, me digam.

E foi assim, como uma força silenciosa, que Lúcia começou a transformar a história da família.

Com a ajuda dela, que traduziu as cartas para o inglês, quinze dias depois de as enviarem, Seattle respondeu. O *Fred Hutchinson Cancer Research Center* [Centro de Pesquisa do Câncer Fred Hutchinson], em princípio, aceitaria o caso. Ali estavam dispostos a avaliar Thiago. Porém, havia critérios a se cumprir. Era preciso uma série de exames, documentos, contatos com médicos americanos. Mas isso não era apenas burocracia, era um teste emocional constante. A cada papel assinado, crescia a ansiedade para saber se seriam aceitos. Wanir e Marcus dormiam mal e acordavam ainda piores, com a sensação de que uma resposta poderia chegar a qualquer momento — ou nunca. A dependência de um sistema estrangeiro, a milhares de quilômetros de distância, era como confiar a vida do filho a uma sombra do outro lado do oceano. E toda essa espera, feita em silêncio, era o oposto da urgência que os queimava por dentro. O tempo parecia zombar deles. Era uma chance. A mensagem chegou como um sopro de vento em uma sala sem ar. Havia esperança. Havia resposta. Havia um caminho.

Na mesma mensagem, solicitaram o envio das lâminas, para que pudessem analisar o caso com mais detalhes. Enquanto isso, era preciso saber: Thiago tinha um doador compatível na família? Essa pergunta só poderia ser respondida após um exame específico chamado HLA, antígeno de histocompatibilidade. Termo complicado para uma decisão simples: sim ou não. O resultado desse teste diria se o destino abriria uma porta ou manteria a família diante de uma parede.

Em primeiro lugar, era preciso testar os irmãos. Marquinhos e Letícia fizeram o exame. Felipe, o bebê de 8 meses, não foi testado naquele momento. Ainda era muito pequeno, mas ficaria ali, de reserva, como um possível e silencioso herói, caso ninguém mais fosse compatível. A ideia de usar um bebê como doador era dolorosa, mas possível. E, se fosse preciso, seria feita — não por desespero, mas por amor. Um amor que, àquela altura, já não obedecia limites. E, assim, com os cabelos ainda firmes na cabeça de Thiago e os olhos dos pais cada vez mais fundos, a história começava a virar uma página decisiva. Sem garantias. Mas com coragem.

Enquanto as cartas cruzavam o oceano, o dia a dia brutal do hospital continuava. As noites eram sempre piores. Durante o dia, pelo menos havia o barulho dos corredores, os procedimentos, as visitas esporádicas, a agitação dos plantonistas. À noite, a quietude que não confortava — assustava. As luzes baixas conferiam um clima lúgubre. O som de um monitor cardíaco, mesmo quando estável, soava como um relógio apressando o fim. Cada apito era uma ameaça, mesmo quando nada dizia.

Capítulo 13

TÃO DIFERENTES E TÃO IGUAIS

A pergunta "Thiago teria um doador compatível na família?" carregava mais peso do que qualquer laudo médico. Porque, no fundo, não era apenas uma questão técnica — era uma nova espera, uma nova roleta emocional.

No caso de Letícia, pequena e frágil, com pouco mais de 1 ano e ainda no início da própria história, o resultado veio incompatível. O alívio foi silencioso, mas carregado de uma culpa surda. Porque, embora a resposta negativa significasse que o transplante não poderia vir dela, também significava que Letícia seria poupada. Ninguém dizia isso em voz alta, mas todos pensavam. Era um alívio ambíguo, quase vergonhoso, como se a salvação de um filho custasse o sofrimento de outro. Era duro imaginar aquela menina de colo sendo levada para um procedimento invasivo, agulhada, anestesiada. Ainda que fosse por amor.

E aí, mais uma vez, a vida surpreendeu com sua lógica particular. Marquinhos era compatível, 100% compatível, nos termos que a ciência permitia naquela época. E isso, por si só, já era um paradoxo emocional. Não poderia haver duas pessoas mais diferentes. O contraste entre os dois era até motivo de risos na família. Marquinhos e Thiago eram a personificação do clichê "como água e vinho" — ou talvez, num clichê um pouco menos utilizado, como fogo e vento. Cresceram juntos, mas com temperamentos opostos. Thiago era leve. Alegre por natureza. Resolvia tudo com um sorriso, com uma piada improvisada, com diplomacia de criança que quer agradar a todos. Não era de brigar. Evitava conflitos. Preferia fazer graça, desviar, conquistar. Marquinhos era outra história. Era direto. Bravo. Intransigente. Teimoso ao ponto da exaustão. Tinha uma força que, às vezes, parecia maior do que ele. Na escola, brigava dia sim e dia não; e, outras vezes, dia sim, outro também.

Mas foi justamente ele, o filho mais impulsivo, o mais explosivo, aquele que mais exigia pulso firme, que carregava, dentro de si, a chave biológica para salvar o irmão mais doce, mais conciliador, mais afável. Era como se o universo escolhesse ironicamente aquele que parecia menos maleável para oferecer a solução mais delicada. A ciência encontrava compatibilidade onde a vida havia construído contraste. E, naquele instante, o laço entre os dois deixava de ser apenas afetivo: tornava-se químico, celular, visceral.

Marcus, que lidava com células todos os dias, sabia: esse "100%" era mais simbólico do que absoluto. Só gêmeos idênticos poderiam ser considerados totalmente compatíveis em todos os componentes do HLA. Ainda assim, a notícia foi recebida como um presente raro, um mapa em meio àquele labirinto emocional. Foi como ver uma peça se encaixar, sem estalo, sem anúncio. Apenas se encaixar.

Wanir ficou em choque por alguns instantes. Depois, emocionada. Chorou sozinha no quarto do hospital. Chorou não só pela sorte, mas também pelo alívio. Porque, entre os três filhos, Marquinhos era o mais velho. O mais preparado, mesmo que ninguém estivesse verdadeiramente preparado para aquilo. E, no meio da infância interrompida, algo nele se endireitou. Como se tivesse entendido.

Marcus se lembrou de uma foto tirada no Parque do Ibirapuera em São Paulo como se ela fosse uma cápsula de tempo. Estavam todos ali, os seis. As bicicletas pequenas, os capacetes tortos, o calor da tarde no rosto. Era um ritual de fim de semana. Moravam no bairro de Moema, perto do parque, e os passeios ali eram constantes. Marquinhos, como sempre, destemido, foi o primeiro a tirar as rodinhas da bicicleta. Dois dias depois de ganhar o presente, já estava tentando andar sozinho. Caía, ralava o joelho, levantava. E ia de novo. E de novo. E de novo. Era um pequeno guerreiro, tentando conhecer seus próprios limites. Thiago, por outro lado, nunca tirou as rodinhas. Não por preguiça. Por prudência. Era do tipo que calculava. Observava o chão. Preferia manter o equilíbrio a correr o risco de cair.

Essa diferença os acompanhava até nas idas à escola. A rotina era quase poética. Marquinhos e Thiago, de bicicleta, na frente. Atrás, Letícia ia no carrinho, empurrado por Wanir. Uma família em movimento. E, mesmo ali, Thiago apenas pedalava, sorrindo. O mundo, para ele, era mais leve.

Por isso, a notícia da compatibilidade entre eles pareceu uma ironia do destino. Dois meninos tão diferentes unidos agora pela arquitetura secreta da medula óssea. As células diziam o que o temperamento negava: eram compatíveis. Agora, essas mesmas forças eram convocadas para salvar uma vida.

Quando contaram a Marquinhos, ele não entendeu de imediato. Depois, prestando atenção, pareceu processar o que aquilo significava. Wanir se ajoelhou diante do filho e explicou com cuidado. Disse que o irmão estava doente, que precisaria de ajuda. Falou que ele poderia fazer algo muito importante. Muito bonito. E, apesar da personalidade difícil e com a seriedade precoce que às vezes lhe surgia entre uma travessura e outra, respondeu:

— Pode deixar, mamãe. Eu vou salvar o Thiago.

A frase pairou no ar como uma bênção solene. Wanir permaneceu em silêncio por longos segundos, buscando absorver o que acabara de ouvir. Olhos nos olhos com o filho, sem dizer uma palavra, tentando decifrar todos os mistérios daquela pequena mente. O menino, estranhando o comportamento da mãe, franziu o cenho e depois riu sem graça, de timidez. Wanir segurou seu rosto e o beijou na testa, com um sorriso orgulhoso e os olhos cheios d'água. Marcus, do outro lado do quarto, desviou o olhar — não por fraqueza, mas porque sabia que aquele momento não era para ele. Era entre mãe e filho. Era um rito

silencioso de coragem e transmissão. Algo se alinhava ali: não só células, mas destinos. Não havia afetação. Nem encenação. Só uma frase curta, dita com a firmeza de quem, pela primeira vez, percebia que sua força podia ser usada para algo além das brigas, numa demonstração de amor pelo irmão e de orgulho por ser o super-herói da família.

Marquinhos e Thiago

Capítulo 14

UM NOVO INIMIGO

Os dias seguintes foram marcados por uma calma precária. O ar parecia mais pesado, carregado de uma eletricidade invisível, como se o próprio hospital soubesse que aquele alívio era provisório. Uma falsa sensação de estabilidade parecia se insinuar lentamente entre as paredes, oferecendo à família Rotta um raro momento de respiro. As notícias de Seattle eram encorajadoras, indicando que o Fred Hutchinson estava próximo de aceitar Thiago em seu centro avançado de tratamento. Porém, a realidade daquele quarto, com seu cheiro pungente de medicamentos e desinfetantes, suas paredes desgastadas e sua solitária poltrona, insistia em lembrar-lhes de que ainda estavam muito distantes de um alívio sustentável. Era uma trégua ilusória, como o silêncio que precede a queda de uma bomba.

Contudo, naquele espaço improvisado, naquele silêncio frágil que era frequentemente interrompido pelos gemidos suaves de crianças sofrendo em quartos próximos, uma ameaça nova e assustadora começou a ganhar forma. Como uma sombra densa e insidiosa que escorria pelas frestas das paredes e se infiltrava no ar rarefeito do hospital, uma palavra sussurrada se espalhou pelos corredores com a precisão de um presságio sombrio, carregada com o peso de uma sentença: varicela.

Era um surto. Uma criança já havia sido diagnosticada, e outras poderiam estar incubando o vírus mortal para Thiago. Marcus sentiu o peito travar. Para seu pequeno filho, tão debilitado pela leucemia, a varicela era muito mais que uma doença comum da infância, era um adversário invisível e devastador. A possibilidade de contágio significaria não apenas a interrupção da tão aguardada viagem aos Estados Unidos, como a perda definitiva da esperança por um tratamento capaz de salvar sua vida. Era como se, à beira da travessia, o barco fosse atacado por dentro.

A angústia se instalou imediatamente, pesada e sufocante. Marcus e Wanir sabiam que o hospital não dispunha do soro necessário para tratar uma criança imunossuprimida infectada por varicela. Tinham apenas uma vacina, que não serviria de nada diante da situação já desesperadora. Não havia tempo para hesitação, para discussões ou lamentações; era hora de agir.

Por um momento, Marcus fixou os olhos no chão, como se pudesse cavar uma resposta com o próprio olhar. Sua mente oscilava entre a imagem de Thiago sorrindo e a notícia da varicela que ecoava como uma sentença. Ele entrou num estado de urgência absoluta. Movido por uma determinação feroz, tomou para si o controle daquela situação insustentável. Não havia tempo para a troca de cartas, então, numa manobra arriscada, sem perguntar a ninguém, passou a utilizar o telefone da secretaria de pediatria do hospital. A secretária, uma mulher altiva e severa, lançava olhares desaprovadores ao ver o uso excessivo do aparelho. Marcus ignorava a silenciosa oposição, mantendo-se focado no propósito maior que tinha naquele momento: trazer o soro para o Brasil. E, para sua surpresa, em algum momento, o hospital lhe deu permissão oficial para fazer as ligações. Até hoje, ele não sabe por que nem quem foi o responsável por essa autorização.

Foram horas agonizantes ao telefone, marcadas por esperas intermináveis, por transferências constantes de atendentes e pelo ruído exaustivo das linhas internacionais. Seu coração batia descompassado por cada minuto perdido, mas ele não desistiu em nenhum momento, ciente de que cada instante era crucial. Um dia, finalmente, após uma maratona extenuante de ligações, uma voz fria e distante confirmou que o soro seria enviado pelo centro de controle de doenças em Atlanta, EUA. A vitória, no entanto, ainda precisava atravessar o oceano. Um antídoto a caminho, como uma garrafa lançada ao mar, com a esperança guardada dentro.

Os dias até a chegada do soro foram angustiantes. Cada tosse, cada febre repentina em Thiago fazia o coração de seus pais parar momentaneamente, o pavor serpenteava em suas veias como um veneno lento e corrosivo. A expectativa se tornava insuportável. A cada hora que passava, o tempo parecia zombar de sua esperança, escorrendo com crueldade.

Quando o soro finalmente chegou, Marcus sentiu suas mãos trêmulas enquanto preparava cuidadosamente a injeção. Seu coração batia forte, uma oração silenciosa ecoando em sua mente — não por milagre, mas por precisão. Por milímetros. Por sobrevivência.

A administração do soro foi rápida, mas os minutos que se seguiram foram infinitos. Thiago, com seu corpo frágil e exausto, permaneceu tranquilo, alheio à gravidade daquele instante. Horas se transformaram em dias, e, por algum milagre, ou por uma sorte inexplicável, ou pela intervenção divina de uma fé pragmática que nunca abandonou Marcus e Wanir, o pequeno não contraiu varicela.

Foi uma vitória quase imperceptível aos olhos do mundo, mas imensa para aqueles pais que lutavam por cada instante de vida do filho. Naquele quarto escuro e opressivo, sem janelas para o mundo exterior, um fio tênue de luz havia entrado, trazendo consigo uma promessa silenciosa de que talvez, apenas talvez, as coisas dariam certo dali em diante. Era só um fio — mas era tudo o que tinham. E, naquela trégua conquistada a duras penas, Marcus refletiu que a verdadeira coragem, às vezes, não está em enfrentar os grandes inimigos, mas em suportar os pequenos, que chegam sem nome e sem aviso.

Capítulo 15

TEMPO... E DINHEIRO

Quando a resposta do Fred Hutchinson finalmente chegou, Marcus e Wanir sentiram o coração acelerar em um misto de expectativa e apreensão. Abrir aquela carta foi um ato lento e carregado de ansiedade. A cada palavra lida, uma emoção tomava conta deles. O hospital aceitaria Thiago. A notícia explodiu no peito dos pais como uma luz poderosa, inundando-os com uma felicidade intensa, quase dolorosa. Abraçaram-se, com a emoção represada buscando saída, por um breve momento acreditando que finalmente uma porta se abrira, que o impossível começava a tornar-se possível.

Porém, a alegria durou pouco. No mesmo papel, algumas linhas abaixo da tão desejada aceitação, veio o golpe brutal e inesperado: o custo inicial do tratamento seria de 100 mil dólares, um valor astronômico, inviável para uma família brasileira comum daquela época. A condição era clara, direta e sem espaço para negociação: todo o dinheiro deveria ser depositado antecipadamente na conta do hospital. Sem o pagamento integral efetuado antes de deixarem o Brasil, nem sequer conseguiriam entrar nos Estados Unidos.

O peso daquela exigência os atingiu com uma força devastadora. A sala pareceu escurecer ao redor deles, o ar tornou-se difícil de respirar. Marcus e Wanir ficaram imóveis por um instante eterno, tentando assimilar a dimensão daquela barreira imensa que acabara de se erguer entre eles e a vida de Thiago. Era como se tivessem lhes oferecido uma chance milagrosa apenas para retirá-la brutalmente logo em seguida.

100 mil dólares, em 1983, tinham uma dimensão quase inimaginável. Considerando a inflação americana ao longo dos anos, aquele valor seria hoje, em 2025, algo próximo a 300 mil dólares. Além disso, o Brasil enfrentava, naquela época, uma das piores crises financeiras de sua história, e as leis cambiais eram extremamente rigorosas. Não havia maneira legal ou simples de se fazer aquele depósito. Transferir dinheiro para fora do país era praticamente impossível. Principalmente para o cidadão comum, honesto e desprovido de esquemas obscuros. Sem contar que a inflação galopante, que chegou a 135% naquele ano e a 223% no ano seguinte, destruía diariamente o valor do dinheiro e consumia salários e sonhos com a voracidade de um incêndio numa mata seca.

Wanir lembra vividamente daquela época. Ir ao supermercado era uma experiência surreal, pois os preços mudavam diante de seus olhos — funcionários remarcavam os valores enquanto ela empurrava o carrinho. O dinheiro do mês inteiro precisava ser gasto no mesmo dia em que era recebido, antes que a inflação faminta o devorasse. A imagem marcante de um funil estampada no jornal, mostrando que, em uma década, todo o poder de compra de uma família se reduziria de um carro e bens diversos a uma mera caixa de fósforos, era o retrato da angústia vivida diariamente por milhões de brasileiros.

E, como se tudo aquilo não bastasse, Thiago não havia entrado em remissão com os tratamentos realizados no Brasil. Ele passou por todo o protocolo de quimioterapia e, inicialmente, as células blásticas até começaram a baixar. Porém, bastava suspender a medicação para que a leucemia voltasse com força total, implacável, como se zombasse de cada vitória temporária. Os médicos tentaram outros tipos de quimioterapia, desesperadamente buscando resultados diferentes, mas nada funcionou. Thiago foi submetido repetidamente a exames dolorosos de sangue e da medula óssea, cada procedimento mais doloroso que o outro. Foi uma fase tão traumática e devastadora que Marcus e Wanir, hoje, pouco conseguem lembrar dos detalhes, como se a memória tentasse protegê-los da dor insuportável. Os dois assistiam impotentes ao sofrimento do filho, ficando cada vez mais magro, esvaziado de energia e infância. Os exames constantes, as coletas dolorosas e os tratamentos invasivos eram um pesadelo diário, uma luta exaustiva que parecia nunca ter fim. Ficou evidente que não havia mais tempo a perder. Era preciso levar Thiago aos Estados Unidos, imediatamente. Cada minuto contava. Cada segundo perdido era um golpe no coração. A aflição crescia enquanto a família se via enredada em um pesadelo burocrático.

Marcus decidiu, inicialmente, recorrer ao Inamps[3], sistema estatal de saúde da época, em busca de auxílio financeiro para o tratamento no exterior. Ao chegar ao escritório da chefe da Hematologia, foi recebido com uma expressão séria, porém compreensiva. Sentado diante da médica, o pai sentia sua voz tremer enquanto tentava explicar a urgência desesperadora da situação.

— Dr.ª, eu imploro, não temos mais tempo. O tratamento aqui não está funcionando. Se não fizermos algo imediatamente, meu filho não vai resistir.

A médica suspirou, claramente tocada pela situação, mas mantendo-se pragmática.

— Eu entendo a sua angústia, Dr. Marcus, porém este tratamento não tem comprovação suficiente. É experimental. Não há como autorizar uma despesa desse porte — respondeu com firme gentileza.

Marcus tentou novamente, desesperado:

— Mas, doutora, é a única chance dele! A senhora faria o mesmo se fosse seu filho. Por favor, há alguma exceção, algum jeito...

A médica interrompeu-o delicadamente, porém com convicção:

— Eu realmente sinto muito, doutor. Não posso autorizar isso.

Marcus levantou-se lentamente, sentindo a humilhação e a impotência corroerem suas entranhas, e saiu daquele escritório transtornado, com o peso esmagador da responsabilidade, da angústia sufocante. Sua

3 INAMPS, Instituto Nacional de Assistência Médica da Previdência Social, extinto com a criação do SUS, Sistema Único de Saúde.

mente fervilhava, tomada por uma mistura de raiva e desespero. E foi nesse estado, completamente esgotado emocionalmente, que acabou batendo o carro. O motorista à frente saiu irritado, pronto para confrontá-lo. Mas ele estava além da exaustão. Seus olhos carregavam uma intensidade assustadora quando olhou firme para o homem e declarou, com uma voz fria e cortante:

— Não adianta ficar bravo. Tira o carro da frente... ou eu passo por cima. De você e do carro.

O outro motorista percebeu que Marcus falava sério. Sentiu algo na expressão desesperada daquele homem, simplesmente voltou ao seu veículo e foi embora sem uma palavra.

Naquele momento, o médico percebeu claramente que não havia mais espaço para negociações ou hesitações. Eles estavam numa corrida contra o tempo, contra as burocracias desumanas, contra um país à beira do colapso econômico. Tinham diante deles o maior desafio de suas vidas, e nada, absolutamente nada, poderia impedi-los de lutar com todas as forças para salvar seu filho.

Então, foi procurar diretamente o Banco Central, para tentar liberar a remessa. Tudo o que eles conseguiram juntar, 80 mil dólares, o que dava aproximadamente 38 milhões de cruzeiros, estava depositado no Banco Bradesco. Várias cartas foram trocadas com o BC, comprovando a doença de Thiago, bem como o aceite do hospital nos Estados Unidos para o transplante. Mas nada disso foi suficiente para sensibilizar os responsáveis. No final, autorizaram que o casal viajasse com apenas 320 dólares, um valor ridículo considerando a despesa gigantesca que eles teriam durante o tempo que estivessem lá. O tempo estava acabando. E as saídas também.

Capítulo 16

EQUILÍBRIO NO OLHO DO FURACÃO

O que de fato ajudava a manter um certo equilíbrio no casal era a relação profunda entre os dois. Wanir sempre dizia que o que mais os sustentava naquela batalha era a comunicação constante. Falavam de tudo — profundamente, sem reservas —, um hábito antigo, anterior à doença, mas que então se tornara indispensável. Eles se agarravam às palavras um do outro em busca de qualquer pedaço de esperança que os mantivesse vivos. Compartilhavam cada sentimento, cada ansiedade, cada frustração e cada pequena vitória, por menor que fosse. A conversa era seu refúgio, um espaço sagrado de intimidade e apoio mútuo, protegido do caos que os cercava.

Essa cumplicidade profunda também se manifestava na forma como dividiam as responsabilidades práticas do cotidiano. Marcus sempre assumia a frente em questões médicas, por sua formação profissional. Era ele quem tomava as decisões mais difíceis relacionadas ao tratamento de Thiago, e Wanir, confiando plenamente nele, nunca hesitava em apoiá-lo. Quando o marido sugeriu que deveriam ir para Seattle, ela aceitou imediatamente, sem dúvidas ou questionamentos. Sua confiança nele era total, incondicional, baseada no amor e no respeito profundo que construíram juntos ao longo dos anos.

Mesmo antes da doença, Marcus participava ativamente do cuidado dos filhos e Wanir colaborava nas outras demandas que surgiam a cada dia, garantindo que nenhuma responsabilidade sobrecarregasse um ou outro. Tinham um acordo tácito de cuidado mútuo, uma promessa silenciosa de que não permitiriam que o sofrimento e a escuridão os afastassem.

Foi essa parceria inabalável, essa capacidade de conversarem e de se apoiarem, que deu a eles a força necessária para atravessar o inferno emocional que viviam diariamente. Em meio a todos os problemas, Marcus e Wanir conseguiam preservar algo precioso: a certeza de que não estavam sozinhos naquela luta. Juntos, eles mantinham o equilíbrio necessário para seguir em frente, unidos pela esperança silenciosa de dias melhores.

Ainda assim, às vezes, um dos dois descompensava. Nos dias intermináveis no hospital, em meio ao turbilhão emocional e às batalhas diárias contra a doença de Thiago, Marcus e Wanir se viram caminhando incansavelmente pelos corredores, tomados por uma ansiedade quase insuportável. Em uma noite especialmente difícil, ele sentiu uma necessidade irresistível de fumar um cigarro. Os dois já haviam abandonado o cigarro há muito tempo, justamente pelos filhos, mas, naquela noite, a tensão foi avassaladora, e Marcus não resistiu. Foi apenas um cigarro, mas o efeito foi devastador. Não era só nicotina, era desespero compactado. O gosto metálico invadiu sua boca junto com uma sensação estranha de culpa e torpor. Não estava apenas fumando, estava exalando o que não conseguia dizer.

Quando o Dr. Jacir Pasternak apareceu, pronto para falar sobre protocolos e exames, só pode falar com Wanir. Marcus estava sentado, os olhos vidrados e o rosto pálido. Ele tentou participar da conversa, mas a boca não obedeceu. A mente estava enevoada, como se tivesse atravessado uma nuvem densa demais. Jacir franziu o cenho. Talvez pensasse que o colega estivesse drogado. Mas era apenas o peso de tudo desabando de uma só vez.

Capítulo 17

A PRIMA E O SENADOR

Wanir e Marcus estavam desesperadamente precisando de dinheiro para o tratamento de Thiago. Durante a crise, Wanir lembrou-se das terras herdadas do avô, que havia pensado cuidadosamente no futuro, deixando-as como reserva para situações emergenciais dos netos. Mas, diante daquela urgência absoluta, precisariam vendê-las rapidamente.

Uma reunião familiar foi convocada às pressas. Porém, o encontro se tornou desgastante e frustrante. Alguns parentes pareciam incapazes de entender a gravidade da situação. Num momento especialmente doloroso, um deles chegou a sugerir, com incompreensível indiferença:

— Se eu fosse vocês, pegava esse dinheiro e ia passear com o Thiago.

Marcus e Wanir olharam um para o outro, incrédulos, reprimindo o choque e a revolta. Fingiram não ter ouvido aquele comentário absurdo e seguiram com as discussões.

Contudo, a situação financeira era apenas parte da tormenta burocrática que enfrentavam. Precisavam adquirir as passagens aéreas para

Seattle, mas, sem depositar o dinheiro integral do tratamento, nem sequer podiam comprá-las. Mesmo com os vistos já obtidos, estavam presos a um impasse desesperador. Era como tentar avançar contra uma parede intransponível de regras rígidas e burocracia interminável.

Enquanto tentavam vender terras e enfrentavam portas fechadas no Brasil, uma trama silenciosa se formava invisível aos olhos deles, mas viva. Numa outra latitude, num outro fuso horário, em outro idioma, pessoas que jamais haviam visto estavam começando a se mover. O que aqui parecia intransponível, lá começava a ganhar contorno de possível. Um senador norte-americano, Alma Ritchie, concordou em assinar um documento garantindo o pagamento ao hospital após a chegada da família. A assinatura dele significava que o casal não precisaria depositar o dinheiro antes da viagem. Era como se o próprio governo dos Estados Unidos tivesse se tornado o fiador daquela batalha pela vida de Thiago. A possibilidade, antes remota, de finalmente embarcarem para Seattle, tornava-se real. E quem estava por trás daquela proeza aparentemente impossível? Lúcia, a prima de Wanir.

Naquela época, Lúcia trabalhava na área financeira. Sua rotina era dominada por números, relatórios e desafios econômicos. No entanto, sua vida tomara um rumo completamente diferente quando soube da doença de Thiago, diagnosticado com leucemia em uma época em que tal fato, especialmente no Brasil, era quase sempre considerado uma sentença de morte.

Lúcia não era apenas eficiente, era emocionalmente generosa. Sentiu como se a dor daquela família fosse também sua. Talvez por ter filhos. Talvez por amor à vida. Mas, ao saber do diagnóstico, ela não hesitou: tornou-se parte da luta.

Lúcia estava casada com um primo de Wanir e morava relativamente próxima ao casal em São Paulo. O laço familiar já existia, mas foi sua amizade improvável com Naomi Richie, uma norte-americana apaixonada pelo Brasil e recém-contratada na área de Marketing da empresa onde trabalhava, que acabou abrindo uma porta inesperada. Naomi havia chegado ao Brasil falando apenas inglês, e Lúcia, que dominava a língua, logo percebeu uma oportunidade mútua de aprendizado e apoio, que rapidamente se tornou uma forte amizade que perdura até os dias de hoje.

Em viagens aos Estados Unidos, Lúcia conheceu a família de Naomi, que era mórmon e por quem desenvolveu grande afeição. Costumava levar presentes relacionados a diversas religiões para Alma Richie, pai de Naomi e senador, com quem também criou uma conexão especial de amizade e confiança.

Quando o drama vivido por Thiago chegou aos ouvidos de Alma, o senador imediatamente demonstrou empatia e solidariedade profundas. Movido por um senso de urgência, ele mobilizou a igreja mórmon que frequentava e começou uma verdadeira campanha de apoio, solicitando que todos se empenhassem na missão de trazer Thiago e sua família para os Estados Unidos quanto antes.

A atuação do senador Alma Richie gerou um verdadeiro efeito dominó. Com a poderosa rede de solidariedade da igreja se movimentando, portas começaram a se abrir rapidamente. Não apenas a palavra dele, mas o peso e a credibilidade da igreja foram fundamentais para convencer o Fred Hutchinson a acolher o caso. E Alma foi além, assinando pessoalmente um documento chamado Affidavit[4], afirmando perante as autoridades americanas que seria o avalista dos Rotta com relação ao pagamento de despesas médicas, alimentação, transporte e moradia da família durante o tratamento de Thiago. Naquele tempo, conseguir apoio político internacional, com aval pessoal de um senador dos Estados Unidos, era algo praticamente inimaginável para uma família de classe média brasileira.

A generosidade inesperada daquele senador norte-americano, movido por uma amizade transcontinental e uma profunda empatia, acabou sendo determinante para que Thiago tivesse uma chance real de tratamento e sobrevivência. E Lúcia, que até então lidava com planilhas e relatórios em uma sala silenciosa de São Paulo, viu-se dentro de uma corrente poderosa — feita não de cifras, mas de fé, solidariedade e ação — e aprendeu, junto com todos os envolvidos, que as mãos que mais nos sustentam, às vezes, vêm de onde menos esperamos.

4 Affidavit é uma declaração sob juramento feita por uma pessoa perante um tabelião ou oficial de justiça, fora do tribunal, afirmando que certos fatos são verdadeiros, de acordo com seu conhecimento.

Capítulo 18

SONHOS ADIADOS... PARA SEMPRE

Desde o momento em que Thiago foi internado, Marcus e Wanir não saíram mais do seu lado. Literalmente. As paredes frias e impessoais do hospital tornaram-se o cenário constante de suas vidas, preenchidas por uma ansiedade permanente e por uma sensação constante de urgência. Durante mais de um mês, permaneceram praticamente acampados naquele lugar, dormindo em poltronas desconfortáveis e cadeiras improvisadas, alimentando-se rapidamente em intervalos escassos. Cada minuto longe do quarto parecia uma eternidade, uma sensação quase física de abandono que apertava o peito de ambos. Só voltaram para casa para fazer os preparativos da viagem.

Deixar o Brasil era uma decisão profundamente dolorosa e complicada. Não se tratava apenas de uma mudança temporária de país. Marcus e Wanir estavam prestes a deixar para trás os outros filhos, por um tempo que não tinham como prever. Uma decisão que cortava fundo em seus corações. Pensavam no lar que haviam construído juntos, cheio de memórias e risos, e em todos os planos feitos ao longo dos anos. Pensavam na rede de amigos, familiares e colegas, aquele suporte emocional e prático que sempre estivera ali, silencioso e constante. Sabiam que tudo isso ficaria para trás, num futuro totalmente incerto.

Seattle, que antes parecia apenas um ponto distante e frio no mapa, ganhava contornos diferentes a cada dia. Tornara-se uma promessa, uma esperança quase tangível, como uma porta entreaberta no fim de um corredor escuro e aparentemente interminável. A cidade representava mais do que um tratamento médico avançado. Era, para eles, a única chance de vida para Thiago, uma luz frágil e preciosa que precisavam alcançar a todo custo.

Marcus, sempre pragmático e racional, mergulhava em uma espécie de organização frenética. Planos detalhados eram traçados meticulosamente, listas intermináveis preenchiam cadernos e papéis espalhados pelo quarto do hospital. Ele reunia documentos, pensava em procedimentos burocráticos, concentrando-se em manter o controle sobre algo tangível em meio à desordem emocional que sentia internamente. Aquele planejamento era uma tentativa desesperada de fazer algo diante de uma situação que fugia completamente de seu controle.

Wanir, por outro lado, sentia-se terrivelmente dividida. Seu instinto maternal, sempre presente, estava completamente aflorado. A dor de deixar os outros filhos para trás, mesmo temporariamente, pesava em seu coração como uma pedra impossível de carregar. Ela organizava minuciosamente a rotina que as crianças teriam durante a sua ausência, tentando assegurar algum conforto e segurança para elas. Cada pequeno detalhe planejado aumentava ainda mais a consciência da magnitude do que estavam prestes a fazer.

De certa forma, uma logística parecida já havia sido pensada por eles meses antes, mas em circunstâncias completamente diferentes. No início daquele ano, a família se preparava alegremente para uma mudança positiva e emocionante: passariam um ano na Inglaterra.

Marcus havia conseguido uma bolsa para se especializar em Londres, no renomado Queen Square, sob a orientação de Lindsay Simon, um dos mais conceituados neurocirurgiões da época. A viagem estava programada para janeiro seguinte, e toda a família estava empolgada com a nova aventura. Em casa, reinava um clima contagiante de entusiasmo e expectativa. Wanir recordava, com tristeza, dos pequenos detalhes felizes daquela preparação. As etiquetas coladas em todos os objetos da casa para ensinar inglês às crianças eram agora lembranças silenciosas de um futuro que não mais aconteceria.

Para tornar tudo possível, Marcus pediu a ajuda de um colega, que já havia passado um período em Queen Square com o Dr. Simon. E foi direto ao assunto:

— Eu quero muito ir pra lá. Como é que eu faço?

O amigo, hesitante, respondeu:

— Não sei se ele lembra de mim, mas vou escrever pra ele.

"Tomara que lembre", pensou Marcus com otimismo. O colega, então, enviou uma carta cuidadosamente redigida, destacando a experiência médica de Marcus, seu trabalho em hospitais renomados e seu profundo desejo de aprimorar seus conhecimentos na Inglaterra. O médico aguardou ansiosamente por dias, checando diariamente a correspondência, até que finalmente recebeu a tão esperada resposta: Lindsay Simon aceitava recebê-lo em seu programa de especialização. A alegria foi imensa, quase palpável. A família toda comemorou aquela notícia como uma confirmação de que seus sonhos estavam finalmente tomando forma. Imediatamente, todos começaram a imaginar como seria sua aventura no outro lado do oceano: a escola das crianças, os passeios, o dia a dia dos ingleses, visualizando cada aspecto da vida que teriam em Londres. O futuro só traria alegria para aquela família.

No entanto, setembro chegou. E, com ele, veio o diagnóstico bárbaro, como uma tempestade repentina que destrói tudo em seu caminho. E assim, os planos feitos com tanto carinho — as escolas, os passeios, as palavras coladas nos objetos — dissolveram-se na frieza de um quarto de hospital.

— Nunca imaginei que a carta mais esperada da minha carreira médica viraria apenas uma lembrança de uma vida que não aconteceu — lamenta hoje Marcus.

A Inglaterra ficou no papel. Os sonhos, na memória. E a esperança, toda ela, agora cruzava o oceano rumo a Seattle. Alguns sonhos se adiam. Outros, a gente aprende a enterrar sem dizer nada.

Capítulo 19

EMBARQUE AMEAÇADO

Marcus e Wanir viviam sob constante tensão nos dias que antecediam a viagem para Seattle. Tudo parecia finalmente encaminhado, mas, naquele dia, o inesperado voltou a golpeá-los com força. Na manhã marcada para o embarque, um hemograma revelou que Thiago estava com uma anemia grave. Seu nível de hemoglobina era tão baixo que não havia a menor condição de ele suportar um voo longo. A notícia caiu sobre a família como um balde de água fria, congelando-os no lugar. O tempo, que antes parecia correr lentamente, acelerou-se subitamente contra eles.

Marcus sentiu o pânico tomar conta de si. No banco de sangue do hospital, não havia sangue compatível para Thiago. Cada minuto que passava significava menos chances de conseguirem embarcar. Sem alternativa, Marcus saiu correndo freneticamente pelos corredores do hospital, subindo e descendo escadas, batendo às portas dos quartos, abordando cada residente, cada médico que encontrava. Seus olhos estavam arregalados pela urgência, sua voz carregada de desespero, perguntando, implorando se alguém tinha o mesmo tipo sanguíneo de seu filho.

O corredor parecia infinito, as negativas, incontáveis. Marcus já estava quase sem fôlego, quando encontrou um residente disposto a ajudar. Alívio e gratidão o invadiram tão rapidamente quanto a aflição inicial. Sem hesitar, praticamente arrastou o jovem médico até o banco de sangue. O líquido precioso finalmente foi coletado e devidamente embalado para a transfusão.

Enquanto Marcus percorria os corredores de azulejos frios, batendo em portas e implorando por sangue, Wanir enfrentava uma batalha silenciosa diante do armário: o que levar, o que deixar, como partir sem enlouquecer? Mas tudo estava confuso e nebuloso em sua mente. O choque emocional dos últimos dias tornava difícil cada pequena tarefa. Tudo parecia surreal. Até hoje, ela não se lembra de quem fez as malas. A filha, Leca, encostada à parede do quarto, perguntou com doçura:

— Mãe, você vai demorar muito?

A pergunta apertou ainda mais o coração de Wanir, intensificando sua sensação de estar sendo dilacerada entre filhos e circunstâncias. Marcus recordará, anos depois, que fora a esposa quem fizera as malas. Sua prima Celinha ajudou-a naquela tarefa, trazendo também roupas de frio para enfrentar o inverno rigoroso de Seattle, algo que eles nem tinham tido tempo de providenciar.

Na despedida dos filhos, o silêncio pesava mais do que as malas. Wanir se ajoelhou na frente de Letícia e a abraçou com força, sentindo o cheirinho doce de xampu infantil misturado às lágrimas contidas. Sussurrou algo no ouvido da filha, palavras que só as duas ouviram — talvez um segredo, talvez uma promessa. Felipe, no colo da avó, dormia um sono despreocupado. A mãe, após alguns segundos olhando calada para aquele rostinho inocente, beijou delicada e demoradamente sua testa.

Marcus, por sua vez, abraçou Leca como se tentasse envolvê-la com os próprios braços contra o mundo. E, mesmo sabendo que aquilo não bastaria, ficou ali por mais tempo do que o necessário, como se seu corpo pudesse memorizar aquele momento. Depois, pegou a mão de Felipe, acariciou com cuidado e também beijou sua testa macia. Quando se afastou, enxugou os olhos disfarçadamente e olhou para dona Noêmia.

Ela não chorava. Manteve a postura ereta, digna, como sempre fora. Segurou a mão do filho e falou num tom de comando, numa forma de amor escamoteado:

— Vai lá salvar o seu filho, Marcus. Vai com Deus.

Marcus tentou responder, mas a garganta fechou. Apenas a beijou, sentindo-se, por um instante, novamente o filho que deve obedecer à mãe. Thiago, mesmo anêmico, ainda teve forças para se despedir dos irmãos.

— Tchau, Leca. Tchau, Lipi. Daqui a pouco, eu volto. Prometo.

Os adultos se entreolharam em silêncio, torcendo para que essa promessa fosse, um dia, de fato cumprida. Marquinhos, sem dizer uma palavra, somente acenou para os irmãos, como se fosse voltar dali a poucas horas. Na porta, Wanir olhou mais uma vez para Letícia e Felipe, mandando beijos para os dois com um sorriso fabricado. Já no elevador com Thiago e Marquinhos, Marcus a chamou com pressa. Eles ainda tinham um obstáculo a ultrapassar antes da partida. E foi assim, com os corações apertados e um amor silencioso pairando no ar, que deixaram seu lar, sem terem a menor ideia de quando voltariam.

A hora do voo estava chegando, mas o corpo de Thiago exigia cuidados imediatos. Antes de irem ao aeroporto, retornaram ao hospital para a transfusão emergencial. Cada gota do sangue recém-colhido parecia cair lentamente demais, enquanto os minutos avançavam implacavelmente. Marcus e Wanir olhavam nervosamente para os ponteiros do relógio, sentindo cada segundo passar como uma tortura. Finalmente, a instantes do limite absoluto, a transfusão terminou. Sem perder tempo, seguiram direto para o aeroporto de Congonhas.

O trânsito caótico da cidade de São Paulo, a ansiedade palpável dentro do carro e a apreensão devastadora e permanente de perder o voo tornaram a viagem até o aeroporto mais uma experiência sofrida. A cada sinal fechado, a cada freada brusca, Marcus e Wanir sentiam o peito apertar ainda mais.

Chegaram ao aeroporto correndo, a respiração entrecortada pelo esforço e pela emoção. Embarcaram com Marquinhos e Thiago já em melhor estado, agora com o sangue necessário correndo por suas veias. Na última hora, Lúcia decidiu acompanhá-los na viagem. Preocupada com a situação da família, avisou:

— Eu vou com vocês para ajudar.

O voo faria conexão no Rio de Janeiro, depois seguiria para Nova York e finalmente chegaria ao destino: Seattle. Sentados no avião, Marcus e Wanir trocaram olhares exaustos, mas aliviados. O que parecia impossível tornara-se realidade. A porta do avião finalmente se fechou, simbolizando o fim de um capítulo e o início de uma nova batalha em busca da vida.

Capítulo 20

O CONQUISTADOR

Anos depois, Marcus não se lembrará claramente dos detalhes mais práticos daquela partida tão importante. Não saberá dizer quem os levou ao aeroporto ou se foram de táxi. As lembranças do voo de São Paulo para o Rio de Janeiro e, depois, para Nova York serão apenas sombras vagas em sua memória. Porém, a viagem de Nova York para Seattle ficará marcada em sua mente com nitidez absoluta. O avião estava quase vazio, e a configuração da cabine parecia acentuar a sensação de espaço e isolamento. Era um avião grande, com duas fileiras de dois assentos nas laterais e uma ampla fileira de cinco assentos no meio. Thiago e Marquinhos tomaram posse daquele espaço central, transformando-o imediatamente em um território de brincadeiras e conversas animadas.

Durante o voo, uma aeromoça americana da American Airlines, Nancy Spencer, se encantou com Thiago e passou a maior parte do tempo próximo a ele, brincando, fazendo perguntas que ele não entendia e, às vezes, fazendo cócegas, só para ouvir aquela gargalhada inconfundível. A conexão foi tão profunda que Marcus e Wanir nunca mais a esqueceram.

Wanir observava Thiago e Marquinhos, ao longo da viagem, com uma mistura de alívio e admiração. Mesmo diante de tudo o que tinham vivido recentemente, os meninos estavam felizes, sorridentes, conversando e rindo como se nada pudesse perturbá-los. Thiago, em particular, não parava de olhar para os pais e repetir com um sorriso largo e travesso:

— Papai bigodudo e mamãe queridona!

Cada vez que ele dizia isso, explodia em gargalhadas contagiantes, que traziam um inesperado conforto ao coração exausto dos pais, mostrando, de um jeito especial, que há beleza até nas travessias mais áridas.

Curiosamente, Thiago demonstrou um apetite incomum durante aquele voo. Não queria comer mais nada além de queijo, pedindo repetidamente por mais. Wanir, observando-o com um sorriso maternal, chamou-o carinhosamente de "ratinho", provocando nele mais uma explosão de risadas, tão intensa que quase o fez cair no chão.

40 anos depois, Marcus e Wanir se recordarão com ternura da personalidade única e contagiante do filho. O menino tinha uma espontaneidade verdadeiramente cativante, capaz de encantar qualquer pessoa ao seu redor. Mesmo em situações inesperadas, como pequenas confusões durante o voo, era Thiago quem tomava a frente, oferecendo ajuda de um jeito só dele, cheio de inocência e empatia. Ele parecia ter uma capacidade inata de resolver conflitos simplesmente com seu jeito alegre e leve de ser. Todos que o conheciam ficavam encantados com sua beleza, tanto interior quanto exterior. Era como se o pequeno tivesse um brilho próprio, uma luz que irradiava e tocava profundamente aqueles à sua volta.

Além de engraçado e encantador, Thiago era generoso e desapegado. Nunca dava muita importância a brinquedos ou presentes. Se o do irmão quebrasse, ele simplesmente entregava o seu, como se aquilo não fosse importante. Era sempre ele quem abria mão das coisas, preocupado apenas em garantir que todos ao seu redor estivessem felizes.

Muito tempo depois, Wanir ainda se emocionará ao falar do filho, ressaltando como Thiago enxergava graça e beleza onde ninguém mais via. Um simples autorama, presente dado pelo pai, era suficiente para fazê-lo rir descontroladamente. Os carrinhos que deslizavam velozes na pista, derrapando e colidindo, eram para ele o ápice da diversão. Seu riso cristalino e puro enchia a casa de alegria, contagiando quem estivesse por perto.

Thiago antes do diagnóstico

Marcus comparava o filho ao personagem Menino Maluquinho, criado pelo famoso cartunista Ziraldo. Thiago era travesso e cheio de energia, sempre com ideias novas e criatividade inesgotável. Subia onde não devia, aprontava pequenas artes, mas era impossível ficar bravo com ele. Com sorriso sedutor e olhar maroto, Thiago desarmava qualquer repreensão. O mesmo comportamento que gerava broncas para o irmão Marquinhos parecia garantir a ele uma espécie de passe livre.

Uma cena que Marcus guardava com carinho era a insistência de Thiago em estar sempre próximo da irmã mais nova, Letícia. Não raramente, encontravam-no dentro do berço dela, querendo brincar ou, até mesmo, tentando tirá-la de lá para que ficassem juntos. Ele era assim: carinhoso, inquieto e profundamente ligado à família.

A partida da família foi sentida de formas diferentes por cada um dos irmãos, mas a leveza e a alegria contagiante de Thiago pareciam transformar qualquer despedida dolorosa em momentos leves e felizes. Ele deixava, por onde passava, o eco do seu riso e uma luz que o tempo não apaga.

Capítulo 21

SERÁ QUE TEM RELAÇÃO?

O avião deslizava suavemente pelo céu noturno, atravessando um oceano de calma e escuridão pontilhado por luzes distantes. Marcus estava com os olhos fixos no vazio, mergulhado em pensamentos que o puxavam para longe daquela cabine silenciosa. Ao seu lado, Wanir fingia dormir, mas, pela respiração curta e pelos leves movimentos do marido, sabia: ele não descansava.

A mente de Marcus viajava por caminhos sombrios, explorando cenários que preferia evitar. Imaginava o futuro próximo em Seattle: um tratamento agressivo, meses intermináveis de internações e um filho pequeno enfrentando procedimentos que desafiariam até a coragem dos adultos mais fortes. Sentia um aperto no peito ao imaginar Thiago em meio a agulhas, tubos e o ambiente impessoal do hospital. Contudo, seu pensamento não parava ali. Inevitavelmente, retornava ao começo de tudo, à gravidez de Wanir.

Ela conhecia bem o marido e sabia exatamente o que o perturbava. Sempre que mencionavam a gravidez, Marcus recordava aquela alteração vascular estranha, percebida por uma perna mais fria do que a outra. Wanir nunca dera importância a isso; para ela, aquela havia sido uma gravidez tranquila, sem grandes incômodos ou preocupações. No entanto, ele não conseguia afastar a ideia perturbadora: e se aquela pequena alteração, tratada com medicamentos aparentemente inofensivos, tivesse contribuído para a doença de Thiago?

Além disso, Marcus sentia o peso das acusações implícitas das pessoas ao redor. Imaginava frases duras e insensíveis que poderiam surgir, como se as pequenas escolhas do dia a dia fossem responsáveis pela doença do filho. Pensava em comentários sobre cuidados inadequados ou hábitos comuns entre crianças, como o fato de Thiago gostar de comer pasta de dente. Cada pensamento era um golpe silencioso contra sua autoconfiança.

Wanir tentava, de seu jeito, aliviar o peso desses pensamentos. Para ela, esses pequenos detalhes eram apenas parte da infância normal das crianças. Thiago gostava do gosto doce da pasta de dente, como qualquer criança. Até mesmo a filha mais nova, Letícia, tinha suas peculiaridades infantis, como mastigar sabonete. Nada disso tinha a menor relação com a leucemia, mas era impossível convencer Marcus sem provas concretas.

Marcus, porém, não conseguia compartilhar suas angústias com a esposa até ter certeza. Ao chegar a Seattle, ele não apenas desembarcou com a mala nas mãos, mas também com um pacote de dúvidas embaixo do braço. Antes mesmo de se instalar emocionalmente, mergulhou em artigos científicos na excelente biblioteca do hospital. Cada página virada, cada linha lida aumentava sua angústia. Finalmente, após uma busca exaustiva, encontrou um alívio momentâneo na ciência: não havia evidência científica alguma que ligasse os medicamentos que Wanir tomara na gravidez ao diagnóstico de Thiago. Só então, o médico conseguiu respirar mais leve, ainda que temporariamente.

Naquele instante, no avião silencioso, Marcus observava Wanir segurando Thiago adormecido no colo. O rosto do menino repousava suavemente no ombro da mãe, respirando calmo, inocente. A imagem transmitia uma paz ilusória. O pai sabia, no fundo de sua alma, que aquela serenidade era efêmera, apenas uma trégua delicada antes das tempestades que estavam por vir.

Wanir sentia o calor e a tranquilidade da respiração de Thiago contra seu corpo. Ao virar-se levemente, percebeu o marido observando-os com expressão distante, quase angustiada. Sabia que ele travava uma batalha interna, algo profundo e doloroso. O avião continuava indiferente em sua rota, levando-os para a batalha mais dura de suas vidas.

Outra situação que atormentava a mente já esgotada de Marcus havia acontecido no dia anterior à viagem. Thiago precisava tomar um remédio, mas se recusava. A família estava prestes a embarcar, por isso o ambiente estava impregnado de tensão e ansiedade. O medicamento essencial precisava ser tomado com urgência, mas o menino, determinado e obstinado, recusava-se terminantemente. O pai sentou-o em seu colo e começou suavemente, implorando com carinho, explicando pacientemente por que era tão importante que ele tomasse o remédio. A cada negativa teimosa do filho, o coração de Marcus se apertava mais.

— Você tem que tomar, Thiago. Precisamos viajar! — insistia o pai.

— Não vou tomar — o menino respondia teimosamente.

O tempo parecia avançar depressa demais, aumentando a angústia do pai. Ele sentia a pressão da viagem iminente, do tratamento urgente nos Estados Unidos. Cada segundo parecia intensificar a resistência do filho, elevando a tensão emocional ao limite. Num ato impulsivo e quase automático, fruto do tormento e da exaustão acumulada, Marcus deu um leve tapa na perna de Thiago, um gesto mínimo, quase simbólico. Mas a fragilidade causada pela baixa de plaquetas fez com que, imediatamente, surgisse uma pequena mancha roxa na pele delicada do menino.

Marcus congelou diante daquela marca inesperada. Um choque violento de culpa e arrependimento percorreu seu corpo inteiro. A imagem daquele hematoma delicado tornou-se um lembrete constante da vulnerabilidade do filho e de sua própria fragilidade emocional. Durante todo o voo, aquela pequena mancha pareceu arder em seus olhos, um símbolo permanente da sua dor interna e impotência. Ele olhava para a perna de Thiago e pensava: "Como eu pude fazer isso?".

Wanir recordava a batalha constante e cansativa para fazer Thiago engolir comprimidos. Uma luta que só cessou ao chegarem aos Estados Unidos, onde todos os medicamentos passaram a ser administrados diretamente por cateter. Ainda assim, cada lembrança desses momentos era uma ferida profunda que nunca cicatrizava completamente, lembrando-os da incansável luta e do amor infinito que mantinham pelo filho. E, enquanto o avião seguia sua rota entre o céu e o desconhecido, Marcus encarava a mancha roxa na perna de Thiago como se fosse um mapa: não sabia onde começava a dor nem onde terminava a esperança.

Capítulo 22

BEM-VINDOS A SEATTLE

No *finger* do aeroporto, o ar gelado de outono envolve a família imediatamente. Wanir se encolhe no casaco fino; o frio corta muito mais do que imaginavam. Thiago choraminga baixo, incomodado pelo vento úmido no rosto, e se agarra ao pescoço da mãe. São Paulo, com seu calor úmido e conhecido, parece um mundo distante. Os cinco passam rapidamente pela imigração e atravessam o corredor até a área de bagagens. Marcus carrega a mala de bordo em uma das mãos e mantém a outra pousada no ombro de Marquinhos, guiando o filho mais velho. Lúcia vem bem atrás, exausta, mas firme, empurrando um carrinho de mão com alguns pertences e brinquedos dos meninos.

A sala de desembarque de Seattle está quase deserta nesta madrugada de domingo. As esteiras de bagagem giram preguiçosas. A família aguarda suas malas, enquanto a garoa fina lá fora persiste, visível nas paredes envidraçadas do aeroporto. De repente, ouve-se um anúncio nos alto-falantes — uma voz feminina fala em inglês, palavras rápidas que Marcus e Wanir não compreendem totalmente. Eles se entreolham sem saber do que se trata, mas notam que Lúcia fica atenta e ergue a mão.

— Acho que estão chamando a gente — diz ela, com os olhos arregalados.

Wanir franze a testa, sem entender. Lúcia explica:

— Ouvi "Rotta" no alto-falante. Devem ser as pessoas que vieram nos buscar!

Marcus assente rapidamente, gesticulando para reunirem as crianças. Com as malas agora em mãos, eles se aproximam da saída do setor de bagagens.

Ao passarem pela porta automática, avistam duas senhoras aguardando do outro lado da faixa de segurança. É uma cena quase cinematográfica: sob a luz branca do terminal, as duas usam lenços plásticos amarrados sob o queixo para proteger os cabelos da garoa — exatamente aqueles lenços transparentes que Marcus lembra ter visto em filmes americanos antigos. Por um instante, ele quase sorri. Uma das mulheres, de estatura baixa e olhar vivo, faz Marcus lembrar imediatamente de Minnie Castevet, a vizinha peculiar do filme *O bebê de Rosemary* — tem os cabelos grisalhos cacheados escondidos sob o lenço e um casaco vintage xadrez. Ao lado dela, a segunda senhora exibe um sorriso gentil. Essa é mais alta e aparenta cerca de 70 anos, tem olhos azuis brilhantes por trás dos óculos e segura nas mãos um cartaz escrito "*Welcome to Seattle, Rotta Family*!"[5] com desenhos infantis ao redor. Quando seus olhos encontram os de Wanir, eles transmitem uma calma inexplicável, quase maternal. Ela sente imediatamente uma onda de conforto emanando daquela desconhecida, como se o olhar dela dissesse sem palavras: "vai dar tudo certo".

Lúcia toma a dianteira e cumprimenta as senhoras em inglês, apresentando-se e indicando Marcus e Wanir:

— *These are Marcus and Wanir Rotta, and their children.*[6]

As voluntárias sorriem calorosamente. A senhora de olhos azuis dá um passo à frente e diz em um inglês lento e claro:

— *Welcome to Seattle!*

5 "Bem-vinda a Seattle, família Rotta!"

6 "Estes são Marcus e Wanir Rotta e seus filhos."

Abrindo os braços, ela oferece um abraço breve, primeiro a Wanir, depois a Marcus. Wanir sente a hospitalidade naquele gesto e se emociona. Há sinceridade na voz e nos modos da mulher. A outra voluntária também os cumprimenta com um aperto de mão afetuoso, repetindo algo como "*welcome, welcome*" com um sotaque enrolado. Marquinhos aperta-se contra a perna do pai, tímido diante das estranhas; Thiago esconde o rostinho no ombro da mãe, ainda atordoado do voo longo.

A voluntária de olhos azuis se apresenta, apontando para o próprio peito:

— Bonnie. Meu nome é Bonnie Orme — diz pausadamente. Em seguida, pousa a mão no ombro da companheira e a apresenta: — E esta é a irmã Marian.

Marian — "a vizinha saída de *O bebê de Rosemary*", pensa Marcus, contendo um nervoso meio-sorriso — acena alegremente para as crianças. Bonnie complementa algo em inglês explicando quem são e por que estão ali, e Lúcia faz a tradução enquanto as senhoras falam:

— Elas são voluntárias da igreja mórmon. Estão aqui porque o senador Alma Richie contou a história do Thiago para elas. Marcus reconhece o nome — Alma Richie, o senador norte-americano que havia sido fundamental para que Thiago fosse aceito no programa de transplante nos EUA. Saber que até um senador desconhecido em outro país preocupou-se com eles aquece o coração de Wanir. Ela agradece num inglês hesitante:

— *Thank you. Thank you so much!*[7]

Marcus faz o mesmo, curvando ligeiramente a cabeça, enquanto Lúcia reforça:

— Nós agradecemos de verdade. Muito obrigado por virem.

Bonnie e Marian logo tomam a iniciativa, conduzindo-os para fora.

— Vamos para o carro — diz Bonnie gentilmente, apontando o caminho.

Do lado de fora do terminal, a brisa é gelada e úmida. O céu permanece num breu chuvoso, apesar de ser manhã no relógio interno

7 "Obrigada. Muito obrigada!"

da família — a diferença de fuso horário e a fadiga embaralham a noção de tempo.

— Em Seattle, parece que é sempre noite — comenta Wanir baixinho, abraçando Thiago para aquecê-lo.

Marcus assente. Ele também sente como se tivesse entrado em um mundo crepuscular, onde o sol mal dá as caras.

O grupo chega a uma *van* azul-marinho estacionada na calçada de embarque. Bonnie abre a porta corrediça. Lá dentro, os espera um interior aquecido e confortável; no ar, paira o aroma de café fresco misturado com perfume doce de baunilha — provavelmente, emanando de algum sachê ou do próprio agasalho de Marian. Marcus e Wanir acomodam as crianças nos assentos traseiros. Marquinhos, ainda sonolento, logo reclina a cabeça e fecha os olhos de novo, aninhando-se contra a janela; Thiago descansa no colo de Wanir, com o corpo mole de cansaço. Assim que todos estão acomodados e com cintos afivelados, a *van* deixa o aeroporto e entra na estrada molhada.

No caminho, pelas janelas embaçadas, Wanir repara nas luzes difusas dos postes refletidas no asfalto molhado. A cidade lhes surge em contornos incertos — silhuetas de árvores desfolhadas pelo outono, edifícios distantes encobertos pela bruma matinal. O limpador de para-brisa vai e vem ritmado, abrindo breves clareiras na cortina de gotas. O silêncio dentro do carro é quebrado apenas pelas vozes suaves de Bonnie e Lúcia conversando em inglês no banco da frente. Marcus, sentado atrás delas, tenta acompanhar o diálogo enquanto aperta a mão de Wanir. Ela recosta a cabeça no assento e fecha os olhos por um instante. O corpo entregue à estafa. "Que loucura! Estarmos aqui...", pensa ela. Há menos de dois meses, viviam sua rotina normal em São Paulo; agora, atravessam uma cidade estranha, rumo a um destino incerto. "Por favor, Deus, nos guie", ela ora em pensamento, sentindo a fé brilhar tímida por entre as nuvens de preocupação.

Após cerca de meia hora, a *van* adentra um bairro de aspecto antigo no centro de Seattle. As ruas estão desertas àquela hora. Prédios de tijolo aparente e fachadas gastas alinham-se na calçada, alguns com escadas de incêndio de metal abraçando as paredes externas. Bonnie diminui a velocidade em frente a um edifício baixo, de tijolos vermelhos escurecidos pelo tempo.

— Chegamos! — anuncia ela com um sorriso, voltando-se para o grupo.

Marcus observa pela janela a entrada do prédio: a porta tem moldura de madeira descascada e, sob a marquise, uma lâmpada bruxuleante ilumina mal a calçada úmida. Uma ou duas figuras estão encostadas na parede alguns metros adiante, encolhidas em agasalhos surrados, fumando cigarros sob a chuva fina. Wanir sente um pequeno sobressalto — o cenário lembra o centro velho de São Paulo, com sua atmosfera decadente. "Este é o lugar onde vamos ficar?", ela cogita, contendo a apreensão para não alarmar as crianças.

Bonnie desce primeiro e ajuda a abrir a porta traseira. Marian estende um guarda-chuva grande para cobrir Wanir e as crianças enquanto saem.

— Cuidado, está escorregadio — alerta Lúcia ao ver Marcus quase tropeçar numa poça ao descer com uma mala.

Eles pegam as bagagens; Wanir abraça Thiago de um lado e segura a mão de Marquinhos do outro, seguindo as senhoras até a porta de entrada. Um cheiro de mofo e umidade os recebe assim que adentram o saguão estreito. O corredor é revestido de carpete escuro e antigo, com manchas indefinidas. Wanir reprime uma careta ao sentir o odor — a combinação de tapete velho com paredes úmidas lhe traz um desconforto imediato. Marian, animada, indica com um gesto que subam as escadas, pois o elevador parece inexistente ou fora de serviço. Degrau após degrau, o grupo chega ao segundo andar, e Marian destranca a porta de um apartamento.

A porta se abre com um rangido, revelando um espaço simples e já mobiliado. A pouca iluminação revela paredes pintadas de bege desbotado e um carpete verde-musgo cobrindo todo o chão. Wanir entra e a primeira coisa que a atinge é o cheiro forte e agridoce de mofo entranhado. Ela respira lentamente, tentando se acostumar aos poucos. Marcus acende as luzes: uma sala modesta com um sofá gasto e uma poltrona, cortinas pesadas nas janelas fechadas. Adiante, uma cozinha americana minúscula com armários de madeira escura. À esquerda, um corredor que leva a dois quartos.

— Não é muita coisa, mas esperamos que fiquem confortáveis aqui — diz Bonnie modestamente, quase pedindo desculpas.

Lúcia traduz e Wanir força um sorriso, escondendo sua inquietação.

— Está ótimo. Muito obrigada. — responde Marcus, que Lúcia ecoa em inglês para as senhoras.

Enquanto Marcus e Lúcia conversam com as voluntárias, Wanir pousa Thiago no sofá por um momento. Marquinhos imediatamente começa a explorar o ambiente com olhos curiosos, apesar da energia drenada. Foi então que a primeira alegria autêntica daquele dia chegou, por um detalhe simples:

— Olha, mamãe, tem banheira! — ele grita de dentro de um dos cômodos, ao abrir uma porta que revela o banheiro.

Thiago escuta a palavra mágica, e seu rostinho se acende. Naquele cenário estranho, a perspectiva de um banho de banheira vira motivo de alegria infantil.

— Banheira! — ele repete, correndo trôpego até o banheiro atrás do irmão.

Wanir sente uma pontada de alívio. O entusiasmo dos filhos a aquece. Na pureza dos pequenos, qualquer novidade vira festa. Eles realmente não fazem ideia do que os trouxe até aqui — para eles, é quase como uma aventura.

— Posso brincar na água, mãe? Tá quente?

Marquinhos já abre a torneira da banheira e ri ao ver a água fumegante começar a encher o fundo.

— Calma, meninos! — Wanir os segue, rindo pela primeira vez em dias. — Vamos tirar esses tênis molhados. Sim, vocês podem tomar um banho enquanto a mamãe e o papai arrumam as coisas.

No corredor, Marcus acompanha a cena: Wanir ajoelhada no tapete felpudo do banheiro tirando a roupa dos meninos, que tagarelam excitados sobre "nadar" na banheira. Por um instante, o pai se permite sorrir: ver as crianças felizes é um breve antídoto contra a ansiedade. Ele sente uma gratidão silenciosa — mesmo em meio ao caos e ao desconhecido, ainda conseguem rir juntos.

Bonnie e Marian se entreolham satisfeitas, entendendo que um banho quente fará bem às crianças após a longa viagem. Marian comenta algo sobre ter preparado algumas coisas para eles comerem. O aroma de sanduíches frescos começa a vir da cozinha, onde ela agora coloca à mesa alguns pacotes que trouxe.

— Por favor, sentem-se um pouco — insiste Bonnie em tom gentil, fazendo um gesto para Marcus e Lúcia virem até a sala.

Wanir, terminando de acomodar os meninos na banheira cheia de espuma (pois Marian até providenciou sabonete líquido infantil, que agora espalha um suave perfume de lavanda pelo ar), junta-se a eles logo em seguida. Thiago e Marquinhos riem alto no banheiro enquanto espremem os patinhos de borracha encontrados ali, espirrando água um no outro. O som das risadas ecoa pelo apartamento, trazendo um calor inesperado àquele lugar sombrio.

Capítulo 23

QUANDO A ARTE SE TORNA PERIGOSA

Aquela gritaria no banheiro lança Wanir em uma viagem no tempo. Ela estava em casa, aproveitando um raro momento de paz e tranquilidade. Grávida de Felipe, cada dia parecia exigir um esforço maior. A casa, normalmente cheia de energia infantil, encontrava-se silenciosa demais, um sinal claro de que algo poderia estar errado. Foi nesse vazio suspeito que ela ouviu risadas abafadas vindas do banheiro. O coração de mãe apertou; ela sabia, por experiência, que o silêncio infantil geralmente antecedia uma surpresa nem sempre agradável.

Ao se aproximar do banheiro, Wanir sentiu um cheiro forte de hortelã misturado com algo adocicado. Abriu a porta lentamente e viu Thiago e Marquinhos ajoelhados no chão do box, completamente absorvidos em sua arte improvisada. Com as mãos e rostos cobertos por pasta de dente, espalhavam cores vibrantes sobre o chão úmido do banheiro, criando padrões abstratos de vermelho e branco, com filetes azuis brilhantes. Os dois estavam tão envolvidos em sua criação que sequer perceberam a presença da mãe na porta.

Wanir sorriu e deu um passo à frente, pronta para repreender os filhos. Mas antes que pudesse dizer qualquer palavra, seu pé escorregou violentamente sobre a mistura de pasta e água. O chão desapareceu sob seus pés em um instante aterrorizante, e seu corpo caiu pesadamente contra os azulejos frios. Uma dor aguda irrompeu imediatamente pelas costas e pernas. Ofegante e apavorada, ela percebeu que não conseguiria se levantar. O medo escalou quando se deu conta de que estava completamente sozinha com as crianças, que continuavam alheias ao acidente, ainda rindo e brincando no box.

Respirando profundamente e segurando o pranto, Wanir reuniu suas forças para rastejar lentamente até o quarto, onde ficava o telefone. Cada movimento enviava ondas lancinantes de dor pelo corpo, mas ela continuou determinada. Finalmente alcançou o telefone e, com as mãos tremendo, discou o número de Marcus, que estava prestes a entrar numa cirurgia delicada.

No hospital, Marcus ajustava as luvas cirúrgicas quando o telefone tocou inesperadamente. O som estridente do aparelho quebrou a concentração da equipe médica. Ao ouvir a voz trêmula e angustiada de Wanir, o coração de Marcus gelou.

— Marcus, vem pra cá rápido! Eu caí, estou com muita dor, não consigo me levantar. As crianças estão soltas pela casa!

O tom aflito na voz dela foi suficiente para o marido perceber imediatamente a gravidade da situação.

Sem pensar duas vezes, Marcus explicou rapidamente a emergência para os colegas, que concordaram prontamente com sua partida. Cada minuto no trânsito foi uma tortura, enquanto sua imaginação projetava cenas cada vez mais dramáticas. Ao chegar em casa, encontrou Wanir ainda caída no chão, pálida de dor e espanto, enquanto as crianças, inconscientes da gravidade da situação, brincavam despreocupadamente pela casa, espalhando ainda mais confusão.

Marcus correu até ela, ajudou-a a se acomodar com cuidado. O olhar dele dizia tudo: pavor por ela e pelo bebê. Ao ver o banheiro com o piso coberto de pasta de dente, compreendeu o que havia acontecido. Sentiu alívio quando viu que Wanir, apesar da dor intensa, parecia estável, mas insistiu para que ela fizesse exames médicos imediatamente.

Wanir relutou inicialmente, preocupada com os filhos, porém cedeu ao perceber a seriedade nos olhos de Marcus. Durante os dias seguintes, enquanto aguardavam ansiosamente os resultados, a ansiedade permaneceu palpável na casa. Felizmente, os exames não mostraram danos sérios, nem para Wanir, nem para a criança.

Passado o susto, o episódio lentamente se transformou em uma história recorrente nas reuniões familiares, um lembrete leve e carinhoso da criatividade travessa de Thiago e Marquinhos e da coragem resiliente de Wanir diante das pequenas e grandes adversidades da vida cotidiana. Um parente próximo até chegou a dizer:

— Só podia ser coisa desses dois! Artistas desde cedo, perigosos desde sempre.

Naquele dia, a arte quase custou caro. Mas também revelou a beleza desordenada de uma casa viva, onde até os dramas viram histórias para serem contadas com um sorriso.

Capítulo 24

THE BEST[8]

Na sala do pequeno apartamento em Seattle, Marcus afunda no sofá com um suspiro longo, sentindo-se completamente drenado — são mais de 15 horas de viagem somadas, sem contar a tensão de semanas mal dormidas antes do embarque. Lúcia senta-se a seu lado, igualmente exausta, mas mantém a postura atenta por estar ali também como tradutora e apoio. Bonnie e Marian acomodam-se nas cadeiras da sala de jantar próximas, observando Marcus com preocupação discreta. Ele passa as mãos no rosto, tentando afastar o torpor.

— Você está bem? — arrisca Bonnie, estendendo a ele um copo térmico fumegante.

Marcus pega o copo. É chá, ou café fraco, ele não sabe, mas o calor entre os dedos lhe traz conforto.

— *Thank you. I'm okay*[9] — ele responde baixinho, com seu sotaque carregado.

8 O melhor.

9 "Obrigado. Eu estou bem.!"

Na verdade, sua mente está a mil, girando como um turbilhão.

Wanir chega da cozinha secando as mãos no casaco e se senta no braço do sofá ao lado de Marcus. Ela também segura uma xícara de chá quente que Marian lhe ofereceu. Por alguns instantes, o grupo faz um lanche entremeado por algumas tentativas de conversa e o som das crianças brincando na banheira. Bonnie pergunta como foi a viagem, e Wanir descreve rapidamente os trechos de voo São Paulo — Rio — Nova York — Seattle, os contratempos de última hora (como a transfusão de sangue que Thiago teve de fazer horas antes de embarcar). As senhoras ouvem com atenção e expressam simpatia com murmúrios e exclamações contidas.

Marcus, porém, mal prova a comida. Ele mastiga mecanicamente um pedaço de sanduíche de queijo, sem sentir muito o sabor. Sua mente não está ali. Enquanto as vozes conversam ao redor, ele fixa o olhar em um ponto qualquer da toalha xadrez sobre a mesa; os pensamentos já no hospital, nos médicos que encontrarão, nas próximas horas decisivas. Uma angústia específica o atormenta: em que hospital o filho será internado primeiro? Eles haviam sido informados de que Thiago passaria inicialmente por exames em um hospital infantil local, antes de seguir para o centro de transplante de medula óssea. Como médico, Marcus conhece bem a importância dos procedimentos iniciais e da estabilidade do paciente. Mas a incerteza sobre a estrutura e a qualidade desse primeiro hospital o corrói. Finalmente, incapaz de conter a ansiedade, ele ergue a cabeça e interrompe gentilmente a conversa:

— *Excuse me...*[10] — ele dirige-se a Bonnie, escolhendo as palavras com cuidado em inglês. — Você sabe em que hospital o Thiago vai ser internado primeiro? Onde ele ficará... inicialmente?

Bonnie e Marian trocam um olhar rápido. Marian inclina a cabeça, como se lembrasse de um detalhe importante, e responde:

— Sim. Antes de ir para o centro de transplantes, vocês irão para o *Children's Orthopedic and Medical Center*[11], para os primeiros testes e estabilização.

Ela fala o nome do hospital devagar: Children's Orthopedic and Medical Center. Marcus franze a testa imediatamente. Ele conhece

10 "Desculpe-me... "

11 Centro Médico e Ortopédico Infantil.

aquelas palavras: Orthopedic? Por que um centro ortopédico infantil receberia seu filho com leucemia? Seu estômago dá um nó.

— Ortopedia infantil? — ele repete em voz alta, em português mesmo, olhando para Wanir ao seu lado. — Não faz sentido... — murmura para a esposa, preocupado.

Wanir sente um calafrio; ela não entende a apreensão de Marcus, mas percebe a inquietação em seu rosto. Bonnie se apressa para explicar, balançando a cabeça com um sorriso tranquilo.

— Ah, é um hospital infantil muito bom. Não tem só Ortopedia. É só o nome histórico. Não se preocupe.

Ela coloca a mão de leve no braço de Marcus ao ver a aflição dele:

— *It's the best of the United States*[12] — completa Bonnie, com um orgulho sereno na voz.

Marcus sente o impacto daquela frase dita em inglês: *"It's the best of the United States."* Ele mastiga lentamente, como se precisasse confirmar que ouvira bem. Bonnie apenas sorri e confirma com um arquear de sobrancelhas e leve aceno. Wanir, sem entender, busca explicação nos olhos do marido. Marcus pisca rapidamente e, enfim, deixa escapar um suspiro que parecia prender desde que saíram do Brasil.

— Ela disse que é o melhor dos Estados Unidos — ele traduz para a esposa, com a voz aliviada pela primeira vez.

Wanir fecha os olhos brevemente, murmurando:

— Graças a Deus!... — quase inaudível.

Uma parte da tensão se dissipa naquele instante. Era isso que precisavam ouvir, que Thiago estaria no lugar certo, onde teria a melhor chance. Marcus agradece repetidamente:

— *Thank you... thank you.*

Bonnie apenas aperta a mão dele entre as suas, transmitindo solidariedade.

Minutos depois, com os estômagos forrados e os corações um pouco mais leves, a pequena sala é tomada por uma sensação momentânea de acolhimento. Marian recolhe os copos e guardanapos usados, insistindo para Wanir não se preocupar com a louça:

12 "É o melhor dos Estados Unidos."

— Por favor, apenas descanse agora — ela diz.

Os meninos saem do banheiro envoltos em toalhas felpudas que quase os cobrem por inteiro. Thiago solta uma gargalhada gostosa quando Marian faz graça com seus cabelos molhados, bagunçando-os de leve. Marquinhos, já com pijaminha, corre para junto dos pais para contar empolgado sobre a "piscina quente" do banheiro. Marcus o ergue no colo, apesar da fadiga, e dá um beijo em sua bochecha úmida.

— Que bom que aproveitaram, filho! — fala ele, abraçando o primogênito.

Já passa das 8h da noite, embora, para eles, o corpo diga que é muito mais tarde, devido ao fuso. Bonnie verifica o relógio de pulso e comenta algo com Marian — provavelmente sobre a hora de ir para o hospital. Wanir sente um arrepio; a pausa foi breve e a realidade os chama de volta. De fato, não vieram para descansar.

— Precisamos ir para o hospital agora. Está tudo pronto para vocês lá — explica Bonnie delicadamente.

Wanir engole seco, mas firma o queixo e força um aceno de concordância. Em poucos minutos, eles juntam alguns itens necessários para levar. Thiago, limpo e de pijama, já sente o peso do sono novamente. A mãe o envolve em um cobertorzinho e sussurra:

— Vamos passear mais um pouquinho, querido. Vamos conhecer o hospital agora.

Ele assente com a cabeça no ombro da mãe, já quase dormindo novamente. Marquinhos, este mais desperto depois do banho, segue de mãos dadas com Lúcia — a tia aventureira que parece saber o caminho.

Antes de saírem, Bonnie faz questão de que todos vistam casacos mais grossos. Marian tira de uma sacola dois agasalhos extras forrados de lã e gorros de inverno coloridos que trouxeram para os meninos. Ajeitam também cachecóis em Marcus e Wanir.

— Muito frio lá fora. Frio — aponta Marian, simulando tremores cômicos para Thiago entender.

O menino dá um sorrisinho tímido, encostado no colo da mãe. Preparados, todos descem as escadas de volta à rua. A noite prossegue escura e chuvosa, mas o pequeno grupo não se deixa abater. A *van* ronca novamente pelas ruas molhadas de Seattle, agora rumando em direção ao melhor hospital infantil dos Estados Unidos.

Dentro do veículo, Wanir encosta a cabeça no vidro e, mais uma vez, vê os reflexos tremeluzentes da cidade passando: semáforos, letreiros de néon distantes, sombras de árvores dançando sob as luzes dos carros. Ela afaga as costas de Thiago, que dormita em seu colo, e sente o calor do corpinho dele através da manta. Seu bebê está doente, muito doente, mas, naquele momento, ela reza para que ele não sinta medo nem dor. Depois, vira o rosto e vê Marcus ao lado, que mantém uma das mãos pousada sobre a perna de Marquinhos e, com a outra, segura firmemente a alça do banco à frente — os nós de seus dedos esbranquiçados, talvez a única exteriorização de seu nervosismo. Ainda quieta, Wanir desliza sua mão e entrelaça os dedos nos dele mais uma vez. Marcus a olha e, desta vez, permite que seus olhos revelem o temor e a esperança. A esposa sorri com doçura e sussurra:

— Vai dar tudo certo.

Ele acena lentamente, tentando acreditar. Lúcia, sentada no banco do carona, observa pelo retrovisor, sorri para si com orgulho da coragem dos dois e reza pela família. E, enquanto o cobertor de nuvens se mantém sobre Seattle, Marcus sente que haviam atravessado não apenas o continente, como também a fronteira tênue entre o medo absoluto e a esperança mínima — aquela que, para quem ama, basta.

Logo, a *van* sai do labirinto de prédios e entra em um bairro residencial. As ruas ficam mais arborizadas e calmas. Mesmo na penumbra, Wanir nota casas baixas, com jardins e cercas vivas. Marian aponta para frente:

— Estamos chegando — indica ela.

Em uma esquina discreta, surge um complexo de prédios de tijolo claro, espalhados horizontalmente, com no máximo três andares. Luzes iluminam uma placa azul e branca onde se lê "Children's Orthopedic and Medical Center". Bonnie contorna a entrada e estaciona próximo à recepção. Assim que desembarcam, Wanir sente algo diferente no ar: apesar do frio e da chuva leve, o lugar transmite uma calma estranha. Não há sirenes berrando, nem a correria habitual que ela associa a hospitais. Em vez disso, vê um jardim bem-cuidado na entrada, com brinquedos coloridos em uma área coberta, e um *hall* envidraçado de onde emana uma iluminação acolhedora. Thiago é o último a descer do carro, embrulhado em seu inseparável cobertor amarelo, diretamente para o colo de Wanir.

Capítulo 25

YELLOW[13]

Thiago tinha uma verdadeira paixão pela cor amarela. Não era uma escolha ocasional, nem um capricho de criança — era uma devoção. No *playground* colorido do prédio onde moravam, as outras crianças corriam de um lado ao outro, trocando de escorregador e de brinquedo como se testassem o mundo. Thiago, não. Ia direto para o balanço amarelo e ali ficava. Não importava se havia fila ou se os outros reclamavam, ele esperava. Para ele, brincar era um compromisso com aquela cor.

O amarelo estava em tudo: no cobertor que ele carregava para todo lado como se fosse anjo da guarda macio; na camiseta preferida, um tanto desbotada de tanto uso, mas sempre limpa e pronta no armário; numa pantufa do Pintinho Amarelinho; no prato preferido; na caneca com alça grande — perfeita para suas mãos pequenas. Marcus dizia que era só uma fase. Mas até ele sorriu quando percebeu que o lápis amarelo era sempre o primeiro a sumir da caixa.

13 Amarelo.

A princípio, os pais achavam aquilo engraçado. Sorriam, comentavam com amigos, como quem relata uma mania inofensiva. Com o tempo, a repetição deixou de ser só graça — virou pergunta. Wanir quis entender. Por que tanto amarelo? Então, decidiu perguntar a uma amiga que estudava cromoterapia. A amiga sorriu e respondeu, com a suavidade de quem não quer parecer mística demais:

— Pessoas que preferem o amarelo costumam ser alegres, otimistas, criativas. São sonhadoras, têm a mente ativa e gostam de ajudar os outros.

Wanir ouviu e ficou muda por um tempo. Depois, disse apenas:

— Esse é o Thiago.

Sim, era ele. A definição encaixava como se tivesse sido escrita especialmente para o menino, aquela criança especial com alegria em estado puro — mesmo nos dias difíceis. Sua imaginação parecia sempre um passo à frente da realidade. Criava histórias, nomes para os brinquedos, falava com objetos como se tivessem alma. E, quando alguém estava triste, era ele quem trazia o abraço, o desenho improvisado, a piada boba, mas certeira. Talvez, no fundo, já soubesse. Talvez, por instinto, buscasse o amarelo como quem busca a luz. Como quem sabe que vai precisar iluminar não só os próprios caminhos, como também os dos outros. Ou talvez fosse apenas uma cor. A mais próxima do sol.

Capítulo 26

A CHEGADA AO CHILDREN'S HOSPITAL

Ao entrar na recepção, Marcus e Wanir trocam um olhar de surpresa. O interior do hospital não se parece nada com os hospitais que conhecem no Brasil. As paredes são decoradas com murais infantis de cores suaves — árvores, balões, ursinhos. O ambiente é silencioso e organizado. Atrás de um balcão amplo de atendimento, uma enfermeira ruiva, de uniforme impecável, já os cumprimenta pelo nome antes mesmo que se apresentem:

— Bem-vinda, família Rotta. Estávamos esperando por vocês. — ela diz, em inglês claro, exibindo um sorriso profissional e, ao mesmo tempo, caloroso.

Lúcia prontamente traduz, e Wanir sente um aperto na garganta: "eles já sabem quem somos". Em meio à ansiedade, isso traz um conforto: não são apenas mais um caso anônimo; ali, Thiago é aguardado e importante.

Fica patente que aquele hospital é diferente de tudo que viram antes. A organização, a estrutura, o acolhimento. É como se, pela primeira vez desde o diagnóstico, estivessem em um lugar onde eles realmente podem se sentir mais seguros.

Bonnie faz as introduções formais à equipe. Em minutos, procedimentos burocráticos são resolvidos com eficiência impressionante. Marcus assina alguns papéis que já estavam previamente preparados — formulários de internação, autorizações para exames. Todos os documentos de Thiago enviados anteriormente do Brasil já constam no sistema do hospital. Wanir assina seu nome tremulamente ao lado do nome do marido, onde é preciso. Em seguida, a mesma enfermeira diz com voz gentil:

— Agora, deixem-me mostrar o quarto onde Thiago vai ficar. E, claro, toda família pode vir junto.

Wanir quase não acredita no que ouve. Ela se adianta, ainda segurando Thiago no colo, e pergunta, pois precisa ter certeza de que entendeu:

— Nós podemos ficar com ele? Juntos?

A enfermeira franze as sobrancelhas, de alguma forma entendendo a dúvida da mãe:

— É claro que pode. Pais e irmãos podem ficar com o paciente, com certeza.

Wanir sente uma onda de alívio e emoção.

— Nós vamos ficar todos juntos — repete ela para Marcus, com um mar quieto atrás das pálpebras cansadas.

Ficar juntos — algo tão simples, mas que não era garantido nos hospitais de onde vieram. Marcus fecha os olhos por um momento e solta o ar, relaxando os ombros tensos. "Graças a Deus! Não vamos precisar deixá-lo sozinho", ele pensa.

Com o coração mais leve, a família segue pelos corredores atrás da enfermeira. Marquinhos, segurando a mão de Lúcia, olha ao redor maravilhado. O corredor principal é largo como uma avenida, iluminado por luzes suaves, o piso todo coberto por um carpete cinza entremeado com finas listras cinza-claro. Wanir nota que ali não há aquele cheiro forte de éter ou doença no ar — há, sim, um odor de limpeza, misturado com algo levemente adocicado, talvez perfume ambiente ou simplesmente a ausência do temido "cheiro de hospital". Passam por uma grande área envidraçada que dá vista para um jardim interno e, mesmo com a chuva fina, é possível ver brinquedos lá fora: escorregador, balanços — certamente um espaço de recreação para as crianças internadas. Wanir sente um alívio no peito ao imaginar Thiago bem o suficiente para brincar ali em algum momento futuro.

Ao chegarem ao quarto designado, são recebidos por outra surpresa: a porta é decorada com o nome "Thiago" escrito em letras coloridas de cartolina, acompanhadas de desenhos de carrinhos e bolas. A enfermeira abre a porta e acende as luzes. O quarto parece grande e arejado. Marcus fica boquiaberto: "isso é um quarto de hospital?". A primeira impressão é a de que entraram em um quarto infantil cuidadosamente montado, não em uma enfermaria. Há uma cama hospitalar ajustável no centro, com grades acolchoadas forradas de tecido estampado de bichinhos. Ao lado, um berço desmontável vazio (provavelmente, caso precisassem acomodar um bebê ou uma criança menor). Num canto, duas poltronas grandes e confortáveis e, encostado na parede, um sofá-cama já aberto, coberto com lençóis brancos limpos. Sobre a mesinha de canto, um abajur lança uma luz suave no ambiente, complementando a luz fria do teto. Nas paredes, adesivos de nuvens e aviõezinhos parecem querer alegrar a atmosfera normalmente tensa de um quarto clínico. Mas o que mais chama a atenção de Marcus é a cor das paredes. Tanto as do lado de fora quanto as do lado de dentro: amarelo. A cor preferida do Thiago. E é impossível para ele não associar isso a algum tipo de bom presságio. "Ele vai se curar", conclui satisfeito.

Wanir coloca Thiago sentado na cama, e Marquinhos imediatamente sobe também, curioso, pressionando o colchão com a mão:

— Que cama macia! — ele ri.

Thiago esfrega os olhos, acordando de vez com as luzes. Olha em volta com certa fascinação infantil. Tudo parece diferente, interessante — talvez ele nem perceba que é um hospital. A mãe permanece ao lado dele, acariciando seus cabelos úmidos. Marcus explora o ambiente com o olhar e se surpreende ao ver, diante da cama, um painel de vidro embutido na parede oposta — uma janela interna, que permite que a equipe observe o paciente de fora, se necessário. Outra coisa que chama a atenção da família é uma cortina colorida, com fundo bege e listras amarelas e laranjas, que fica do lado oposto ao da janela, na parede que dá para o corredor. Notando o interesse, a enfermeira explica em inglês que é um recurso para monitorar as crianças sem as incomodar e que eles podem fechar a cortina quando quiserem privacidade. Marcus acena positivamente, impressionado com cada detalhe.

No quarto, há armários espaçosos onde Wanir e Lúcia começam a guardar algumas roupas e pertences. Marian e Bonnie, que os acompanharam até ali, ajudam a pendurar os casacos num cabideiro. A enfermeira verifica os sinais de Thiago — temperatura, frequência cardíaca — de forma tão delicada que ele mal reage, apenas observa curioso o termômetro eletrônico emitindo um bip.

— Tudo ótimo. Ele está bem — ela diz sorrindo e mostrando a Wanir que a febre está controlada.

A mãe sente as pernas amolecerem de alívio e cansaço acumulado.

De repente, Thiago, já mais desperto e sentado na cama alta, puxa a manga da blusa dela e pergunta com a vozinha suave:

— Mamãe... é aqui que eles vão me consertar?

Surpresa, Wanir encara os olhinhos castanhos do filho. "Me consertar". Aquelas palavras atingem seu coração com força. Thiago sempre teve o hábito de dizer que ia "consertar" seus brinquedos quebrados, ou até objetos da casa — um traço adorável de sua personalidade curiosa. A mãe engole a emoção e sorri com ternura, segurando a mãozinha dele.

— É claro, meu amor — responde, com convicção gentil. — É aqui que eles vão consertar você, sim. Você vai ficar bom.

Ao dizer isso, ela sente lágrimas quentes acumulando-se, mas mantém a voz firme e positiva. Marcus escuta a pergunta inocente do filho e sente um nó na garganta; ele se vira discretamente, fingindo ajeitar algo na mala para esconder a expressão marejada.

Thiago parece satisfeito com a resposta da mãe. Então, solta um suspiro, como quem diz "ufa", e recosta nas almofadas empilhadas atrás de si. Wanir aproveita para ajeitar os cobertores sobre as perninhas dele. Marquinhos, ao lado, acaricia o irmão no braço e comenta:

— Viu, Thi? Eles vão consertar você rapidinho e a gente vai brincar lá fora.

Ele ainda não entende a gravidade da situação, mas percebe o essencial: o irmão está doente e veio ali para melhorar. O comentário traz um sorriso a Marcus. Ele se aproxima dos dois meninos e bagunça de leve os cabelos de ambos.

— Logo vocês dois estarão correndo por aí de novo — diz, tentando transmitir fé.

Bonnie e Marian despedem-se ali com abraços e palavras carinhosas — já é tarde, e elas sabem que a família precisa descansar para encarar o dia seguinte.

— Voltaremos amanhã para visitá-los — promete Bonnie, apertando as mãos de Wanir entre as suas.

— *Thank you*. Muito obrigada, de coração — Wanir repete em português e em inglês misturados, sem saber ao certo como expressar a gratidão que sente por aquelas boas almas que mal conheceram e já tanto fizeram.

Marian dá um beijo estalado na bochecha de cada menino, fazendo-os rir, e em seguida as duas senhoras saem, deixando-os entregues aos cuidados do hospital.

A enfermeira finaliza alguns apontamentos nos papéis e deseja boa-noite, explicando que estará de plantão e que, qualquer coisa, é só apertar o botão de chamada ao lado da cama. Ela indica também onde há cobertores extras para os pais e o acompanhante. Antes de sair, avisa que, na manhã seguinte, uma equipe virá buscar Thiago para os exames iniciais. Wanir agradece e aproveita para perguntar mais uma vez, como que para confirmar o que parecia impossível:

— Nós podemos ficar aqui no quarto com ele esta noite, certo?

A enfermeira franze o cenho com um meio sorriso:

— É claro que podem. Este quarto é de vocês também.

Com esse reafirmado conforto, ela se retira. O anestesista aparece logo em seguida, apenas para dar boas-vindas e trazer algumas informações protocolares.

Cinco minutos depois, a família Rotta fica sozinha no quarto silencioso que será seu novo lar pelas próximas semanas. Os eventos das últimas horas parecem finalmente alcançar Marcus e Wanir. A falta de energia combinada à descarga emocional os deixa atordoados. Lúcia, que ficou todo esse tempo apoiando e traduzindo, também está exausta — suas pálpebras mal se sustentam abertas. Ela se senta no sofá-cama e começa a tirar os sapatos, mas seus pés incharam tanto no voo que solta uma risada ao notar que eles não saem.

— Acho que vou dormir de sapato mesmo! — brinca, exibindo o calçado preso.

Wanir ri baixinho — o som aliviando a tensão no ar. Esse momento bobo, de riso franco, parece inacreditável após tanto estresse. Wanir percebe que, apesar de tudo, ainda conseguem rir juntos, e isso lhe dá forças. (De fato, Lucia passa três dias com eles sem nunca tirar seus sapatos.)

Com os meninos já acomodados — Thiago adormeceu quase instantaneamente assim que se deitou, mas Marquinhos luta contra o sono ao lado dele, teimando em segurar a mão do irmão —, Wanir e Marcus preparam-se para dormir também. Ele pega um travesseiro para se deitar ao lado de Marquinhos na parte livre da cama de Thiago, mas a esposa sussurra:

— Amor, vem aqui... Tem espaço no sofá-cama.

Ela prefere tê-lo por perto, sentir seu calor naquela noite que, apesar de toda a acolhida, ainda é a mais estranha de suas vidas. Marcus hesita um pouco — o instinto é vigiar o filho de perto —, mas sabe que precisam descansar. Então, deita-se ao lado de Wanir no sofá-cama, cobrindo-os com um cobertor que Lúcia lhes entrega já meio adormecida em sua poltrona reclinada.

No escuro suave, quebrado apenas pela luz de vigília do monitor cardíaco de Thiago (um ritmo regular e apaziguador de bip... bip...), Wanir se aninha contra o peito do marido. Ele a envolve com o braço, puxando-a para si. Por um tempo, ficam quietos, cada um perdido em seus pensamentos. Ela ouve a respiração dos filhos e agradece intimamente por estarem todos juntos naquela noite. "Poderia ser tão pior... poderíamos estar separados dele agora", reflete. Marcus fita o teto, onde um leve brilho do corredor desenha contornos. Sua mente reluta em desligar — repassa cada etapa que virá: os exames, a quimioterapia, o transplante. Será um caminho longo e árduo, ele bem sabe. Sente o corpo tremer levemente, não de frio, mas de um sentimento de terror. Wanir percebe e o abraça mais forte.

— Temos que ter fé — sussurra ela, com os lábios perto do ouvido dele.

— Sim — responde o marido, com a voz embargada. — Temos sim.

Ele fecha os olhos e, finalmente, permite que a lassidão o domine. Antes de adormecer, sua última visão é a de Thiago sereno na cama amarela iluminada por uma penumbra dourada. Marcus deseja, com toda força de seu ser, que aquela seja a cama onde seu filho renascerá para a vida. Com esse pensamento, pai e mãe enfim repousam, embalados por uma esperança frágil, porém real, de que estão fazendo tudo que é possível — e de que, mesmo tão longe de casa, nesta terra de língua estranha e céu sempre nublado, não estão mais sozinhos em sua luta.

Capítulo 27

DR. HICKMAN E SEU CATETER

Na manhã seguinte, Marcus enrijece o corpo quando vê um médico se aproximar para explicar a próxima etapa do tratamento de Thiago. É como se seu corpo inteiro se preparasse para ouvir uma sentença. Embora já saibam que o procedimento será necessário, ouvir aquelas palavras em voz alta torna tudo mais real, quase palpável. O médico, com um tom profissional e gentil, informa que a primeira coisa a ser feita é implantar a linha de Hickman[14].

Thiago, com seus grandes olhos atentos, observa tudo sem entender completamente a gravidade da situação. Marcus abaixa-se ao nível do filho, segura carinhosamente suas mãos pequenas e explica novamente:

---

14 Também conhecida como cateter de Hickman, é um dispositivo revolucionário, único no mundo e que não existia no Brasil, utilizado até os dias de hoje, *não apenas para tratamentos de câncer,* como também para a administração de medicamentos diversos, transfusões de sangue e coleta de amostras em pacientes que necessitam de acesso venoso frequente. Criado pelo nefrologista pediátrico Robert O. Hickman, o cateter de Hickman tem duas entradas, o que permite administrar medicamentos incompatíveis simultaneamente sem os misturar, garantindo segurança e eficiência nos tratamentos.

— Thiago, lembra que a gente conversou? Vai ser bom pra você. Nunca mais vão precisar ficar furando você toda hora. Tudo será feito por esse caninho aqui. Você vai ver como vai ficar melhor.

O menino assente, com um sorriso tímido e uma curiosidade misturada à confiança incondicional que deposita no pai.

Momentos antes do procedimento, Marcus e Wanir estão na sala pré-operatória, conversando com o anestesista chamado Francis. Para a surpresa e o conforto de ambos, ele fala português fluente. É de Macau, tem uma expressão serena e acolhedora e, com muita paciência, detalha todo o procedimento para tranquilizar os pais ansiosos.

— É um procedimento simples — afirma suavemente. — A anestesia é leve, e ele nem vai perceber.

Marcus, contudo, ainda não satisfeito com as informações gerais, interrompe a explicação com uma pergunta mais específica, quase instintiva, fruto de seu olhar clínico e da ansiedade paterna:

— Quem exatamente vai implantar o cateter? Quem é o médico responsável?

Francis parece estranhar levemente a pergunta, mas responde com calma:

— O próprio Dr. Robert Hickman.

Marcus arregala os olhos, surpreso. Não consegue evitar uma exclamação:

— Como assim? O próprio Dr. Hickman?!

O anestesista confirma com um sorriso quase divertido pela reação tão intensa do pai:

— Sim — responde com um leve sorriso. — Será o próprio Dr. Hickman. O homem que inventou o cateter vai implantá-lo no seu filho.

Naquele instante, Marcus sente um misto de alívio, admiração e incredulidade. Aquele não é um procedimento qualquer; é o próprio inventor do cateter, cuja tecnologia revolucionou o tratamento ao redor do mundo, quem vai cuidar de seu filho.

A sala de espera parece fria e interminável. Wanir aperta as mãos com força, tentando se manter calma enquanto o tempo se arrasta lentamente. Dr. Hickman é um homem baixo e calvo, com fios brancos finos que coroam sua cabeça. Tem uma expressão calma, olhos gentis e uma voz serena que transmite uma segurança quase tangível. Antes de entrar na sala de cirurgia, ele assegura que tudo será muito rápido, dizendo com um sorriso leve e acolhedor:

— Vai ser rapidinho. Num instante resolvemos tudo, e ele não vai mais sentir dor.

Mas os minutos viram horas para Marcus e Wanir, e a ansiedade cresce exponencialmente. Ele levanta-se frequentemente, andando de um lado para o outro da sala apertada, enquanto ela respira fundo, tentando acalmar o coração que pulsa inquieto dentro do peito.

Finalmente, após o que pareceu uma eternidade, Dr. Hickman volta, sorrindo tranquilamente. A cirurgia foi um sucesso absoluto. Ao vê-lo sorrindo, a tensão no corpo de Marcus se dissipa lentamente, substituída por um alívio profundo e quase palpável.

Quando Thiago acorda, seu primeiro desejo é pegar o telefone e ligar para o Brasil. Com olhos brilhantes de entusiasmo, anuncia com voz orgulhosa:

— Já puseram a linha! Não vou mais precisar tomar nenhuma picada. Já imaginou? Não vou ter mais dor, não vou ter mais nada!

Aquele instante traz um conforto imenso aos corações exaustos dos pais. O menino chama o cateter de Hickman de "linha", mesmo sem saber que aquele é o verdadeiro nome do dispositivo, mas, para os pais, é uma metáfora infantil e doce para o alívio que agora sentem.

Essa ligação foi uma exceção durante o tempo em que estiveram lá. Há uma dificuldade imensa em manter contato com o Brasil. Cada ligação é uma verdadeira batalha contra a distância e a tecnologia limitada da época. Precisam discar para uma telefonista e solicitar uma ligação internacional. Horas intermináveis depois, o telefone toca de volta e, finalmente, a ligação é completada. A espera angustiante e o custo altíssimo fazem com que as chamadas sejam raras e preciosas. Além disso, as notícias do Brasil são praticamente inexistentes. É como viver um exílio involuntário, em uma ilha de vazio informativo. Durante todo o tempo em que permaneceram nos Estados Unidos, a única notícia brasileira que assistiram na televisão foi a de uma tragédia: uma explosão em Cubatão — pronunciada pelos apresentadores americanos como "Cubatau". A reportagem mostrou cenas chocantes: rios em chamas por causa do petróleo e combustíveis derramados, e classificou Cubatão como a cidade mais contaminada do mundo. Marcus e Wanir, chocados diante das imagens dramáticas, sentiram-se ainda mais distantes e isolados de casa.

Animado e cheio de energia por causa da linha, Thiago pede logo para tomar banho em uma banheira curiosamente localizada no meio do corredor hospitalar. Marcus e Wanir assistem divertidos e aliviados, enquanto Thiago e Marquinhos correm rindo para a banheira, brincando com uma inocência que parece deslocada naquele ambiente hospitalar.

Thiago vai dormir cedo e, no dia seguinte, pontualmente às 7h da manhã, Dr. Archie Bleyer cruza a porta com uma pasta sob o braço e uma expressão decidida. Sua voz é firme, mas acolhedora e, enquanto o sol mal ilumina os prédios lá fora, ele já desenha com palavras o caminho que virá a seguir: quimioterapia, remissão e transplante no Fred Hutchinson. Marcus e Wanir ouvem atentamente, sentindo a ansiedade diminuir um pouco a cada palavra do médico. Esses detalhes são fundamentais para eles, pois ajudam a construir confiança no tratamento do filho. A pontualidade dos profissionais também impressiona e transmite segurança. Se alguma coisa está marcada para as 12h30min, às 12h30min em ponto, estão ali iniciando o procedimento. Apesar do sobressalto permanente, por saberem da dificuldade do tratamento, essa precisão dá aos pais uma tranquilidade inesperada diante dos momentos difíceis que sabem que enfrentarão. Rapidamente fica claro para eles que aqueles profissionais sabem o que estão fazendo.

Capítulo 28

BRASILEIROS MALUCOS!

Logo no primeiro dia, a família conhece Jenny Stamm, a assistente social e psicóloga do hospital. Jenny tem uma energia radiante e uma empatia que vai além do profissional. Todos os dias, religiosamente, ela aparece no quarto com um sorriso caloroso, trazendo relatórios com anotações divertidas sobre a família, que ela carinhosamente chama de "*crazy Brazilians*"[15]. Marcus e Wanir gargalham lendo aqueles papéis; é um alívio breve, mas significativo, em meio à tempestade emocional que vivem.

Wanir senta-se frequentemente na pequena mesa branca com três cadeirinhas que fica diante do quarto, onde sempre há movimento. Ela observa o vaivém constante de pessoas — residentes, enfermeiros, médicos renomados que se aproximam simplesmente para conversar. Num desses dias, Marcus olha para ela com espanto divertido:

— Você percebeu que recebemos mais visitas aqui em uma manhã do que durante todo o tempo no hospital lá em São Paulo?

15 "Brasileiros malucos".

Wanir assente, emocionada, enquanto uma enfermeira gentilmente pega Marquinhos no colo, distraindo-o para que ele se acalme um pouco. Marquinhos é, por natureza, bravo, muito bravo. E a enfermeira, pacientemente, o acalma. Os pais se dão conta de que, ali, o cuidado e a atenção não são apenas dedicados ao paciente, mas a toda a sua família.

No Children's Hospital, recebendo visitas ilustres

O movimento é intenso. As crianças são sempre visitadas por bonecos como os Muppets, os Smurfs, atletas de todas as modalidades, artistas — uma festa. Certa tarde, Jenny aparece acompanhada por dois enormes jogadores de futebol americano, cujas presenças quase eclipsam o pequeno espaço da mesa. Thiago e Marquinhos ficam maravilhados. Seus olhos brilham ao ver aqueles gigantes de uniformes coloridos e sorrisos imensos. Os jogadores brincam com os meninos, riem e, antes de saírem, deixam camisas autografadas. Marcus segura as camisas nas mãos, maravilhado com a gentileza espontânea daqueles atletas famosos. Aquela é outra realidade.

Entre os rostos que se tornam frequentes no quarto, há também um jovem voluntário mórmon, de fala calma, olhar atento e difícil de esquecer — embora Marcus jamais consiga guardar seu nome. Certo dia, ele traz um presente muito especial: uma bíblia mórmon, que é entregue com sincero afeto. Marcus guarda aquele gesto com carinho, lembrando-se das conversas profundas sobre vida, fé e esperança.

Todas as tardes, como um ritual tranquilizador, o médico de referência da semana — conhecido ali como *atendent* — os visita. São médicos que se alternam, trazendo consigo uma aura de autoridade tranquila e uma disposição genuína para conversar sobre tudo e nada ao mesmo tempo. Os doutores Archie Bleyer, Thomas Pendergrass e Irwin Bernstein sentam-se em poltronas confortáveis no quarto e conversam com Marcus e Wanir não apenas sobre o tratamento médico, mas também sobre a vida, as diferenças culturais e até a previsão de tempo. São momentos de normalidade, preciosos na realidade intensa que enfrentam. Aqueles grandes médicos, verdadeiras sumidades da medicina mundial, ao oferecerem atenção genuína, representam para os pais acolhimento, respeito e preocupação.

A segurança que Wanir sente é reforçada pela presença constante da enfermeira-chefe designada especificamente para Thiago. Mesmo quando não está fisicamente ao lado dele, ela supervisiona atentamente tudo o que acontece, garantindo que nada passe despercebido.

Com o passar dos dias, Marcus entende que ali há algo profundamente diferente — e não é só a tecnologia, nem a pontualidade cirúrgica dos procedimentos. É a filosofia. O olhar do médico não para no prontuário. Os doutores que conversam sem pressa, a enfermeira que sabe o nome do irmão e o voluntário que lembra do desenho preferido de Thiago, tudo converge para o mesmo pensamento: a atenção ao paciente é prioridade. Marcus, que sempre acreditou na medicina como um ofício quase técnico, vê agora uma medicina encarnada, que não trata apenas o corpo, mas a dignidade de quem sofre. Pela primeira vez, ele se dá conta de que aprendeu a curar, mas nunca a cuidar. E aquilo o sacode por dentro. "É assim que deveria ser", pensa. E decide, naquele quarto em Seattle, que, quando voltar ao Brasil, não irá apenas operar cérebros, se dedicará a cuidar das pessoas com a mesma humanidade com que ali é tratado.

Ele também compara a realidade tecnológica do Children's com a vivida anteriormente no Brasil, onde sequer há bombas de infusão[16].

16 A bomba de infusão é um dispositivo médico que permite a administração controlada e precisa de fluidos, medicamentos ou nutrientes diretamente na corrente sanguínea do paciente. É essencial para garantir a entrega correta de substâncias vitais, evitando erros de dosagem e permitindo tratamentos precisos, como quimioterapia, anestesia e cuidados intensivos.

Lembra, com frustração, das noites em claro regulando manualmente o gotejamento dos soros, em tentativas angustiantes de precisão. Ali, contudo, cada medicamento tem sua própria bomba eletrônica, todas funcionando simultaneamente com precisão absoluta. Na quimioterapia, são necessárias várias bombas, cada uma com uma função específica. Wanir ri enquanto observa Thiago empurrando pelo corredor seu suporte de soro, repleto de dispositivos piscantes que lembram vagamente uma árvore de Natal ambulante. Em uma dessas ocasiões, Marcus pega a câmera para registrar aquele instante surreal e envia a foto para familiares no Brasil, que reagem incrédulos:

— Que loucura é essa? Dez bombas?! — dizem, espantados.

São pequenas alegrias e momentos de descontração que suavizam os dias intensos e difíceis que enfrentam. Com toda a dor e a preocupação constantes, a família encontra conforto na gentileza inesperada, na tecnologia que alivia sofrimentos desnecessários e, sobretudo, na certeza de que estão no lugar certo para lutar pela vida de Thiago. Marcus e Wanir observam aquela ilha segura em meio à tormenta com um misto de gratidão e tristeza pela realidade que deixaram para trás, mas também com a esperança renovada pela qualidade excepcional do tratamento e pelo calor humano que encontram em um dos períodos mais complicados de suas vidas.

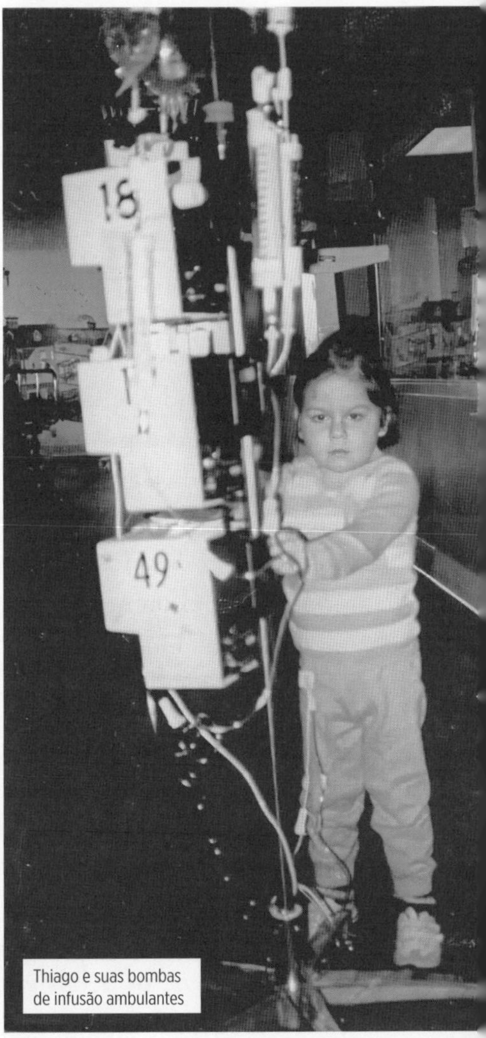

Thiago e suas bombas de infusão ambulantes

Capítulo 29

A DOR DOS OUTROS

Quando se está mergulhado em seu próprio sofrimento, ele parece preencher o mundo inteiro. Cada dor se agiganta, cada lágrima parece única, definitiva. Mas há momentos em que se é forçado a abrir os olhos e a perceber que, ao lado da própria dor, existe a dor dos outros — silenciosa, imensa, talvez ainda mais profunda. É exatamente isso que Marcus e Wanir sentem em uma tarde no Children's Hospital.

Estão sentados no corredor, esperando por mais um procedimento com Thiago. O cheiro suave de antisséptico paira no ar, misturado ao som intermitente de passos apressados e monitores cardíacos ao longe. De repente, percebem uma mulher de expressão exausta, sentada a poucos metros. Ao lado dela, dois meninos gêmeos, idênticos, mas com olhares completamente distintos. Um, brinca mais atento, outro parece mais introspectivo, encostado no ombro da mãe. Ela segura suas mãos com delicadeza, os dedos entrelaçados com os deles como se tentasse, com o toque, protegê-los de tudo o que está por vir.

Aquela mãe está ali para acompanhar um transplante de medula óssea, como Thiago. Um dos filhos foi diagnosticado com leucemia, e o irmão gêmeo será o doador. Do ponto de vista médico, é o cenário ideal — a compatibilidade entre irmãos gêmeos idênticos é de 100%, o que aumenta significativamente as chances de sucesso do transplante. Há medo, claro, mas também esperança. Está ali para salvar um filho com a ajuda do outro. Mas é justamente nesse contexto, em que a salvação parece estar ao alcance das mãos, que o chão desaba.

Marcus e Wanir observam aquela cena, tocados por um sentimento estranho, quando um médico se aproxima da mulher. Fala baixo, com cuidado, mas eles estão perto o suficiente para ouvir — e sentir — o peso das palavras:

— O seu outro filho... ele também tem câncer.

O silêncio que segue é quase sagrado. A mãe permanece imóvel por um instante, como se o tempo tivesse congelado. O olhar perdido no vazio, os dedos agora soltos. Wanir fica sem ar. Marcus recua levemente, como se atingido no peito, e solta um palavrão abafado. A mulher não chora. Com uma dignidade que dilacera, ela vira de costas para o médico, caminha alguns passos, apoia-se contra a parede fria do corredor e, então, desaba. Não em gritos, nem em desespero. Chora silenciosamente, com o rosto escondido entre as mãos. É um pranto de quem já não espera mais respostas. Um pranto denso, espesso, que carrega o peso de um mundo inteiro que desmorona. Alguns minutos depois, ela se recompõe. Enxuga o rosto, respira fundo e, com o que resta de força, volta ao médico e pergunta:

— Então, o que nós vamos fazer agora?

Aquela frase, dita com a voz trêmula, mas firme, grava-se em Marcus e Wanir como uma cicatriz emocional. Ver a coragem daquela mãe diante de tamanha tragédia os toca profundamente. Não se trata apenas de dois diagnósticos. Trata-se de perder, de uma só vez, a promessa do futuro, a segurança da normalidade, a fantasia de controle.

Wanir sente um nó na garganta. Lembra-se de todas as vezes em que chorou no banheiro do hospital para que Thiago não a visse. Lembra das orações murmuradas na madrugada, dos sonhos interrompidos e da angústia que só quem vive aquilo pode entender. Mas, ali, diante daquela mulher, ela sente vergonha de seu choro. Não por a sua ser pequena, mas por perceber que há dores ainda mais indizíveis.

Naquela mesma semana, Thiago inicia a quimioterapia. Os médicos responsáveis por seu tratamento são dois nomes de peso na oncologia pediátrica: Archie Bleyer e Irwin Bernstein. Ao redor deles, orbita uma equipe extensa de residentes e *fellows*[17], atentos a cada detalhe do caso de Thiago.

Entre esses profissionais, há um que rapidamente conquista a confiança dos pais. É mórmon, jovem e esteve em missão no Brasil. Fala português com uma cadência estranha, antiga, quase litúrgica. Ele usa expressões incomuns, muito bonitas, como se estivesse saído de um livro antigo. Para Marcus, é como ouvir poesia num momento de desespero.

Também há uma residente japonesa, pequena, de movimentos precisos e olhar incansável. Ela está sempre por perto — ajustando os equipamentos, revisando os prontuários, tocando levemente no ombro de Wanir quando percebe que ela está cansada. A jovem não diz muito, mas sua presença é reconfortante como uma brisa silenciosa.

A supervisão da equipe é feita por uma médica que exala autoridade e disciplina. É a chefe dos *fellows*. Embora séria e contida, demonstra profundo comprometimento com cada decisão, cada passo. Seu olhar firme é o de quem não aceita erros.

No dia seguinte ao início da quimioterapia, uma notícia pega os pais de surpresa. Logo cedo, são chamados: Thiago precisa fazer um novo exame de medula óssea naquela tarde. Querem analisar a resposta inicial do organismo ao tratamento. Segundo os médicos, é um procedimento de rotina.

Contudo, a rotina se desfaz com o resultado: além das alterações já conhecidas, os médicos identificam um componente genético na leucemia de Thiago. Um subtipo raro, mais agressivo. Ainda mais difícil de tratar. Marcus sente como se o chão cedesse mais uma vez. Cada avanço

17 No vocabulário médico, *fellows* são médicos que concluíram a residência médica e estão aprofundando seus conhecimentos e sua experiência em uma subespecialidade, por meio de um programa de pós-graduação chamado *fellowship*. Esses profissionais são tutelados por especialistas e têm mais autonomia do que os residentes, podendo liderar equipes e tomar decisões mais complexas.

parece seguido de uma queda. Mesmo no melhor hospital do mundo, com os melhores profissionais, o inimigo é escorregadio, dissimulado, capaz de surpreender a cada curva do caminho. Wanir não diz nada. Senta-se ao lado da cama de Thiago, segura sua mão e observa sua respiração tranquila. Por fora, ele parece bem. Por dentro, uma espécie de guerra civil escala impiedosamente.

Nesse momento, ela pensa novamente na mãe dos gêmeos. Lembra-se da forma como ela se recompôs e perguntou: "O que vamos fazer agora?". E, dentro de si, repete a mesma pergunta. Então, ali no quarto calmo, com o sol começando a se pôr atrás das janelas altas do hospital, também sente a resposta brotar — tênue, imperfeita, mas firme —: "Vamos continuar."

Capítulo 30

APRENDIZADO E FÉ

Quando chegaram a Seattle, o inglês de Marcus e Wanir ainda era elementar. Conseguir compreender os médicos exigia esforço e atenção e manter uma conversa fluida era muito difícil. Marcus, por sua formação e rotina de leitura científica, já conseguia uma boa articulação da língua, mas Wanir rapidamente se adaptou. A necessidade é um motor poderoso. Em poucos dias, já se comunica com os enfermeiros, assistentes sociais e até com os médicos com uma desenvoltura surpreendente. A equipe do hospital comenta, entre espanto e admiração:

— Como o inglês de vocês melhorou tão rápido?!

Não há alternativa. É preciso entender para poder cuidar. É preciso falar para continuar lutando.

Além do inglês, a religiosidade também é companhia indispensável para os Rotta. O silêncio do quarto hospitalar é, às vezes, mais eloquente do que qualquer oração. Há noites em que ele parece se estender como um véu entre Marcus e Wanir, que permanecem em pé, um de cada lado da cama de Thiago, apenas tocando-lhe o braço ou os pés, como se o simples contato físico pudesse proteger o menino da tempestade que se arma dentro de seu próprio corpo. Entre uma carícia e outra, murmuram preces. Ou, simplesmente, murmuram a quietude — o tipo de quietude que só quem tem fé e desespero na mesma proporção consegue sustentar.

Nas horas em que a dor parece dar um pequeno espaço à rotina, Marcus se ocupa estudando. Passa na biblioteca completíssima do Children's, onde mergulha em livros e artigos sobre leucemia, tentando entender cada nuance da doença que ameaça o filho. Estuda inglês também, vasculha palavras, expressões, construções gramaticais com seu pequeno dicionário de bolso. Mas o que ele mais "estuda", com devoção e constância, é a Bíblia — uma edição de capa gasta, quase de bolso, que fica dobrada ao meio no criado-mudo. Lê compulsivamente. À noite, antes de dormir. Durante a madrugada, quando os olhos se recusam a fechar. Pela manhã, entre exames e medicamentos. A Bíblia torna-se refúgio, muleta, escudo. Chega a lê-la três vezes inteiras durante o tempo que passam no Children's. Há nela um ritmo, um cadenciar de promessas e dores antigas que, de alguma forma, o ajuda a suportar o presente.

Wanir também se agarra à fé. Mas seu caminho é mais tortuoso. Nos primeiros dias, seu coração é tomado por uma revolta muda. Não entende, não aceita. Lança suas orações como acusações. As palavras saem abafadas, entre soluços e suspiros, mas estão carregadas de dor e incredulidade.

— Por que, Deus? — pergunta, indignada, encarando o teto amarelo do quarto como se esperasse uma resposta a qualquer momento. — Por que Você faz isso com a minha família? O que foi que eu fiz de errado?

Sente-se traída. Conhece tantas mães que maltratam os filhos, que os abandonam. Ela, que tanto sonhou em ter quatro filhos, que se dedica a cada um com ternura e zelo, agora vê um deles sendo tomado por uma doença cruel e impiedosa. À noite, enquanto todos dormem, desce até a capela do hospital ou se encolhe no banheiro do quarto, onde deixa escapar lágrimas abafadas, para que Thiago não veja sua dor. Chora por dentro e por fora. Chora pela impotência, pelo abismo emocional e pela sensação devastadora de que o mundo se torna um lugar sem lógica.

Mas o tempo e o pensamento trazem outro tipo de entendimento. Semanas depois, Wanir tem um pensamento vívido. Thiago está ali, não como uma criança doente em um leito de hospital. Ela vê um ser de luz. Um espírito doce, generoso, que transforma tudo ao redor. E então pensa: "talvez ele seja um anjo. Um anjo emprestado". E, se for isso, então tudo faz mais sentido. A dor não desaparece, mas se organiza dentro dela, que aceita. Anos depois, ela continuará conversando com Thiago em suas preces. Pedirá ajuda, proteção e conforto ao filho. Ele se tornará, para ela, uma ponte com o divino. Um anjo da guarda que, mesmo com o corpo tão pequeno, se transformará em um gigante.

As pessoas, nessas situações, precisam se apegar a alguma coisa para tentar mitigar o sofrimento. Marcus acredita na Bíblia, mas não pensa em milagre. Não lhe ocorre esperar que algo divino aconteça no ritmo que as coisas andam; isso não faz parte da sua fé. Ele costuma dizer que milagres verdadeiros não se arrastam — acontecem de uma vez. Deus não faz nada aos poucos. Se Ele quer fazer, se Ele é quem manda, quando diz que acabou, acabou. Ponto-final. E, ainda que reze com frequência, há uma oração que ele evita a todo custo: o Pai-Nosso. Mais precisamente, aquele trecho: "Seja feita a vossa vontade." Ele não quer a vontade de Deus naquele momento, porque existe o risco de ser diferente da sua. Por isso, é pela sua vontade que ele reza. Quer o filho vivo, sorrindo, correndo pelos corredores, voltando para casa. Quer a cura, sim. Não como ato de resignação, mas como exigência de um pai atormentado, sobrecarregado de dor, para que possa repousar, ainda que por um breve momento.

O casal reza desesperadamente. E faz uma promessa de jejum. Todas as quartas-feiras, nenhum dos dois come. É sua forma de sacrifício, de entrega, de súplica silenciosa. Mais tarde, perceberão que, talvez, não tenham pensado nisso direito. Os dois jejuando no mesmo dia acaba por deixá-los ainda mais vulneráveis, mais fracos. Mas persistem. É a rotina espiritual que os mantém de pé. Rezam o dia inteiro. Wanir não larga o terço um minuto sequer. Marcus, às vezes, nem sabe se ela está de fato rezando ou apenas se agarrando àquela sequência de contas como se fosse uma âncora. No entanto, sabe que é a forma que ela encontra de se confortar. E a reza é isso: um mantra que se repete incontáveis vezes até que o cérebro consiga sublimar a dor e suportar a realidade de um jeito menos cruel. É muito difícil. Tocam o filho com delicadeza e rezam. Como se o toque e a fé juntos pudessem interromper a marcha da doença.

Mas mesmo nos momentos mais dramáticos, o humor dá seus pequenos saltos de resistência. No futuro, Marcus se lembrará de um período em que começaram a rezar para tantos santos que já haviam perdido a conta:

— Eram mais de trinta, talvez quarenta, numa tentativa quase desesperada de convocar o céu inteiro para ajudar. Santo Expedito, São Judas Tadeu, Santa Rita, São Francisco, Santa Clara, São José, São Miguel Arcanjo... a lista crescia a cada dia. Havia uma lógica por trás daquela aparente loucura: se cada um deles tivesse uma fração de poder, juntos talvez conseguissem convencer o Senhor a salvar nosso filho. Parecia uma reunião celestial de emergência. Quando penso nisso hoje, eu rio — revelará ele. — Estávamos completamente malucos. Mas era isso ou desabar.

Há também a fé de Thiago, tão simples, tão pura, tão desarmada. O menino carrega com ele uma pequena imagem de Nossa Senhora das Graças, que lhe foi dada por Regina, a irmã de Marcus. Ele olha para a imagem com esperança infantil, mas inabalável. Diz sempre:

— A santinha vai me curar.

E ninguém tem coragem de dizer que talvez não seja assim. Até porque... talvez seja mesmo.

Naquele quarto, entre um exame e outro, entre o otimismo e a inquietação, entre a fúria e a súplica, vai-se desenhando um caminho que não é de respostas, mas de resistência. Um caminho de aprendizado. De fé. Não da fé que exige provas ou recompensas, e sim daquela que apenas sustenta, que apenas segura no braço do outro e fala: "Vamos juntos. Mais um dia. Mais um passo."

E assim seguem. Um passo de cada vez.

Capítulo 31

O DIA A DIA NO CHILDREN'S

Após três dias intensos e exaustivos ao lado da família, Lúcia, que foi um verdadeiro pilar de apoio desde o Brasil, decide que é hora de retornar. Apesar do cansaço visível em seus olhos e pés ainda inchados do voo, ela só se permite partir depois de ter certeza de que Marcus e Wanir estavam minimamente seguros no novo idioma, amparados pela rotina hospitalar e pelo acolhimento das equipes. A despedida é carregada de afeto — Wanir a abraça demoradamente, sussurrando palavras de gratidão que não cabem em nenhuma língua; Marcus, contido, segura sua mão com firmeza e lágrimas lutando para não cair. As crianças também sentem: Marquinhos pede um último colo, e Thiago, com seu jeito doce, entrega a ela um desenho improvisado, feito na bandeja do hospital. Quando Lúcia está prestes a sair pela porta do quarto, pronta para enfrentar sozinha seu retorno silencioso, é surpreendida por um pequeno coro ensaiado pela família Rotta:

— *Thank you!*

A pronúncia ainda é vacilante, mas a emoção, irrepreensível. Todos riem risos misturados ao choro. É um riso de reconhecimento — pela coragem dela, pela generosidade, pela presença. Lúcia sorri, segura o choro com elegância e parte, deixando para trás muito mais do que ajuda: um vínculo eterno.

Enquanto isso, no Children's Hospital, uma rotina se estabelece. Quase normal. Quase como se o mundo lá fora tivesse pausado e, ali dentro, naquela bolha de azulejos claros, corredores largos e desenhos coloridos nas paredes, a vida tentasse, com todas as forças, se agarrar ao que ainda há de leve.

Durante o tempo que passam no hospital, Thiago surpreende a todos com sua energia. Passa pela quimioterapia com uma vitalidade incomum — nunca tem episódios de vômito, nem febres longas, nem reações adversas intensas. Para quem assiste de fora, parece um menino em férias forçadas, não um paciente em tratamento contra uma doença grave. Wanir, sempre criativa, transforma o hospital em uma pequena escola de aventuras: "Vamos desenhar?", "Quer assistir TV comigo?", "Topa uma corrida de cadeira de rodas no corredor?". E, como a filosofia do Children's é de incentivo à liberdade e ao movimento, eles não ficam restritos à ala oncológica. De vez em quando, fazem uma "expedição" até a cafeteria do andar de cima — um lugar claro, silencioso e agradavelmente aromatizado por café fresco.

É uma sensação estranha. Estão vivendo uma espécie de vida normal dentro de uma vida profundamente anormal. As crianças brincam nos corredores — empurram bicicletas, jogam bola, apostam corridas, brincam de esconde-esconde. Riem. Gritam. E quem as vê de longe não imagina que, por baixo daqueles risos, há um campo minado de exames, diagnósticos e esperas silenciosas.

Thiago tem aquele cobertor amarelo que é sua companhia inseparável na hora de dormir. Marquinhos também tem o dele, só que vermelho. E os dois os arrastam pelo chão, levando-os aonde quer que vão. Quem olha aquela cena imediatamente se lembra de Linus, o famoso personagem das tirinhas do Charlie Brown, que anda por aí agarrado ao seu cobertorzinho azul, como se fosse uma parte essencial de seu corpo. A semelhança não é apenas visual: como Linus, Marquinhos e Thiago encontram naquele simples pedaço de tecido o conforto e a segurança que só as coisas mais simples conseguem proporcionar a uma criança.

Nem tudo, porém, é calmo. Uma tarde, Thiago pede para ir à piscina. Adora nadar. Na água, vira peixe. Faz bolhas, brinca de mergulhador, ri com Marquinhos como se não existisse amanhã. Enquanto isso, Wanir aproveita para lavar as roupas na lavanderia do hospital — um espaço reservado para os familiares. Está sozinha, dobrando meias, quando de repente o alarme de incêndio dispara. As luzes piscam. Gritos. Portas automáticas começam a se fechar. Em questão de segundos, um funcionário a empurra para dentro de uma sala de segurança.

— *Emergency protocol*[18] — ele diz.

E tranca a porta.

Lá dentro, isolada na sala trancada, ela permanece por quase uma hora tentando controlar a respiração. Não está pensando nela. Está pensando em Thiago, no filho a quem prometeu nunca mais deixar sozinho. "Ele está lá. E eu aqui. E se acontecer alguma coisa?", pensa.

Muitas atividades no Children's Hospital

Quando volta, acelerada pelos corredores, esbaforida, o rosto marcado de desespero.

— Eles me prenderam! Me colocaram numa sala! O Thiago aqui, e eu lá, sem conseguir sair!

Marcus a ouve com os olhos arregalados, sem abrir a boca. Mesmo depois de entender que é só um treinamento, o pânico não passa. É a única vez em toda a estadia que vivem algo assim. Nos Estados Unidos, todo alarme de

18 "Protocolo de emergência".

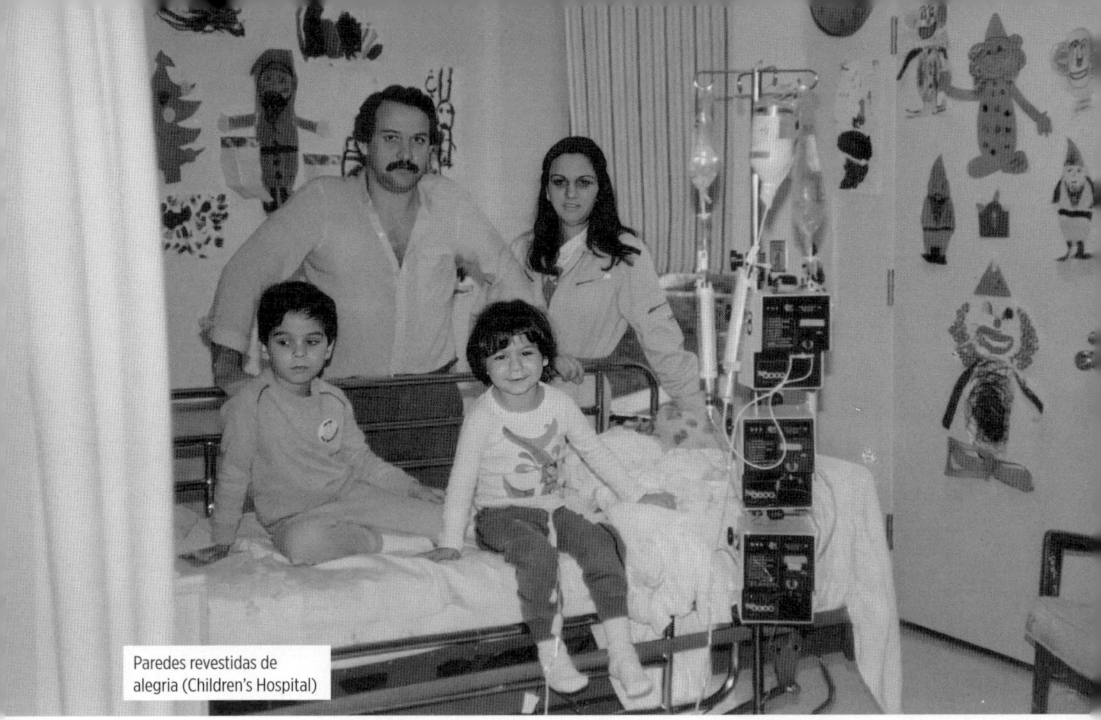

Paredes revestidas de alegria (Children's Hospital)

incêndio é tratado como se fosse real. Não importa se é treino. A seriedade é absoluta.

Numa outra noite, é o riso que toma o lugar da tensão. Marcus e Wanir, exaustos, dormem sem querer, de mãos dadas no sofá-cama. De repente, uma enfermeira os chama com um toque leve no ombro e um sussurro contido. Aponta para a TV. Os meninos, atentos, assistem a um filme com cenas eróticas. *Soft porn*, como se chamaria mais tarde. Não é um pornô explícito, mas definitivamente inapropriado. Marcus dá um salto. Desliga a TV.

— O que é isso, meninos?!

Marquinhos e Thiago, assustados, desviam o olhar, envergonhados. Depois da bronca e da promessa de "nunca mais ver filme de gente pelada", Marcus liga a TV novamente, agora em um canal de desenho. Senta-se. E, ao olhar para Wanir, os dois riem. Riem baixinho. É absurdo. Mas é vida acontecendo — inclusive onde menos se espera.

Até mesmo o banho se torna uma operação emocional. O banheiro dos pais fica do outro lado do corredor — é preciso atravessar com toalha, roupa e alguma esperança de não ser interrompido. Muito tempo depois, Marcus ainda recordará com nitidez: a luz clara, os azulejos brilhando, o vapor subindo. "Era um lugar bonito, luminoso". Um raro instante de respiro. A dificuldade é ter de secar-se e vestir-se ali mesmo, no banheiro — algo simples, mas que, no Brasil, fazem sempre no quarto. Porém, há, mesmo nisso, uma beleza discreta. Como se a água quente lavasse, por alguns minutos, a angústia que toma conta de seu corpo. E de sua alma.

Numa tarde especialmente difícil, Wanir encontra o marido sentado ao lado da cama, observando os desenhos de palhaços nas paredes. Thiago adora desenhá-los. Há rostos coloridos, chapéus pontudos, sorrisos exagerados. Marcus diz, quase num sussurro:

— Parece que ele cria o próprio papel de parede. Mesmo num lugar assim, ele consegue criar beleza.

Wanir aperta sua mão.

— Ele tem isso, né? Faz o mundo ficar mais bonito, mesmo quando tudo está feio.

Quem olha de fora jamais imagina as batalhas silenciosas que ocorrem dentro do corpo daquele pequeno artista.

Do lado de fora, crianças riem no corredor. Thiago dorme, abraçado ao cobertor amarelo. Marquinhos organiza os lápis de cor. Por um instante, só um instante, o hospital se dissolve. E eles podem sentir, ali dentro daquela bolha de esperança frágil, o mais improvável dos sentimentos: paz.

Capítulo 32

A ÚNICA OPÇÃO

A notícia que mais temem — e que, no fundo, ainda tentam evitar — chega com a delicadeza de um furacão. A médica entra no quarto com um olhar sombrio. Senta-se devagar, como se o próprio ato de se acomodar denunciasse o peso das palavras que virão a seguir. Precisa respirar fundo para conter a emoção. Mas não consegue escondê-la. Àquela altura, qualquer tentativa de suavizar a realidade seria uma ofensa à verdade que se impõe.

— Sinto muito, Dr. Rotta. Não houve remissão.

A frase cai como um bloco de concreto no centro do peito de Marcus e Wanir. A médica continua:

— Agora, a chance dele com o transplante é menor. Se ele fosse para lá remitido, seria uma coisa. Sem remissão, é diferente. É muito mais grave. Infelizmente, os exames apontaram uma alteração genética que torna a doença dele ainda mais agressiva.

Por um momento, o quarto fica em silêncio. Um silêncio denso, cheio de significados, de perguntas sem respostas, de sensações paralisantes. Marcus fecha os olhos por um segundo, respira fundo, como quem busca oxigênio num lugar onde o ar rareou. Wanir aperta os dedos contra os joelhos, como quem se segura para não desabar.

Por mais otimistas que estejam, mesmo com aquele diagnóstico mais severo, sabem que o transplante é inevitável. Sem ele, Thiago não sobreviverá. É a realidade implacável, brutal, presente desde a primeira consulta ao Dr. Jacir. Mas há uma segunda dor dentro da primeira: o dinheiro. As dificuldades financeiras continuam se agigantando diante deles como uma montanha impossível de ser escalada. A cada passo dado rumo ao tratamento, uma nova exigência surge — a maior delas agora é o pagamento de cem mil dólares ao centro Fred Hutchinson. Um valor inalcançável, ainda mais em meio à burocracia cambial imposta pelo Brasil. A frustração é silenciosa, mas constante. O tempo não para, a doença não espera.

Neste momento, o aval do senador Alma Richie, que se comprometeu a garantir o pagamento do tratamento, já não é mais suficiente. O hospital exige o depósito. Sem isso, não há internação. E, sem internação, o transplante sequer pode ser cogitado. A porta entreaberta para a chance de cura ameaça se fechar de vez.

O desespero que já os acompanha diariamente, agora, dobra de tamanho. É uma corrida contra o tempo, contra o corpo fragilizado de Thiago, contra a burocracia, contra a falta de recursos. E, mesmo sem saber como, eles têm a consciência de que não podem parar. Porque parar, àquela altura, significa desistir. E desistir, para eles, nunca foi uma opção.

Marcus se lembra da primeira vez em que ouviu a palavra "transplante" no consultório do Dr. Jacir, semanas antes, ainda no Brasil. Na época, aquilo soou como um evento longínquo, uma linha no horizonte que talvez jamais precisassem alcançar. Agora, é um muro. Um muro alto, duro, que só pode ser transposto com fé... e cem mil dólares.

Capítulo 33

60 MINUTOS DE ESPERANÇA

Justo quando tudo parece prestes a desabar, surge o improvável. A conversa acontece numa tarde fria, em uma das pequenas salas de apoio próximas ao corredor da oncologia. Marcus e Wanir estão sentados ao lado de Archie Bleyer, o médico que, com o tempo, deixa de ser apenas um especialista para se tornar um aliado incansável. A atmosfera é de preocupação — do tipo que antecede decisões difíceis. Marcus mexe nervosamente em um papel nas mãos, enquanto Wanir mantém os olhos fixos em um ponto indefinido na parede.

— Nós temos o hospital, temos o tratamento, temos um plano completo, mas não temos todo o dinheiro. E, mesmo se tivéssemos, as leis no nosso país não permitem a remessa para fora do país — diz Marcus, com a voz embargada.

— E o tempo não está a nosso favor — completa Wanir, sussurrando.

Archie Bleyer permanece calado por alguns instantes. Parece refletir. Levanta-se devagar, cruza os braços e começa a caminhar pela sala.

Sua expressão alterna entre preocupação e concentração. À medida que anda, suas sobrancelhas se arqueiam levemente, como se uma engrenagem interna começasse a girar com mais velocidade.

— O que podemos fazer? — pergunta Marcus. — Já tentamos o consulado, ONGs, ajuda do governo. Nada funciona sem o dinheiro em mãos.

Bleyer não responde de imediato. Para diante da janela, olha para fora por alguns segundos, como se buscasse uma resposta além do hospital. Vira-se lentamente e encara o casal. Seus olhos brilham de súbito, como quem acaba de encontrar uma saída em um beco sem luz.

— Vocês vão ver o que eu vou fazer — afirma, enigmático.

E, sem dizer mais nada, sai da sala com passos largos e apressados, deixando para trás uma mistura de confusão e esperança. Eles não sabem o que ele fará. E é justamente por isso que, quando a equipe do *60 Minutes* aparece no hospital, é uma total surpresa.

Naquela mesma tarde, Bleyer entra em contato com a CBS, emissora responsável pelo *60 Minutes*, um dos programas mais respeitados da televisão americana. A resposta é quase imediata. Uma equipe de reportagem é enviada ao hospital. Em poucas horas, câmeras já giram no quarto de Thiago. Luzes, cabos, microfones. E, no centro de tudo, ele. O menino risonho de bochechas rosadas e olhar curioso é filmado dando cambalhotas no chão do quarto, rindo alto com Marquinhos, brincando com os aparelhos que piscam luzinhas coloridas ao seu redor. A equipe passa horas registrando aquela rotina incomum — ao mesmo tempo, leve e carregada de urgência.

Na hora da entrevista, Marcus e Wanir estão lado a lado. Eles perguntam ao entrevistador se precisam responder em inglês, e ele diz, gentilmente, que não é necessário, pois eles colocarão posteriormente as legendas. A edição é rápida. No dia seguinte, o programa vai ao ar. O casal assiste ao episódio no próprio quarto do Children's. Sentados na ponta da cama, entre soluços e mãos entrelaçadas, veem suas palavras ganharem o mundo.

Apesar do impacto imediato, nada acontece nas horas seguintes. Marcus e Wanir permanecem no quarto, em silêncio, tentando decifrar o que aquilo tudo significa. Será que alguém viu? Será que alguém se importou? Por um tempo, o quarto parece ainda mais quieto — como se o mundo estivesse decidindo, do lado de fora, o próximo passo. Marcus se levanta, caminha até a janela, observa a cidade cinzenta além do vidro. Wanir ajeita os brinquedos no canto do quarto, como quem tenta organizar a ansiedade. Nenhum telefonema, nenhum sinal.

— Será que foi em vão? — ela pergunta, mais para si do que para ele.

No dia seguinte à exibição, a equipe do *60 Minutes* vai até o Fred Hutchinson Cancer Research Center e entrevista o diretor. A pergunta vem seca e direta:

— O que vocês vão fazer com o filho do neurocirurgião brasileiro que está aqui nos Estados Unidos? Ele tem o dinheiro, mas o governo do Brasil não permite que ele envie. Não há como fazer a transferência.

O efeito é imediato — e surpreendente.

Neste mesmo dia, alguém entra no quarto da família Rotta, exalando entusiasmo e empatia. É Jenny, a assistente social e psicóloga que acompanha a família desde a chegada ao Children's, usando um chapéu enorme e um sorriso que diz mais do que qualquer palavra.

— Vou levar vocês para o Fred Hutchinson no meu carro.

Wanir arregala os olhos.

— Mas agora?

— Imediatamente — responde Jenny, quase eufórica.

É como se o ar mudasse de densidade. Sem dizer nada, começam a recolher o que podem. Roupas, brinquedos, lembranças, uns poucos desenhos de palhaço do Thiago. Não há tempo para arrumação. Apenas para esperança. A porta do quarto se fecha, mas não com um adeus. É um novo capítulo. O mais importante deles até então.

A exibição no *60 Minutes* traz um efeito colateral muito positivo e totalmente inesperado: a história de Thiago ecoa como um pedido silencioso de solidariedade. Gente de todo o tipo aparece no hospital — americanos, brasileiros, portugueses, homens de terno, mulheres simples, estudantes e aposentados, gente comum —, oferecendo ajuda, todos tocados por aquele menino de olhos vivos e sorriso fácil.

Entre esses encontros, surgem amizades que atravessarão décadas. Luiz e Izabel Arruela, um casal português que acompanha a reportagem, vão até o hospital dias depois. A conexão é instantânea. Tornam-se parte da família. No futuro, sempre que forem a Portugal, Marcus e Wanir ficarão hospedados na casa deles, na cidade do Porto. Viajarão juntos, compartilharão refeições, histórias, memórias.

Em uma visita ao Brasil, anos depois, Izabel e Luiz irão ao Rio de Janeiro com um grupo de amigos. Durante um passeio, um dos turistas será atacado e esfaqueado. Luiz ligará em pânico:

— Marcus, me tira daqui! Eu quero sair direto para o aeroporto!

O medo será real, mas o vínculo entre eles continuará forte. Tanto que, anos depois, o neto do casal receberá o nome de Thiago, em homenagem ao pequeno guerreiro. No futuro, será possível encontrar um porta-retratos com a foto dele, vestindo sua camiseta amarela, em uma sala na cidade do Porto.

Outro casal marcante é Akil e Silvia, brasileiros radicados em Seattle. Ele, engenheiro formado na Poli. Ela, física que pesquisava cerâmica de alta condutividade na USP antes de se mudar. Silvia é decidida, enfrenta o preconceito de ser uma das poucas mulheres no campo científico com firmeza e elegância. A amizade floresce ali, no meio do tormento.

Há também David e Evelyn, um casal chileno que conquista Marcus e Wanir com sua gentileza. David é vice-presidente do Rainier Bank. A humanidade com que trata o casal os torna verdadeiramente inesquecíveis.

São muitos outros nomes, perdidos na memória, mas jamais no coração. Pessoas que cruzaram suas vidas por um momento e deixaram marcas permanentes.

Capítulo 34

QUANDO ÉRAMOS FELIZES

O carro da Jenny, que os leva naquela manhã para o Fred Hutchinson, é surpreendentemente parecido com a Caravan que haviam deixado no Brasil. É quase do mesmo tom de azul, no mesmo formato arredondado da carroceria, com o mesmo conforto. A diferença é o câmbio automático, quase obrigatório no território americano. Ao ver o veículo estacionado em frente ao hospital, Wanir é tomada por uma onda súbita de lembranças. Como um fio solto puxado do novelo da memória, tudo veio de uma vez — os cheiros da estrada, as vozes das crianças, os gritos no banco de trás. Ela fecha os olhos por um instante e, ali mesmo, ao entrarem no carro que os levará a um dos momentos mais decisivos de suas vidas, volta a ser a mãe de quatro filhos saudáveis, planejando mais uma viagem em família.

Houve uma época em que viajar com as crianças era uma aventura por si só. Começava com o Thiago, que não aceitava sentar-se no banco de trás. Fazia birra, chorava, esperneava. Então, ele se sentava no colo do pai, na perna esquerda, ali mesmo no banco da frente.

— Olha que perigo — Wanir dizia, rindo e aflita, como quem já sabia que aquilo um dia viraria anedota.

Na época, era normal. Não havia cadeirinhas, não havia fiscalização rígida. Era só a família, a estrada e a imprudência inocente de um tempo mais permissivo.

— Se fosse hoje, nós seríamos todos presos — ela dirá mais tarde, meio rindo, meio preocupada com a lembrança.

Mas o banco da frente não bastava. Thiago queria mais. Queria dirigir.

— Papai, deixa eu dirigir! Só um pouquinho. Só um pouquinho, vai?

Marcus tentava desviar, fingir que não ouvia, mudava de assunto.

— Não dá, Thiago. Dirigir é coisa de adulto.

— Mas eu sou quase adulto. Eu já sei o caminho. Só vou mexer um pouquinho, juro. Bem devagarinho. Vai, papai bigodudo, por favor! — insistia.

Com os olhos semicerrados e o sorriso de canto de boca, ele sabia exatamente o momento certo de insistir — nem antes, nem depois. E, claro, conseguia o que queria. Marcus, entre divertido e resignado, afrouxava as defesas:

— Tá bom, vai. Mas é segredo nosso, hein?

Thiago então colocava as duas mãos pequenas sobre o volante, sentava-se mais ereto no colo do pai e guiava o carro como se fosse o piloto de uma espaçonave. Fazia curvas imaginárias, dava seta com a boca — "tac-tac-tac" — e narrava sua própria aventura:

— Estamos entrando numa caverna! Cuidado com o dragão!

Wanir, do banco ao lado, virava-se para trás, fingindo pavor:

— Ai, meu Deus, quem vai nos salvar?

— Eu vou, mamãe queridona! — respondia Thiago, com uma gargalhada que preenchia todo o carro.

E, por alguns quilômetros, eram conduzidos por aquele pequeno herói de coração valente e imaginação sem freios. Uma lembrança simples, mas que sobreviveria ao tempo, à distância e à dor. As viagens longas eram o verdadeiro teste de resistência. Presidente Prudente era o destino de muitas delas. A estratégia para sobreviver as seis ou sete horas de estrada envolvia uma Caravan adaptada: o porta-malas virava um acampamento. Wanir abaixava o banco traseiro, espalhava colchões no fundo do carro, preparava lanches, garrafinhas d'água, brinquedos e fitas cassete com histórias infantis que tocavam no toca-fitas do carro como trilha sonora da infância.

No começo, a magia funcionava. As crianças se calavam, hipnotizadas pela voz do narrador, os olhos vidrados no nada, completamente absorvidas pelas aventuras encantadas que saíam das caixas de som chiadas do carro. As vozes familiares das fitas — que já haviam ouvido tantas vezes que quase se sabiam de cor — pareciam segurar, por um tempo, a inquietação típica da infância. Os olhos curiosos passeavam pelas janelas, enquanto os personagens das histórias ganhavam vida no banco de trás. Os três porquinhos, Pinóquio, Mowgli, o cardápio era vasto e no ponto para alimentar a rica imaginação das crianças.

Mas bastava uma ou duas histórias para o feitiço se desfazer. A paz se rompia de repente, como um copo que cai no chão e se espatifa. Começava a sessão de luta livre. Estapeavam-se sem pudor. Pulavam. Ralavam. Gritavam. Rolavam por cima dos colchões improvisados. Um deles sempre saía chorando, mas logo depois recomeçava tudo.

— Pelo amor de Deus, parem de brigar! — implorava Wanir, exausta, tentando inutilmente manter a paz no banco da frente.

Não adiantava. Era aí que Marcus recorria à sua estratégia de mestre da dissuasão. Parava o carro no acostamento, virava-se devagar para trás com o semblante sério e perguntava:

— Em quem que é pra bater aqui?

A ausência absoluta de qualquer tipo de som era imediata. Todos congelavam. Não ousavam responder. Marcus nunca levantava a mão. Mas aquela pausa tensa era suficiente para instaurar a ordem. Por um tempo. Curto. Mas valioso. Era quase uma coreografia: a parada súbita, o olhar sério, a pergunta comedida. E o resultado, sempre o mesmo: uma trégua momentânea e um alívio para os ouvidos dos pais.

Marquinhos, o primogênito, era quem mais provocava os irmãos. Parecia acreditar que ser o mais velho lhe dava o direito natural de mandar em todos. Vivia no papel de chefe do clã mirim. Mas essa postura começou a se transformar, quase imperceptivelmente, com a doença do Thiago.

E Wanir, voltando ao carro de Jenny, olha para o filho mais velho com carinho, compaixão e amor. Faz um pacto consigo de que faria de tudo e um pouco mais para que aquele menino jamais esquecesse que houve um tempo em que foram felizes. E que voltarão a ser.

Capítulo 35

A RESPONSABILIDADE DE SER O DOADOR

Desde o diagnóstico de Thiago, a mudança em Marquinhos foi drástica. De menino agitado, enérgico e, muitas vezes, bravo, ele passa a demonstrar cuidado, zelo, atenção. Começa a observar mais, falar menos, proteger com mais afinco. E, embora seja bonito ver essa transformação, Wanir não consegue esconder a preocupação com o fato de ele ser pequeno demais para um sofrimento tão grande.

Ela não tem resposta. Mas observa, dia após dia, o peso invisível que o filho mais velho carrega. A infância de Marquinhos foi abreviada. Na tentativa de ser forte pelos outros, ele deixou pedaços da própria leveza para trás.

— A gente nem percebia, mas estávamos sobrecarregando o Marquinhos. Ele tinha só 5 anos. Mas, para nós, parecia um pequeno adulto — lembrará Wanir, anos depois, com um misto de carinho e culpa na voz.

Marcus também percebe os sinais, embora tente manter a racionalidade.

No hospital, Marquinhos quase nunca chora. Fica em silêncio por longos períodos, observando tudo. Às vezes, desenha sozinho em um canto do quarto. Wanir vê seus traços ficarem mais rígidos, menos infantis. É como se estivesse tentando amadurecer no papel também.

Ele vai para a casa da Silvia algumas vezes, para sair um pouco do hospital. Mas um dia volta e diz

— Eu não quero mais ir lá.

Perguntam por quê.

— Porque lá, num dia, eles falam japonês desse lado da minha cabeça; no outro dia, falam inglês do outro lado. Depois, falam português. Eu vou ficar louco naquela casa.

— Ele estava exausto — Marcus contará isso depois, com um sorriso sem alegria.

A confusão cultural, a saudade de casa, a tensão no ar, tudo se acumula sobre os ombros pequenos de Marquinhos. E há ainda o papel que ele precisa cumprir: o de doador. Um papel simbólico, mas também profundamente literal.

— Esquecemos de que, na cabeça dele, ser o doador era assustador. Ele não entendia direito o que significava doar a medula — recordará Wanir.

O esclarecimento veio com força.

— Um dia, ele nos disse que achava que iam tirar o coração dele para dar ao Thiago — lembrará Wanir, com os olhos marejados. — Ficamos horrorizados. Nosso filho estava carregando aquela angústia sozinho aquele tempo todo.

Os pais haviam explicado tudo para Marquinhos antes de viajarem e achavam que ele tinha entendido tudo, mas era muito pequeno, não conseguiu absorver a informação de forma completa. Eles, então, explicam de novo, com calma, com mais detalhes, dizendo que não é assim. Que a medula óssea é diferente. Que é só vão tirar um pouco de sangue dele e que ele ficará bem.

Anos depois, Wanir concluirá que ele deu mesmo o coração para o Thiago, mas de outra forma: invisível, silenciosa, heroica.

Capítulo 36

A MORADA DA PAZ

O carro azul estaciona diante de um edifício de linhas austeras. O sol de inverno tenta atravessar as nuvens pesadas de Seattle, quando Jenny desliga o motor e se vira para dar um sorriso encorajador. Wanir e Marcus se entreolham. É hora. No banco de trás, Marquinhos e Thiago dormem encostados um no outro, exaustos da travessia emocional que vêm enfrentando há semanas.

Descem do carro, mas não veem nada parecido com o que imaginam ser o Fred Hutchinson. A assistente social, percebendo o olhar de dúvida do casal, explica a situação. Por questões burocráticas, eles e os meninos precisam passar algumas poucas horas neste lugar: na Casa Shanti Nilaya. Após um mês no Children's Hospital, esta é uma transição provisória, um espaço de acolhimento antes do próximo e decisivo passo do tratamento.

A casa tem um nome difícil de pronunciar, porém, seu ambiente é de uma paz fácil de sentir. Não por acaso, Shanti Nilaya significa "a morada da paz", em sânscrito. O local nasceu do legado da médica suíça Elisabeth Kübler-Ross, que dedicou sua vida a escutar o silêncio dos que estão morrendo. Foi ela quem disse que as pessoas não têm medo da morte, mas da dor de não terem sido amadas. E ali, naquela casa de luz baixa, a ideia de finitude parecia menos assustadora do que o abandono. Kübler-Ross é a responsável por formular os cinco estágios do luto, conhecidos pelo acrônimo DABDA: denial, anger, bargaining, depression, acceptance — negação, raiva, negociação, depressão e aceitação.

Há algo naquela casa que parece reorganizar o que vem de dentro. É como se a tranquilidade ali amplificasse pensamentos. Como se o tempo obedecesse a outra lógica. Shanti Nilaya não é só uma pausa no caminho, é também um espelho. E, nesse espelho, Marcus e Wanir passam a enxergar com mais clareza o percurso emocional que vêm percorrendo até então. Um caminho marcado por dores distintas, mas reconhecíveis. Pela primeira vez, começam a nomeá-las.

NEGAÇÃO

Nos primeiros dias após o diagnóstico, Marcus e Wanir se encontraram em estado de choque. Foi difícil acreditar que Thiago, tão cheio de vida, pudesse estar gravemente doente. Eles se apegaram à esperança de que havia um engano nos exames ou que uma solução simples pudesse reverter a situação.

RAIVA

Conforme a realidade se impôs, a negação deu lugar à raiva. Sentiram-se injustiçados, questionando por que aquilo estava acontecendo com sua família. Houve momentos de irritação com médicos, com o sistema de saúde e até entre eles mesmos, o que refletia a frustração e impotência diante da situação.

NEGOCIAÇÃO

Em seguida, veio a fase de negociação. Marcus e Wanir buscaram incessantemente por tratamentos alternativos, novas opiniões médicas e qualquer possibilidade que pudesse oferecer uma cura ou melhora para Thiago. Fizeram promessas silenciosas, compromissos internos de mudar hábitos ou comportamentos em troca da recuperação do filho.

DEPRESSÃO

À medida que as opções se esgotaram e a realidade se tornou mais dura, ambos mergulharam em uma profunda tristeza. Sentiram o peso da situação, a exaustão emocional e física e a dificuldade de encontrar forças para continuar.

ACEITAÇÃO

Com o tempo, Marcus e Wanir começaram a encontrar uma forma de aceitar a realidade, não como uma rendição, mas como um entendimento profundo da situação. Decidiram focar na ideia de manter Thiago vivo a qualquer custo, utilizando todos os meios disponíveis para atingir esse objetivo.

Essa jornada pelos estágios do luto, porém, não foi linear para o casal. Marcus e Wanir frequentemente revisitam diferentes estágios em momentos distintos. No entanto, reconhecer e compreender essas fases os ajuda a navegar por suas emoções complexas durante o desafio de enfrentar a doença de Thiago.

A casa é silenciosa, com janelas grandes e uma luz suave que aquece o ambiente. No centro da sala principal, há um tapetão felpudo, de cor bege-clara, rodeado por almofadas. Brinquedos de madeira, simples e bem-cuidados, estão espalhados pelo espaço. Livros infantis em várias línguas descansam sobre estantes baixas. Uma estufa de vidro abriga plantas altas e exuberantes, criando um contraste acolhedor com o ar frio de Seattle. É como se o tempo desacelerasse naquele espaço. A luz entra suave pelas janelas amplas, e a quietude ali não é vazia — é acolhedora.

Neste dia, Thiago e Marquinhos são fotografados ali: o primeiro usando um macacão listrado azul e branco, e o outro usando um casaco marrom, ambos sentados naquele tapete felpudo, entretidos com casinhas de faroeste. Suas expressões são leves, concentradas, felizes. Como se, por um breve instante, tudo estivesse em suspensão.

O tempo na Casa Shanti Nilaya não dura mais que algumas horas, mas fica impresso na memória como um ponto de virada silencioso. É o intervalo entre a urgência da luta e a serenidade da compreensão. Um momento de pausa. Um aprendizado sobre o tempo, o amor e a inevitabilidade da perda. Um lembrete de que, mesmo nas rotas mais duras, pode haver pousos de delicadeza.

Marquinhos e Thiago na “morada da paz”

Capítulo 37

CHEGADA AO FRED HUTCHINSON

Poucos minutos após deixarem a morada da paz, finalmente chegam ao Fred Hutchinson Cancer Research Center, um dos mais respeitados centros de transplante de medula óssea do mundo. Mas sua fama não diminui a sensação de entrar em território desconhecido. Quando Marcus, Wanir e os meninos chegam ao local, é quase Natal — uma época de luzes e esperanças, mas também, para eles, de incertezas profundas. O prédio impressiona à primeira vista. A entrada é bonita, moderna, com jardins discretamente decorados para o feriado. Porém, logo a atmosfera muda. Ao contrário do Children's Hospital, o Fred Hutchinson exala uma sobriedade quase fria. Há um ar obtuso no lugar. É, acima de tudo, um centro de pesquisa. Um templo da ciência. Seus corredores silenciosos e paredes sóbrias denunciam que ali se faz uma medicina de fronteira, na qual a ciência é levada ao seu limite — e as perguntas são mais numerosas que as respostas.

Thiago, ao entrar no saguão silencioso, segura mais forte a mão da mãe.

— Aqui é mais escuro que no outro hospital — sussurra.

Marquinhos, observando os corredores sem cores, pergunta baixinho:

— Esse lugar também é de criança?

Wanir não sabe o que responder.

Todo o prédio é dedicado exclusivamente à pesquisa, com exceção do sétimo andar, o único para o tratamento de pacientes. Para alcançá-lo, é preciso pegar um elevador exclusivo, que sobe direto, sem paradas. Como um túnel que leva diretamente ao coração da batalha. Apenas no último andar, por um segundo elevador, é possível seguir por um grande corredor até o Swedish Hospital[19], um hospital privado onde são realizadas as cirurgias de doação. O Fred Hutchinson é responsável apenas pelo tratamento. Se por acaso o Thiago tiver algum outro problema, eles precisarão chamar uma ambulância para levá-lo de volta ao Children's até que ele melhore e possa retornar.

Jenny os acompanha até a recepção, faz as apresentações necessárias aos responsáveis e deseja sorte à família, afirmando que estão em boas mãos. Diz, então, que precisa ir embora e retornar ao trabalho, não sem antes garantir que estará disponível para qualquer ajuda que eles precisem. Sem aviso, Wanir caminha lentamente em sua direção e lhe dá um longo abraço, o que deixa Jenny um pouco desconcertada, já que nos Estados Unidos eles não estão acostumados a esse tipo de contato físico tão típico dos brasileiros. Mas, como sempre, empática, ela ensaia um abraço tímido como retribuição, acompanhado de uma expressão clara de compaixão e amizade. Caminha de volta ao carro, sorri levemente para si mesma e pensa com carinho: "*crazy Brazilians*".

Eles são acomodados no fim de um dos corredores, um local mais isolado, uma vez que não há movimento de pessoas — o que, para eles, é ótimo, pois terão total privacidade. É como se fosse um espaço reservado, que logo é preenchido com brinquedos, desenhos e o barulho

19 Hospital Sueco.

alegre das crianças. Levam as bicicletas, um cavalinho de balanço e até um Nintendo, novidade da época, que Marcus comprou num impulso, para entreter os meninos.

Já devidamente instalados no quarto, têm a primeira conversa séria. O médico de plantão da semana não é quem acompanhará o caso do Thiago a longo prazo, mas faz questão de se sentar com eles, frente a frente, olhos nos olhos. Sua fala é calma, pausada, mas as palavras não escondem o peso da situação. Sentam-se numa sala pequena, com uma janela larga que deixa entrar a luz pálida do inverno. O médico se inclina ligeiramente para a frente, apoia os braços nos joelhos, olha nos olhos de Marcus e diz:

— O caso é difícil.

Pausa. O som da calefação parece mais alto. Então ele continua:

— Vinte por cento.

A frase é dita assim, seca, matemática. Wanir sente o estômago revirar. Marcus faz força para respirar.

— Sem transplante... — continua o médico —, não há chances.

A apreensão cai sobre a sala como neve. Devagar, fria e inescapável. Antes que possam reagir, o médico completa:

— Sem o transplante, é zero.

O transplante ainda é considerado um procedimento experimental. Mas não há margem para dúvidas. Não é uma escolha. É a única chance. Wanir sente um aperto no estômago. Marcus segura sua mão. Sabem que é isso. Sempre souberam. Mas ouvir assim, tão diretamente, pelas pessoas que mais entendem do assunto, é como mergulhar de vez em um mar revolto, sem tempo de se preparar. Não há o que escolher. É o transplante ou a morte inevitável. Marcus olha nos olhos de Wanir. Mesmo sem dizer uma palavra, ela assente com a cabeça. A decisão já está tomada há muito tempo no coração de cada um.

Um dos médicos responsáveis pelo acompanhamento de Thiago no Fred Hutchinson é o Dr. Pfeffer. Um senhor baixo, de rosto arredondado, sempre com uma prancheta na mão. Fala pausadamente, com um sotaque carregado e uma paciência quase pedagógica. Está sempre cercado por residentes e *fellows*, anotando, discutindo, explicando. No futuro,

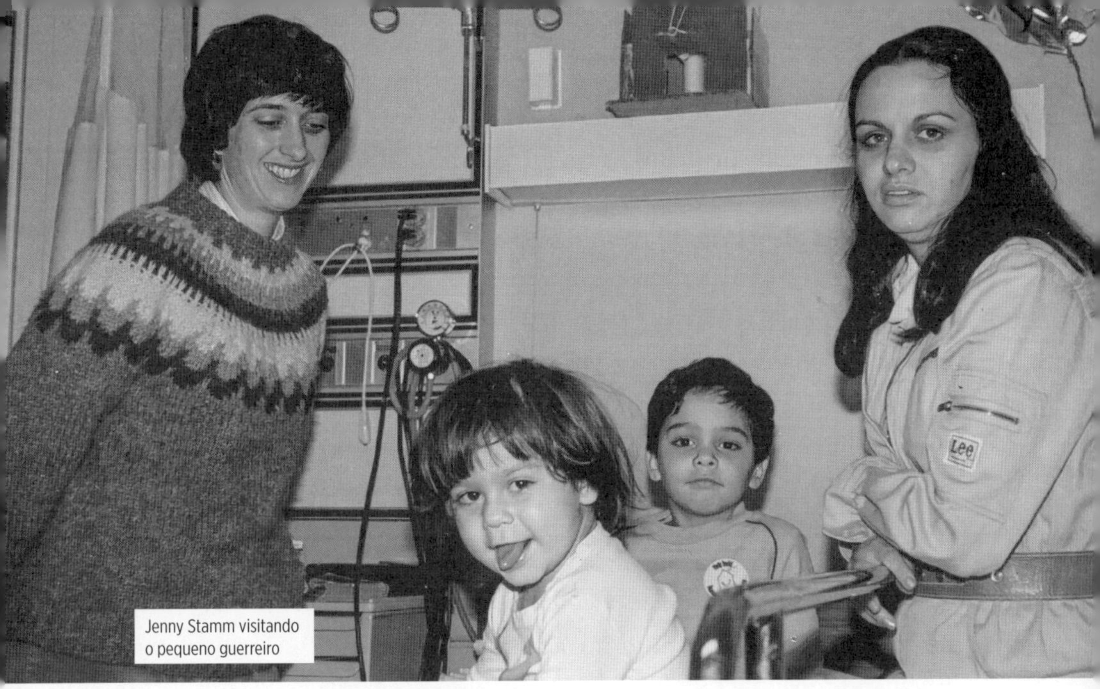

Jenny Stamm visitando o pequeno guerreiro

Wanir e Marcus não se lembrarão com quem deixaram os filhos para irem se encontrar com o Dr. Pfeffer. A única recordação será a de estarem ali na presença de um dos homens que teria a missão sagrada de salvar seu filho. Quando se sentam, ele começa a desenhar num papel os detalhes do procedimento: o que será feito, como será feito, as possíveis reações, os riscos e os benefícios. Detalha cada etapa com uma paciência rara. Ele rabisca enquanto fala, sempre com a caneta presa entre os dedos indicador e médio, girando-a em círculos como quem pensa em outra língua. Seu sotaque lembra mais o leste europeu do que o inglês de Seattle. Mas suas palavras chegam diretas. Dr. Pfeffer, para Marcus, é o tipo de médico que ele admira: que não se esconde atrás de jargões, nem dá respostas evasivas, mas compartilha o conhecimento. Wanir ouve tudo calada, absorvendo cada informação, cada pausa. A conversa dura quase uma hora. Saem de lá com a alma mais pesada, mas com a mente mais clara. Informação é, naquele momento, a única forma de manter o abismo sob controle.

Mas a primeira noite traz um susto. O hospital entregou um *spray* para ser aplicado como prevenção de infecções, mas o produto causa uma reação alérgica imediata em Thiago, que dá os primeiros sinais com uma coceira leve na garganta. Depois, um pigarro persistente. Em poucos minutos, sua voz começa a falhar. Tenta falar, mas o som não sai. Wanir percebe primeiro a mudança na respiração — uma espécie de chiado, um esforço incomum a cada inspiração. Marcus se aproxima, se agacha na altura do filho e olha nos olhos dele. Estão arregalados. A glote começa a inchar. O ar não passa.

— Chama a enfermagem! Agora! — diz Marcus, tentando manter a calma, enquanto seu coração bate forte no peito.

A enfermeira entra correndo e, ao ver o estado do menino, não hesita. Em poucos minutos, a sala se enche de gente. Médicos, técnicos, equipamentos. Um carrinho de traqueostomia é trazido às pressas. Monitoram os sinais vitais, preparam medicação para reverter a reação. Tudo fica em estado de alerta máximo. Enquanto as pessoas transitam pelo quarto, Marquinhos se encolhe no canto, assustado.

Thiago, com um brilho salgado nos olhos, tenta puxar o ar com dificuldade. Marcus segura a mão do filho com força, disfarçando o terror. Ele sabe. Sabe que, se for necessária uma traqueostomia, o sonho do transplante acabará ali. O pesadelo da doença toma um rumo ainda mais devastador. Wanir, do outro lado, murmura palavras de conforto enquanto acaricia o rosto do menino. Os ponteiros do relógio começam a andar mais devagar.

A madrugada é longa. A tensão ocupa cada centímetro do quarto. A medicação começa a fazer efeito, lentamente. O chiado diminui. A respiração vai se regularizando. Quando, finalmente, Thiago consegue dormir, os pais continuam ali, acordados, quietos, vigiando cada suspiro, como sentinelas de um castelo sitiado. Na manhã seguinte, o inchaço diminuiu. A respiração está mais livre. Mas o carrinho com o material cirúrgico permanece ali. Marcus até comenta com a equipe:

— Acho que já podemos retirar. Ele está bem.

Como se esse gesto significasse a recuperação total, que ele sabia não ser realista. A enfermeira, com um sorriso leve, responde:

— É melhor deixar. Se algo mudar, não teremos que correr. Já estará tudo aqui.

Nesse momento, Marcus reflete mais uma vez sobre a diferença entre um hospital preparado para a exceção e um hospital que vive da improvisação. E, no fundo, agradece. Mesmo na dor, mesmo no sobressalto, há um conforto sutil na competência silenciosa daquela equipe.

Capítulo 38

COR E CALOR HUMANO

Depois daquela noite em que quase perderam o fôlego — no corpo de Thiago e nos próprios pulmões —, começam a se reorganizar com pequenas alegrias.

Logo na primeira semana, uma janela pequena e quadrada no quarto do hospital transforma-se em um portal de encantamento. Marquinhos, com seu olhar sempre curioso, é o primeiro a notar algo do outro lado do vidro. Seus olhos se arregalam e ele aponta com o dedo pequeno e entusiasmado:

— Olha, tem um McDonald's ali!

Naquele instante, a distância entre o Brasil e os Estados Unidos começa a desaparecer. O McDonald's, que no Brasil era apenas uma lenda urbana de luxo e modernidade, surge diante dele como um símbolo de felicidade — quase como uma prova viva de que estão mesmo em outro mundo. Marquinhos vira-se para Marcus, quase implorando:

— Pai, me leva lá?

Marcus hesita por um segundo. O hospital, o frio, o desconforto constante — tudo isso gira em sua mente como um furacão. Mas, ao olhar para o filho, vê a mesma necessidade que ele próprio sente: respirar, sair por um momento daquela atmosfera densa.

— Vamos, filho.

Thiago, olhando pela mesma janela, vê outra coisa de que já ouviu falar, mas nunca viu com os próprios olhos: neve. Ao notar que o pai sairia como o irmão, pede como quem pede um sanduíche:

— Traz neve pra mim, pai?

— É claro, filho — responde Marcus como se aquele fosse o pedido mais normal do mundo.

"Ele nasceu no país do sol e agora pede para trazer um pedaço de gelo. Que infância estranha é essa, que precisa caber no balde de um hospital?", pensa Marcus, meneando a cabeça.

Vestem-se às pressas. Marquinhos pula de expectativa. Ao sair, o vento cortante de Seattle os atinge em cheio. O ar tem cheiro de chuva congelada, e uma camada fina de neve cobre o chão. O menino se abaixa, maravilhado, e passa a mão naquela superfície branca com o cuidado de quem toca uma coisa mágica. Na volta do MacDonald's, ele vai olhando para o chão como que procurando algo de valor. Já perto do hospital, para e enche suas pequenas mãos com uma neve branca e brilhante. Olha para o pai com um sorriso nos olhos:

— Acho que o Thiago vai gostar desta.

O pai assente com a cabeça. Prevenidos, eles trouxeram do hospital o recipiente vermelho que o irmão usa para vomitar e, rindo, o enchem de neve. O trajeto de volta é feito sem nenhuma palavra, apenas risadas abafadas e o som do papel do lanche se mexendo com o vento.

Thiago, sentado no parapeito da janela, enrolado em um cobertor, testemunha a cena e seu rosto se ilumina. Quando entram novamente no hospital, carregam muito mais do que um sanduíche e um punhado de gelo: carregam alegria. Thiago toca a neve com os dedos finos, leva-a à bochecha e exclama:

— Papai bigodudo, olha só!

E solta sua gargalhada inconfundível. É como se, por um instante, o quarto inteiro se transformasse num parque de diversões.

Curiosos para saber a origem do nome do lugar, Marcus e Wanir perguntam a uma enfermeira, que, em rápidas palavras, explica:

— O centro foi fundado em 1975 pelo cirurgião Bill Hutchinson, que decidiu batizá-lo em homenagem ao seu irmão, Fred Hutchinson, uma lenda do beisebol nos Estados Unidos. Fred, conhecido como Hutch, morreu de câncer em 1964, aos 45 anos.

Como os brasileiros, os americanos são adeptos à criação de apelidos e ao encurtamento de nomes próprios. Não à toa, todos ali se referem ao Centro como "Fred Hutch", ou simplesmente "The Hutch".

O hospital é organizado de forma impecável. Curiosamente, as enfermeiras não vestem branco, e sim roupas normais. No entanto, não há improviso, nem ruídos. É como observar uma orquestra sinfônica em que cada músico já conhece sua partitura de cor, e o maestro nem precisa erguer a batuta. Cada profissional sabe exatamente qual é sua função, e os protocolos são seguidos com uma precisão quase coreografada — não por insegurança ou rigidez, mas por respeito ao processo, à vida, ao outro.

A rotina do Fred Hutch funciona como uma engrenagem silenciosa, lubrificada não apenas por eficiência técnica, como também por cuidado. As *aid-nurses* — no Brasil conhecidas como assistentes de enfermagem — têm funções bem delimitadas e cuidam exclusivamente da cama para baixo. São elas que reposicionam colchões ortopédicos com movimentos precisos, ajustam os apoios dos pés, giram os rodízios do leito, testam a estabilidade dos suportes. Nenhuma dessas tarefas é considerada banal e nunca se confunde com outras funções, não invadem espaços. Há uma hierarquia muito clara a se respeitar.

Já as enfermeiras, estas são a alma da operação. Assumem tudo o que diz respeito ao cuidado direto com o paciente: higiene, administração de medicações, avaliação clínica e emocional, conforto físico e psicológico.

Só elas podem trocar a roupa de cama, dar banho e examinar os pacientes. E quando falam, são ouvidas com reverência. Mesmo os médicos mais renomados param para escutar. Não há pressa, nem distração. O saber da enfermeira não é tratado como "auxiliar". É central. É clínico.

Os médicos não tocam nos pacientes. Não auscultam seus pulmões, não apalpam seus abdomens. Em vez disso, reúnem-se com as enfermeiras para ouvir relatórios meticulosos. Elas relatam:

— Temperatura às 7h foi de 37,3; coloração da pele normal, sem manchas novas; turgor preservado; abdômen flácido à palpação; murmúrios vesiculares presentes e simétricos.

E os médicos escutam, anotam, avaliam. Silenciosamente. Respeitosamente. Nada daquilo é protocolar — é parceria.

Marcus, acostumado com os corredores barulhentos e caóticos dos hospitais brasileiros, se pega pensando: "No Brasil, as funções se misturam. As enfermeiras nem sempre são formadas, por isso seu trabalho é bastante limitado. O médico é quem faz toda a parte clínica. Examina, mas também administra o que deveria delegar. E, nesse emaranhado, muitas vezes se perde a precisão. Aqui, cada um sabe exatamente o que deve fazer. E isso salva tempo. Salva energia. Salva vidas." É uma estrutura pensada para que todos possam trabalhar com dignidade. No Children's, a rotina é um pouco mais flexível. De vez em quando, residentes também examinam os pacientes. Mas, no Fred Hutch, residentes mantêm a distância, temendo a ira das bravas enfermeiras.

— Vocês estão aqui para aprender. Fiquem aí aprendendo — elas dizem, impondo respeito. Mas com os pacientes, o tratamento é outro. Sempre muito atenciosas e delicadas.

Thiago sente-se visto, respeitado, mimado até. Todos os dias, Caroline, uma nutricionista com cabelos presos em coque e um sorriso gentil, senta-se ao lado da cama dele e abre o cardápio como se estivesse oferecendo as opções de um restaurante cinco estrelas.

— Bom dia, Thiago. Hoje, temos sopa de frango, purê de batatas, espaguete com almôndegas, gelatina de uva ou de cereja... O que o senhor deseja? — brinca ela.

Thiago não fala inglês, mas isso nunca é um problema. Sempre há alguém por perto disposto a traduzir — uma enfermeira, um residente e, é claro, Marcus e Wanir. Porém, mesmo sem compreender as palavras, ele entende o gesto. O tom suave, o olhar que espera sua resposta, o respeito com que é tratado. Isso ele compreende perfeitamente. Ri com o jeito afetado de Caroline, depois faz cara séria, como se fosse um executivo importante e, com a ajuda do tradutor do dia, responde sempre a mesma coisa:

— Coxa de frango.

A nutricionista pisca para Wanir enquanto demonstra surpresa com o pedido inusitado.

Há duas cozinhas no Fred Hutch. A primeira é a oficial, destinada exclusivamente aos pacientes — limpa, silenciosa, com profissionais em jalecos brancos circulando entre carrinhos de inox e panelas tampadas, entregando refeições que parecem cuidadosamente desenhadas para confortar estômagos e almas em luta. Mas é a segunda cozinha, a escondida atrás de um corredor lateral do andar, que guarda uma espécie de calor humano inusitado. Chama-se *Family Room*[20]. E, apesar do nome simples, tem tudo que uma cozinha de verdade deveria ter — não só em estrutura, como também em espírito.

É uma sala grande, com chão de madeira clara e janelas voltadas para um pequeno jardim interno. No centro, há uma mesa comprida, de madeira maciça, com bancos longos que lembram os de uma antiga escola do interior. Várias geladeiras alinhadas contra a parede acomodam alimentos etiquetados com nomes de famílias — o que cria, sem querer, uma espécie de inventário da esperança. Cada recipiente, cada potinho com tampa, é sinal de alguém tentando manter uma rotina dentro da tormenta.

Fogões modernos, micro-ondas, cafeteiras, torradeiras. Tudo está disponível. Tudo funciona. Para Wanir, no entanto, o micro-ondas é um enigma. No Brasil, ainda não existe. No primeiro dia em que tentou usá-lo, colocou uma mamadeira de leite para o Thiago para aquecer, mas não sabia que precisava tirar a tampa. Em segundos, a pressão

20 Sala da Família.

interna fez a mamadeira explodir com um estouro abafado que silenciou a sala. O cheiro de leite queimado se espalhou, seguido de um jato de líquido quente que atingiu até o teto.

— Ai, meu Deus!... — ela murmurou, com o rosto vermelho de vergonha.

Uma senhora americana de avental florido correu para ajudar, rindo com gentileza.

— Não se preocupe, meu bem. Acontece toda hora.

É nessa *Family Room* que Wanir passa parte dos seus dias. E das suas noites. Ali, sobre o balcão largo, tempera coxas de frango uma a uma, enfileiradas como soldados obedientes. São grelhadas, assadas, cozidas. Mas sempre coxa. Só coxa. Porque é a única coisa que Thiago quer comer. Durante um mês inteiro.

— Hoje vai ser diferente, Thiago. Fiz aquelas almôndegas que você tanto gosta.

— Eu quero coxa. Só coxa, mamãe.

Wanir sorri e suspira. E lá vai ela preparar outras coxas.

Um dia, enquanto rega os pedaços de frango com caldo no forno, ouve o som firme de botas ecoando pela sala. É como se um personagem do velho oeste entrasse no hospital. Vem caminhando com passos largos e pausados, chapéu de caubói na cabeça, uma fivela do tamanho de um pires pendurada no cinto e um bigode que parece saído de um filme antigo.

— *Excuse me ma'am. Do you mind if I fried some hambugers?*[21]

— Claro que não — responde Wanir, um pouco surpresa, com a sensação de que está falando com John Waine em pessoa.

Ela ri por dentro, se perguntando onde será que ele deixou o cavalo. O homem tira cuidadosamente os hambúrgueres de uma sacola de papel pardo e começa a grelhar ali mesmo, com maestria. O cheiro enche a sala, misturando-se ao das coxas de frango e do café recém-passado. Ficam os dois ali, cada um na sua missão. De vez em quando,

21 "Com licença, senhora. Importa-se que eu frite alguns hambúrgueres?"

trocam sorrisos e comentários sobre o tempo. Se encontram todos os dias, no mesmo horário, preparando a mesma coisa.

— Não sei quem é mais teimoso, seu garoto com o frango ou eu com meus hambúrgueres — provoca o caubói.

— Acho que vocês estão empatados — responde ela, rindo.

São pequenos encontros assim que dão àquele espaço um toque de lar. Pessoas de cantos diferentes do mundo, unidas por circunstâncias duras, em torno de uma cozinha — o lugar onde a vida sempre insiste em recomeçar.

Os Rotta recebem muita atenção e carinho de todos. Por isso, criam uma ótima relação com as pessoas do hospital. Como têm uma cafeteira no quarto, as pessoas vão até lá tomar um cafezinho brasileiro, curto, bem diferente daqueles grandes e meio aguados que eles normalmente consomem.

Os mantimentos são comprados num supermercado próximo ao hospital, o Albertson. É um lugar grande, com prateleiras imensas e corredores iluminados, cheirando a produtos de limpeza e pão quente. As frutas são organizadas perfeitamente, os carrinhos de compras deslizam como patins sobre o piso encerado.

Um dia, Marcus vai até lá sozinho. Está inquieto. A tensão o corrói por dentro. Ao voltar para o hospital, segura uma sacola simples com apenas um item: um maço de cigarros.

— Wanir, eu vou fumar de novo. Eu não tô aguentando, tô nervoso demais — diz, com a sinceridade de quem já havia esgotado todas as defesas.

Ela não diz nada. Apenas olha para ele com um misto de compreensão e resignação. Marcus acende o cigarro numa área permitida para fumantes. É um cigarro da marca Albertson, a mesma do supermercado. Um produto genérico, que ele nem sabe explicar por que escolheu. Mal dá a primeira tragada, e uma enfermeira passa por ele, arregala os olhos e exclama com leveza e incredulidade:

— Dr. Rotta,... fumando? E fumando Albertson?

Marcus dá uma risada nervosa. Só então se dá conta do absurdo da escolha. Aquele cigarro deve ser um autêntico estoura-peito. Mas, naquele momento, pouco importa. Precisa apenas de um alívio. Mesmo que breve. Mesmo que errado.

Os fumódromos são espaços de desabafo silencioso. Ali, o ar é denso de histórias não ditas. As pessoas fumam com um olhar perdido, como se, ao expelir a fumaça, estivessem também tentando expelir um pouco da aflição, da tristeza, da impotência. Cada tragada é acompanhada de um olhar ausente, que alivia a pressão que não cabe nos pulmões. As conversas são sussurradas, e não é raro ver alguém secando discretamente os olhos. É o ponto de respiro de quem carrega o mundo nos ombros. Marcus observa isso com atenção. Nota como os dedos tremem ao acender um cigarro, como os olhares se evitam e como, vez ou outra, alguém solta um desabafo entre tragadas — algo curto, um "não aguento mais", ou um "hoje foi difícil". Ele mesmo, às vezes, diz alguma coisa. Noutras, apenas escuta.

É ali, naquele ambiente de neblina e confissão, que profissionais e acompanhantes se permitem fraquejar por alguns minutos. É o ponto no qual a humanidade rompe o jaleco e emerge sem defesas. E, depois daquele breve intervalo de fragilidade compartilhada, todos retornam aos seus postos, como se nada tivesse acontecido. Mas algo sempre acontece. A tranquilidade ali também cura.

Há uma catedral bem ao lado do hospital. Marcus e Wanir vão todos os dias à missa, revezando entre a da manhã e a da noite. Marcus costuma levar Marquinhos para que ele possa sair um pouco do ambiente hospitalar e se distrair, se movimentar. Eles também resolvem pedir para amigos levarem o menino para passear. Porém, a primeira vez começa com um pequeno drama. Ao ser colocado na cadeirinha do carro, o menino começa a chorar de desespero. A sensação de estar preso, a pressão do cinto apertado em seu peitoral, o ambiente estranho e os cheiros diferentes, tudo o apavora. Ele grita alto, com os olhos arregalados, implorando para sair. O carro ainda nem deixa o estacionamento quando os adultos se veem obrigados a parar. Eles chamam Marcus às pressas.

Este desce correndo do hospital, sem sequer notar que está só de camisa, num frio de -10 °C. Quando vê o filho em prantos, ajoelha-se ao seu lado e segura seu rosto com as mãos geladas.

— Filho, tá tudo bem. É só o cinto. Aqui nos Estados Unidos, todo mundo usa. É pra proteger, não pra prender você. Confia no papai, tá? — diz ele.

Marquinhos, ainda soluçando, assente com a cabeça. E, com o tempo, acostuma-se à nova regra — que só chegará ao Brasil anos depois, em 1998. Contudo, aquele momento fica marcado em Marcus como um lembrete de quão deslocado é tudo aquilo para um menino tão pequeno: a lei do cinto, a nova rotina, a ausência dos avós, a presença constante do medo.

Mais tarde, na solidão fria da noite hospitalar, Marcus reflete sobre isso com uma caneca de café quente nas mãos: "Estamos fazendo de tudo para nos mostrar fortes, mas, às vezes, esquecemos de que o Marquinhos também precisa encontrar força dentro dele."

O hospital funciona como um relógio. E mesmo os ponteiros invisíveis — como os dos turnos da madrugada — parecem girar com igual precisão. Marcus começa a notar: há ali heróis que ninguém vê. Entre tantas coisas que Marcus e Wanir têm aprendido em sua passagem pelo Fred Hutch, uma das mais surpreendentes vem de um lugar inesperado, ou melhor dizendo, de alguém inesperado.

É um homem corpulento, de barba espessa e uniforme sempre impecável. Ele faz a limpeza do hospital durante o turno da noite. Seus passos ressoam nos corredores com a firmeza de quem carrega uma missão silenciosa. Ele usa um daqueles sapatões pretos com sola grossa, que parecem pertencer a personagens de filmes de ação ou suspense — figuras duronas que, no fundo, escondem um tipo raro de sensibilidade. À primeira vista, causa certo receio. Mas basta observá-lo por alguns minutos para perceber que há algo de profundamente nobre no que faz.

O ritual é sempre o mesmo. Ele chega com calma, carregando seu carrinho de limpeza como um artesão empurra sua oficina ambulante. Primeiro, cerca a área com as placas amarelas de *"CAUTION: SLIPPERY FLOOR"*[22] — um hábito que será comum no Brasil, mas que, no momento, é uma grande novidade para os Rotta. Depois, mergulha o esfregão na solução de limpeza e começa a passar o pano com movimentos largos, lentos, quase coreografados, como se desenhasse um caminho invisível de segurança.

Não há pressa. Ele faz questão de concluir cada trecho com perfeição. A luz do hospital reflete no chão molhado como num pequeno lago recém-formado. Quando termina uma área, ele recua, observa, assente com a cabeça, recolhe as placas e segue alguns passos adiante. Recomeça tudo de novo, com o mesmo cuidado, o mesmo ritmo. Como se cada metro quadrado higienizado fosse uma forma de proteger a vida — e, de certo modo, é mesmo.

Marcus e Wanir comentam entre si, em voz baixa, que aquele homem faz seu trabalho com um tipo de dignidade rara. Não é só uma limpeza, é uma declaração de responsabilidade. Ele sabe que, em um hospital como aquele, cada superfície bem tratada pode significar menos infecção, menos risco, mais conforto. De alguma forma, entende que está ajudando a salvar vidas à sua maneira. E talvez seja justamente por isso que ele faz tudo com tanto esmero. O pano que passa carrega mais que detergente, carrega respeito. Carrega cuidado.

Com o tempo, Marcus começa a se aproximar dele. É um ritual sem pressa. Primeiro os acenos, depois os boas-noites tímidos, até que uma noite, num raro momento de silêncio entre exames e preocupações, o homem lhe faz um convite com um gesto simples: puxa uma cadeira na *Family Room*, abre um pequeno tabuleiro de xadrez de madeira surrada, com cantos escurecidos pelo uso, e o coloca delicadamente na

22 "CUIDADO: PISO ESCORREGADIO".

longa mesa. Sem precisar dizer nada, Marcus apenas se senta, demonstrando ter aceitado o desafio.

É um jogo sem grandes falas, mas com muitos significados. Os dois jogam concentrados, enquanto o barulho do hospital diminui. O som distante de máquinas monitoras, algum pigarro de madrugada, passos isolados — e as peças se movem uma a uma. Cada jogada é uma tentativa de adiar a exaustão. É ali, naquele ritual de peças deslizando, que Marcus encontra uma paz que os livros e as orações, às vezes, não conseguem lhe dar.

O homem da limpeza arrasta as peças com uma calma quase cerimonial. Seu nome é Hank. Tem mãos grandes — as pequenas peças desaparecem sob elas — e uma precisão invejável. São muitas as noites em que se sentam frente a frente, sob a luz forte e branca da *Family Room*. Em uma delas, entre uma torre capturada e um bispo esquecido no canto do tabuleiro, Hank ergue uma sobrancelha espessa, levanta os olhos para um Marcus hesitante e diz:

— Está estudando a jogada, Dr. Rotta?

— Estudando você, Hank. Para ver se consigo ganhar pelo menos uma vez — responde Marcus, sorrindo.

— Cuidado, doutor. Quando você pensa que está enganando o peão, é ele que está cercando você — emenda Hank, retribuindo o sorriso.

Ali só se ouve o som das peças sendo movidas. Ao fundo, um barulho baixo de um micro-ondas apita. Marcus respira fundo, pensa demais. Hank, não. Joga como quem já sabe o fim do jogo. Não há pressa em suas mãos, nem arrogância em suas vitórias. Apenas serenidade. É um homem muito inteligente. E isso, talvez, seja o maior conforto que Marcus possa receber naquele momento: estar ali, com alguém, numa madrugada silenciosa, fazendo algo inútil e, ao mesmo tempo, essencial — resistir à dor com dignidade, jogada por jogada.

Marcus nunca ganhará uma partida sequer. Mas aquele jogo não é sobre vitória ou derrota. É sobre como sobreviver diante da imprevisibilidade. Na última vez que jogam, Hank solta mais uma de suas pílulas de sabedoria:

— Peça bem movida não faz barulho, doutor. Mas pode mudar o jogo.

No Fred Hutch, a medicina é feita de protocolos e, também, de gestos. E é nesse contraste entre a ciência rígida e o calor humano que a família encontra forças para continuar. Cada sorriso, cada pequeno favor, cada gargalhada do Thiago serve como um lembrete de que, mesmo dentro de um hospital, ainda há vida pulsando em todas as direções.

Enquanto as noites se sucedem entre xícaras de café, coxas de frango e partidas de xadrez silenciosas, o hospital começa a mudar sutilmente. É dezembro. E, como num suspiro coletivo, todos parecem querer acreditar de novo. O Natal se aproxima, e os corredores do hospital ganham outra cor. Mesmo no ambiente científico e sério do Fred Hutch, algo mágico acontece. É como se a ciência desse espaço à fantasia, por alguns dias.

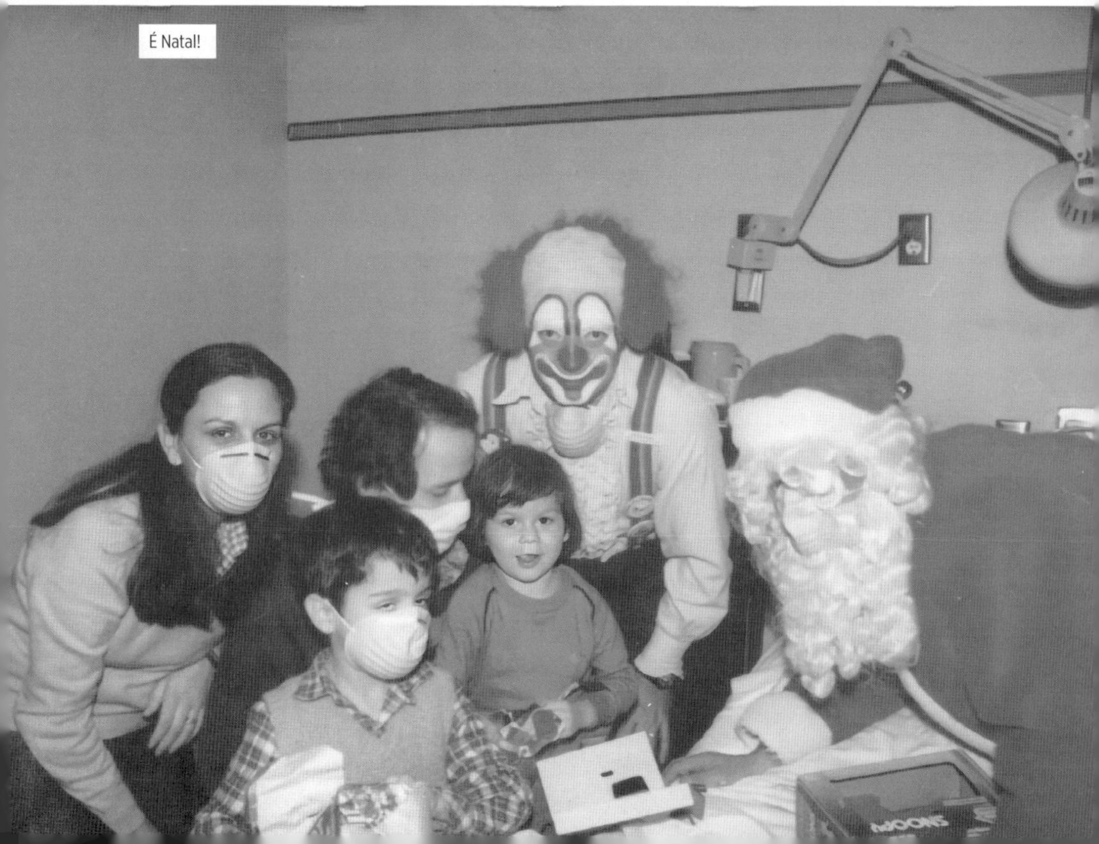
É Natal!

As decorações começam timidamente — uma guirlanda na porta da enfermaria, algumas luzes piscando em torno da recepção. Mas logo as fantasias tomam conta do hospital. As enfermeiras parecem saídas de um conto de fadas alternativo. Uma desfila com uma coroa de velas acesas sobre a cabeça, outra usa uma tiara de rena, e um médico surge com uma barba branca postiça e uma grossa gargalhada treinada. Pelos corredores, ouvem-se sinos, risos, música suave e até o som de passos dançantes de alguém carregando um boneco de pelúcia vestido de duende.

A transformação é palpável. As portas são enfeitadas com papéis coloridos e desenhos infantis. As janelas, com flocos de neve feitos de algodão e cola. Há pequenos corais improvisados — enfermeiras desafinadas que insistem em cantar "Jingle Bells" enquanto distribuem doces. Um carrinho decorado como trenó é adaptado para entregar lembrancinhas de Natal nas alas de pacientes mais isolados. Cada gesto, por mais simples, tem um impacto imenso. A dor recua um pouco. A tensão se dissolve, ainda que por instantes. Ao ver toda essa movimentação, Marquinhos comenta boquiaberto:

— Esse hospital é mágico, né?

E Thiago complementa:

— Aqui até o Papai Noel sabe dar injeção.

Os dois, naturalmente, querem participar da festa. Eles são fascinados pela série CHiPs, sobre patrulheiros rodoviários californianos e têm seus uniformes completos, da bota ao capacete. Quando pedem para se vestir como seus heróis, Wanir sente um aperto no peito. As fantasias ficaram no Brasil. Então ela promete que um dia eles vão voltar a usá-las. Os meninos sorriem, confiantes, como se tivessem certeza de que esse dia irá chegar.

Os policiais do CHiP's, em casa, antes do diagnóstico

Capítulo 39

BIG LOVE

Mesmo podendo permanecer ao lado de Thiago no hospital, Marcus e Wanir contam com um quarto reservado na Ronald McDonald House, do outro lado da rua, bem em frente ao hospital. É mais do que uma hospedagem: é uma espécie de abrigo silencioso para famílias em meio à tormenta. É um farol invertido que, em vez de guiar navios no escuro, abriga os náufragos. O quarto é simples, mas completo. Uma cama de casal encostada à parede, uma de solteiro ao lado, um pequeno armário, banheiro privativo — tudo organizado com discrição e funcionalidade. A chave é deles. Marcus e Wanir geralmente vão para lá quando Marquinhos está passeando com amigos. Por algumas horas, aquele refúgio oferece o que o hospital não pode: um espaço de privacidade, onde podem chorar sem disfarces ou simplesmente se deitar, lado a lado, silenciosamente. Wanir costuma sentar-se primeiro na beirada da cama de solteiro, tirar os sapatos devagar, como quem desacelera o próprio tempo. Marcus, ao lado, esfrega o rosto com as mãos e apenas suspira. Nessas horas, não é preciso dizer nada. Só estar. Só existir um ao lado do outro, respirando o mesmo silêncio.

Há também uma cozinha comunitária. Como sempre, um dos espaços mais humanizados da casa. Cada família tem direito a um pequeno armário com seu número ou nome, onde guarda suas compras. Há uma geladeira dividida em compartimentos e ali colocam leite, frutas, frios, embalagens com etiquetas escritas à mão. No armário, enfileiram-se caixas de cereais, massas, biscoitos — coisas triviais, mas que ali funcionam como âncoras emocionais.

Além dos mantimentos comprados por cada um, a própria casa oferece alguns itens básicos: leite, pão, margarina, café, ovos. São alimentos simples, que carregam algo simbólico. O cheiro de café fresco pela manhã e o som de uma torradeira funcionando dão, por instantes, a sensação de estar em casa — ou, ao menos, em algum lugar menos hostil do que o hospital.

Ali, as famílias se cruzam nos corredores e se reconhecem no olhar. Não precisam trocar palavras para se entenderem. Como veteranos de uma guerra invisível, basta um aceno de cabeça para dizer: "eu sei...". Algumas vezes, partilham refeições improvisadas. Outras, deixam bilhetes de encorajamento na lousa da entrada, frases anônimas como "vai passar", ou "não perca a fé".

Numa manhã gelada, Marcus prepara café, e o cheiro atravessa a cozinha como uma ponte invisível até o passado. Uma mãe chilena, com olheiras fundas e camiseta do Colo-Colo, se aproxima e diz em espanhol:

— *Huele como mi casa*[23].

Marcus sorri. Eles não dizem mais nada. Não é necessário.

Atravessar aquela rua entre o hospital e a casa, às vezes, parece uma travessia de mil quilômetros. As pessoas saem com os ombros baixos, as palavras represadas e chegam ao outro lado como quem emerge à superfície depois de muito tempo submerso.

23 "Tem o cheiro da minha casa."

Capítulo 40

VISITANDO CHERNOBYL

Antes mesmo que a esperança do transplante possa se manifestar como uma possibilidade concreta, é necessário apagar completamente o que há de antigo e pernicioso no corpo de Thiago. Cada traço da medula doente deve ser eliminado. O organismo precisa virar um terreno arrasado, pronto para ser reconstruído do zero. Não há espaço para resquícios, dúvidas ou suavidade. O processo exige brutalidade científica — uma aniquilação controlada e metódica do sistema imunológico de uma criança de apenas 3 anos.

A primeira etapa é a quimioterapia. Mas não qualquer quimioterapia. É uma carga pesada, agressiva, cujo objetivo é destruir o que o corpo produz por conta própria. Marcus observa tudo como médico e como pai, o que torna tudo duas vezes mais difícil. Sabe o que está acontecendo tecnicamente. Sabe o que cada droga faz. Sabe também o quanto aquilo machuca.

— A medula precisa ser zerada — repete para si mesmo, como um mantra clínico e cruel. Mas o que isso significa é mais simples e mais devastador: o filho dele precisa ser levado ao limite da sobrevivência para ter uma nova chance de vida.

Mas isso não basta. Quando a quimioterapia termina, a segunda fase começa. É o momento da radioterapia de corpo inteiro: *total body irradiation*[24], ou TBI. Um nome técnico para algo que, por dentro, tem cheiro de catástrofe. Marcus só conseguirá nomear a sensação muitos anos depois: "Era como se estivéssemos levando nosso filho a Chernobyl." Na época, o acidente nuclear ainda não terá acontecido, porém, quando, anos depois, o mundo assistir horrorizado à explosão da usina soviética, ele saberá exatamente o que pensar: "É isso. Foi isso que fizemos com Thiago. Nós o mandamos para Chernobyl, mas de maneira controlada. E necessária."

Thiago é colocado todos os dias numa sala de paredes grossas, cercado por revestimentos de chumbo. No centro da sala, duas bombas de cobalto, posicionadas em lados opostos. Ele fica sozinho, imóvel, enquanto a radiação atravessa seu corpo de ponta a ponta. As doses são calibradas com precisão científica, mas o efeito é o de uma explosão em câmera lenta. Cada célula saudável é queimada. Cada traço de resistência, desmontado.

Para Wanir, aquilo é mais do que metáfora. É real. Um obstáculo de toneladas entre o instinto materno e o corpo vulnerável do filho. E isso, para ela, é insuportável. É como assistir alguém se afogando sem ter nem uma boia para jogar. Essa mãe jamais esquecerá a imagem da porta pesada se fechando entre ela e o filho: "Eu não podia tocá-lo, não podia abraçá-lo, nem mesmo segurá-lo pela mão", comentará anos mais tarde.

E há outro problema: Thiago precisa ficar parado, absolutamente parado, para que a radiação seja distribuída de maneira uniforme. Mas ele é só um menino de 3 anos. Um menino ativo, inquieto, cheio de imaginação. Como fazê-lo suportar aquilo? Como impedir que entre em pânico sem o prender? Não, prendê-lo, jamais. Seria um trauma maior do que qualquer outro.

É então que eles têm uma ideia. A sala tem uma câmera e um microfone, usados pela equipe para monitorar o paciente. Eles decidem se

24 Irradiação corporal total.

apropriar disso. Se não podem estar fisicamente com ele, estarão com a voz. Com o afeto. O amor encontra passagem até nas paredes de chumbo.

Nos dias seguintes, uma rotina se estabelece. Thiago entra na sala sozinho, deita-se entre as bombas de cobalto e ouve as vozes familiares. Marcus e Wanir se revezam ao microfone. Contam histórias, inventam brincadeiras, descrevem memórias. Falam sobre o dia, sobre coisas banais, sobre qualquer coisa que possa distrair o filho da realidade incandescente que o cerca. E ele responde. Com frases curtas, com risadas tímidas, com murmúrios. Mas responde. Às vezes, um "Vai demorar muito, mamãe?" estilhaça o coração de Wanir. Mas ela aguenta. Por ele.

— Não, meu amor, já, já termina — ela responde, controlando a emoção.

Lá dentro, o menino suporta o inimaginável. Fora, os pais derretem por dentro a cada minuto. A sessão dura 10 minutos. Mas, para quem espera, parecem horas. São seis dias seguidos. Seis sessões. Seis portas de chumbo se fechando. Seis batalhas vencidas por um menino que nem sequer compreende a dimensão da guerra que está enfrentando.

A radiação destrói tudo. Não apenas a medula. Também destrói o revestimento interno do intestino, as células da mucosa, as defesas do corpo. Ao fim do processo, o organismo de Thiago se torna um terreno raso. Uma terra devastada. A nova medula — a medula de Marquinhos — é a semente que será plantada nesse deserto.

A equipe médica sabe disso. Por isso, antes mesmo de começar o TBI, decide aumentar o peso de Thiago. O corpo dele precisa de reservas, precisa ter de onde tirar forças quando tudo começar a desmoronar. Pelo cateter, eles começam a administrar nutrientes densos, misturas ricas em gordura e proteína. Ele ganha peso. Fica gordo. Redondo. É um menino com aparência saudável que está prestes a enfrentar o mais devastador dos tratamentos. O paradoxo é quase poético.

Na sala de radioterapia, ele parece uma escultura. Estático. Pequeno. Iluminado por máquinas que, ao mesmo tempo, salvam e destroem. Quando o último dia chega, ninguém comemora. Não há alívio. Há apenas uma quietude densa. O som da porta de chumbo ainda ecoa em seus corpos. E eles sabem: a partir daquele momento, não há mais retorno. O corpo de Thiago nunca mais será o mesmo. Nem o deles.

Capítulo 41

ACOLHIDOS E ACOLHEDORES

O tempo no Fred Hutch, por mais árduo e carregado de incertezas, é também tempo de transformação. Não apenas do corpo de Thiago, mas também da alma de seus pais. Aos poucos, Marcus e Wanir começam a perceber que o sofrimento compartilhado cria vínculos. E que o conhecimento dolorosamente conquistado pode ser, paradoxalmente, uma fonte de alívio — não só para eles, como também para os outros.

É assim que, um dia, a porta do andar de transplantes se abre para uma nova família. Uma menina pequena, acompanhada pelos pais e por mais alguns familiares, todos falando espanhol com aquele sotaque suave e elegante do sul da América Latina. São uruguaios. O olhar da mãe é o mesmo que Wanir lembra de ter visto no espelho semanas antes: aquele misto de pânico, incredulidade e esperança precária que só quem está prestes a entregar um filho nas mãos da medicina conhece.

Wanir não espera que a aproximação venha deles. Caminha até os pais da menina com um sorriso sereno, mas firme. Toca de leve no ombro da mulher e diz, em portunhol improvisado:

— Se vocês quiserem conversar, nós já passamos por algumas etapas. Talvez possamos ajudar.

A partir daquele dia, tornam-se próximos. Reúnem-se no corredor, trocam histórias na *Family Room*, dividem angústias nos momentos difíceis. Os pais da menina vêm sempre com perguntas: sobre o funcionamento do cateter, os efeitos da quimioterapia, a rotina das refeições, os horários da radioterapia. Marcus explica com clareza, e Wanir complementa com um tom acolhedor. Eles sabem como é chegar perdido, sem entender os protocolos, sem saber onde buscar conforto. Então, oferecem isso aos outros.

Em um desses dias, a mãe da menina se aproxima com um pequeno presente: um terço de madeira que trouxera de Montevidéu.

— *Para proteger a tu hijo*[25] — ela diz, com lágrimas nos olhos.

Wanir segura o terço como se fosse feito de cristal.

Com o tempo, ela passa a reparar nos detalhes. É uma família abastada, talvez muito rica. No entanto, nada daquilo adianta neste momento. Ali, dentro daquele hospital, o brilho dos bens materiais se apaga diante da sombra da incerteza. E isso lhe causa uma espécie de curto-circuito emocional. Ela pensa: "Mesmo com tanto dinheiro, eles estão aqui. Sofrendo do mesmo jeito. Passando pelas mesmas angústias. Essa dor não respeita títulos, não reconhece cartões de crédito, não pede passaporte. Apenas chega. E toma tudo."

Mas é o passo seguinte dessa reflexão que realmente a marca — e que, sem que saiba, planta a semente de uma missão futura: "E quem não tem nada?", ela se pergunta, enquanto observa Rosario, a menina uruguaia, tomando soro quieta e concentrada. "E quem não tem apoio, quem não fala a língua, quem não tem condições de pagar nem a passagem até aqui? Como essas pessoas sobrevivem a uma doença dessas? Como um pai ou uma mãe se mantém de pé sem ter um lugar para dormir, sem ter o que comer, sem ter nem sequer com quem dividir o

25 "Para proteger seu filho."

peso da tragédia?". Esse pensamento não sai mais da sua cabeça. Vira à noite com ele, de olhos abertos, na poltrona ao lado da cama de Thiago. Dorme com ele por cima do travesseiro. Anda com ele nos corredores. Um pensamento recorrente, persistente, inquieto. Marcus também o sente, ainda que silenciosamente. Às vezes, trocam um olhar no corredor depois de consolar alguma outra família e não precisam dizer nada. Ambos sabem: algo mudou.

É nesse momento — feito de olhares trocados, perguntas respondidas, mãos apertadas e emoções compartilhadas — que nasce, ainda sem nome, a centelha de algo muito maior: o desejo de garantir que nenhuma família enfrente tudo isso sozinha.

Wanir não associa esse sentimento a algum tipo de vocação. Não pensa em projeto, não planeja missão. Mas, mesmo sem saber, um movimento invisível começa a dar seus primeiros passos em sua mente e em seu coração. É como se uma força maior — talvez a mesma à qual ela recorre em suas orações silenciosas — use essa experiência terrível para transformar dor em propósito. Eles haviam chegado ali em desespero, desinformados, em carne viva. Foram acolhidos. Agora, naturalmente, começam a acolher. E está cada vez mais claro que a dor cava, mas também prepara a terra.

Capítulo 42

O TRANSPLANTE

O momento chega. Tudo até aqui — cada exame, cada dose de quimioterapia, cada noite de vigília, cada oração sussurrada no escuro — é apenas preparação. É escalar uma montanha com as mãos em carne viva, sabendo que o verdadeiro desafio ainda espera no topo. Agora, estão lá. No ponto mais alto. E não há mais volta. O transplante de medula óssea precisa dar certo. Caso contrário, não existe segunda chance. Não há plano B, plano C, alternativa experimental. É isso. Um fio de esperança suspenso sobre o abismo.

Na noite anterior ao procedimento, o clima no quarto de Thiago é de tensão silenciosa. Wanir mal consegue dormir. Fica observando o filho respirar, como quem conta as batidas de um relógio prestes a ser reiniciado. Marcus, por sua vez, tenta se manter prático. "Amanhã, cada detalhe importa", repete mentalmente. E esse pensamento não é só consolo — é também estratégia de sobrevivência.

O dia amanhece com céu limpo, mas com a alma nublada. Marquinhos é encaminhado ao Swedish Hospital, vizinho ao Fred Hutch, para realizar a doação da medula. Os dois hospitais estão conectados por corredores e elevadores, mas, naquele dia, para a família, parecem separados por um oceano.

É a primeira vez, desde que desembarcaram nos Estados Unidos, que Marcus e Wanir precisam se separar para um evento importante. Wanir fica com Thiago, enquanto Marcus acompanha Marquinhos. É o único jeito. E ambos sabem disso. Mesmo assim, o coração dói. A fragilidade é dupla. Marquinhos parece tranquilo, mas seus olhos denunciam a ansiedade. Antes de entrar na sala de coleta, Marcus ajoelha-se ao lado da maca e diz:

— Filho, você sabe por que está aqui, né?

Marquinhos assente com a cabeça.

— Pra salvar o Thi — responde com ar de quem precisa se sacrificar por uma causa nobre.

Marcus aperta a mão do filho. Aquela mão pequena agora é símbolo de amor incondicional.

A coleta da medula óssea é feita diretamente dos ossos ilíacos, na bacia, com múltiplas punções profundas feitas por agulhas enormes. Um procedimento invasivo, especialmente para uma criança de apenas 5 anos. A anestesia geral é aplicada. Marcus acompanha tudo de perto, do outro lado do vidro, sem desviar os olhos por um segundo. Há médicos, enfermeiras, monitores apitando e seringas se enchendo com um líquido viscoso e avermelhado. Ali dentro está a salvação. A matéria-prima de uma vida nova.

Enquanto Marquinhos ainda dorme, com o rosto voltado para a janela e as bochechas levemente coradas pelo calor artificial do quarto, Marcus permanece sentado ao seu lado, imóvel. A mão do filho, pequena e quente, repousa sobre a sua. Lá fora, uma névoa espessa começa a cobrir os vidros. O tempo parece ter suspendido qualquer lógica: não é mais manhã, nem tarde, nem noite. É apenas espera. Ele consulta o relógio e ouve, ao longe, um bip contínuo de monitor cardíaco. Depois, silêncio. O tipo de silêncio que antecede acontecimentos definitivos. Tudo parece conter a respiração. Tudo, exceto o telefone, que está ao seu lado, como um animal adormecido prestes a despertar.

Os dois dormem por ali, para que Marquinhos possa se recuperar antes de voltar ao Fred Hutch. No dia seguinte, ele acorda grogue, pálido, exausto. Está anêmico, como esperado. Mas seu olhar é diferente. Há orgulho. Um sentimento novo, sente-se útil, necessário, parte ativa daquilo tudo. Como se dissesse, sem palavras: "Eu ajudei meu irmão." E isso, para ele, é um alívio. Uma cura que antecede a cura.

Do outro lado, no Fred Hutch, Wanir aperta o telefone com força. A mão trêmula mal consegue discar. Seus olhos vão do mostrador digital para o rosto sereno de Thiago, que dorme como se o mundo estivesse em paz. Mas ela sabe. Sabe que aquela tranquilidade é apenas a superfície. Que, por baixo, corre uma correnteza. Quando Marcus atende, basta o som da respiração dela para ele entender que algo está prestes a acontecer.

— Eles vão começar a infusão da medula agora! Vem logo! — diz ela, com a voz entrecortada.

Há uma mistura de urgência, angústia e necessidade. Não é apenas uma informação. É um pedido de socorro. Do outro lado da linha, Marcus sente o coração acelerar como se estivesse prestes a saltar do peito. Ainda segura a mão de Marquinhos, que acaba de acordar. Olha nos olhos do filho mais velho, toca seu rosto e sussurra com carinho:

— Agora o seu presente para o Thiago vai ser entregue. Vamos lá ver.

Pega o filho no colo e corre.

Os corredores que já conhece de cor transformam-se, naquele instante, num labirinto de emoções. Seus pés batem no chão com força, mas o som é abafado pelo carpete cinza. O tempo parece dilatado, como se cada segundo se alongasse em metros. Na cabeça, um único pensamento: "Preciso estar lá".

Marcus desce os corredores do hospital com Marquinhos no colo e os passos acelerados ecoando sobre o piso acarpetado. A cada metro, sente o corpo do filho pesar mais — não de cansaço, mas de significado. O menino está pálido, ainda sob efeito do procedimento, com os olhos semicerrados, mas conscientes.

— Tá chegando? — pergunta com a voz fina e fraca.

— Tá, sim, filho. Tá, sim — responde Marcus, tentando manter o fôlego, a calma, a fé.

Cruza o *hall* e aciona o elevador com força. O silêncio da espera é cruel. Quando a porta se abre, ele entra e encosta a testa na do filho, como quem sela um pacto. E então o andar chega. Sai do elevador já em passo de corrida, atravessa o corredor principal como se o chão o repelisse, até ver, ao fundo, a porta do quarto onde tudo — absolutamente tudo — está prestes a acontecer.

Wanir está em pé, ao lado do leito, com os olhos fixos no cateter de Hickman. O equipamento já está conectado. A enfermeira prepara com precisão a pequena bolsa de líquido avermelhado, que mais parece suco de romã — espesso, pulsante, silencioso. Uma transfusão simples para qualquer espectador desavisado. Mas, para aquela mãe, aquilo é o instante mais solene de sua vida. Ela olha novamente para Thiago. Os cílios dele projetam uma sombra suave sobre a bochecha redonda. Ele está imóvel, respirando leve, como se estivesse prevendo que algo importante o visitaria em breve.

O procedimento acontece no mesmo pequeno quarto onde estão instalados desde que chegaram ao hospital. Quando a porta se abre bruscamente, Wanir sente o coração saltar. É Marcus, ofegante, o rosto avermelhado do frio e da corrida. Traz no olhar uma mistura de alívio e reverência, e Marquinhos, ainda mole, no colo. Não diz nada.

A infusão da medula começa. Enquanto o líquido começa a escorrer pelo tubo fino do cateter, Thiago sonha com um mundo todo amarelo. Wanir está ao lado da cama, segurando a sua mão e a de Marquinhos, que dá sua outra mão ao pai, como se este pequeno elo familiar colaborasse de alguma forma com o resultado do transplante.

O procedimento é quase imperceptível. Não há música, nem anúncio, nem sirene. Mas, para eles, tudo para. Cada gota que desce é um milagre em andamento. É a esperança correndo pelas veias. É o futuro invadindo o presente. É a chance. Marcus respira fundo e sussurra, quase como uma prece:

— A vida está entrando. Agora, ela está aí dentro.

Wanir, com as pupilas encharcadas de silêncio, aperta a mão dos filhos. Pela primeira vez em muitos dias, ela sente que tudo pode dar certo, porque, às vezes, o milagre entra pela porta da frente — discreto, como uma transfusão qualquer.

A cena parece simples demais para o significado que carrega. Sem bisturi, sem campo cirúrgico, sem dramaticidade. Apenas um tubo plástico transparente, por onde escorre um líquido — a nova medula. Marcus, ao observar aquele fio de vida entrar no corpo do filho, sente uma espécie de arrepio profundo. "Isso não é sangue", pensa. "Isso é futuro." Aquele momento é o que esperam há meses. É o Thiago recomeçando. É a vida se apresentando de novo, sem garantias, mas com toda a sua força.

Após a transfusão, Marquinhos, ainda tonto e mole, ajeita-se na poltrona com dificuldade. Seus olhos passeiam pelo quarto, depois param no irmão. Ele não diz nada de imediato, mas então, num sussurro arrastado, solta:

— Pai, ele vai ficar bem, né?

Marcus não responde de pronto. Apenas se agacha, encosta a testa na de Marquinhos e diz com firmeza tranquila:

— Vai, filho. Porque agora ele tem um pedaço seu dentro dele.

Marquinhos sorri, um sorriso torto, cansado, mas cheio de sentido. Fecha os olhos devagar, como quem entende que, a partir desse momento, seu papel já foi cumprido. E fica em silêncio, como se quisesse ouvir melhor o som da esperança entrando pelos ouvidos.

Mais tarde, naquele mesmo dia, uma pequena notícia chega do Brasil: o jornal local de Presidente Prudente publica uma nota. "A transfusão foi um sucesso." Três linhas apenas. Mas soam como um telegrama de esperança. Como um abraço de longe que aperta por dentro. Há muita gente torcendo por eles.

Nos dias seguintes, eles buscam sinais — qualquer sinal — de que o transplante tenha funcionado. Wanir conta cada hora como quem conta as pétalas de uma flor, esperando por um bem-me-quer. Marcus passa noites em claro, lê artigos, relatórios, relatos de outros transplantes. Tentam se agarrar a histórias semelhantes, como a de uma menina brasileira que passou pelo mesmo procedimento com sucesso. No caso dela, a irmã gêmea foi a doadora — e essa circunstância aumenta muito a chance de cura. Mesmo assim, a simples existência daquela sobrevivente é um alívio. E, como que por destino, ela é de uma cidade próxima à deles, chamada Rancharia.

A medula de Marquinhos, colhida com coragem e amor, é infundida em Thiago. A parte técnica está completa. Agora, a luta passa para o plano invisível — aquele em que o corpo e o espírito batalham juntos. Cada célula do irmão mais velho precisa se sentir acolhida, aceita, incorporada. Cada pequena engrenagem biológica tem que girar na direção da vida. É o fim de um ciclo. É o começo de outro. É o tempo da espera. Respirando com dificuldade, tentando conter a emoção. A esperança que não dorme. É a fé em estado bruto. A partir daqui, tudo pode acontecer. Inclusive, a cura.

Capítulo 43

THE BEST II

O responsável pelo transplante de Thiago é o Dr. Donnall Thomas. Um nome que ainda não tem peso de mito, mas já carrega o magnetismo de quem está prestes a entrar para a história da medicina. Naquele momento, ele é apenas o médico que comanda, com precisão quase religiosa, um dos programas de transplante de medula óssea mais avançados do mundo. Um homem magro, de postura ereta, sempre vestido com ternos sóbrios, óculos finos de metal e um olhar que mistura exatidão científica e humanidade discreta. Poucos anos depois, ganhará o Prêmio Nobel de Medicina. Mas ali, diante de Marcus e Wanir, é apenas um ser humano tentando salvar outro — e isso o torna, para eles, maior que qualquer troféu.

Chega ao hospital antes do sol. Às 6h da manhã, já está no seu pequeno escritório, revisando gráficos, decifrando exames, comparando dados. Sai apenas à noite, muitas vezes, passando andar após andar, como quem ronda um templo em que a fé e a ciência dividem o mesmo altar. É metódico, quase obsessivo. Conhece cada etapa do protocolo, cada possível efeito colateral, cada mínima variação nos resultados dos pacientes. Mas, acima de tudo, conhece o medo — não o próprio, o dos outros. E é por isso que, todos os dias, encontra tempo para visitar o quarto de Thiago.

Ele não se limita a uma visita técnica. Vai ao quarto como quem visita amigos. Fala com Marcus de igual para igual, mas é com Wanir que mais conversa. Senta-se na poltrona ao lado da cama e dedica ali, todos os dias, minutos preciosos do seu tempo para algo que nenhuma droga é capaz de oferecer: serenidade. Explica com detalhes o que está acontecendo no corpo de Thiago, os motivos de cada medicamento, os passos seguintes do protocolo. Não usa termos técnicos para se proteger — ele traduz. Transforma a linguagem médica em algo compreensível, quase poético. E, ao fazer isso, entrega não apenas informações, mas dignidade a quem ouve.

Wanir, por sua vez, escuta com uma atenção quase religiosa. Às vezes, segura uma caneta e anota. Outras vezes, apenas assente com a cabeça, os olhos marejados, como se aquele gesto fosse a única forma de manter-se em pé.

Donnall percebe tudo — percebe quando ela está prestes a chorar, percebe quando uma informação é demais, quando é hora de falar ou apenas de estar ali. Desenvolve com ela uma espécie de pacto silencioso: ele cuida da ciência, ela cuida da fé. E ambos cuidam de Thiago.

Não é incomum que traga consigo um grupo de *fellows* — médicos jovens de várias partes do mundo que atravessam continentes para aprender com ele. Há rostos do Egito, da Índia, da Alemanha, da Arábia Saudita, do México, de Connecticut. Cada um com seu sotaque, sua bagagem, mas, em comum, uma reverência ao homem que lidera aquela pequena torre de Babel médica. E, quando entram no quarto de Thiago, aprendem outra coisa: que ciência de ponta também pode ser conduzida com afeto. E que o olhar de uma mãe angustiada tem tanto a ensinar quanto um prontuário clínico.

A figura de Donnall Thomas crescerá na memória deles com o passar dos dias — e dos anos. Ele representa o melhor que a medicina pode oferecer: conhecimento sem arrogância, rigor sem frieza, liderança sem distanciamento. Alguém que, mesmo prestes a ganhar o Nobel, nunca deixou de sentar-se na beirada da cama para conversar com uma mãe aflita.

Capítulo 44

EM CARNE VIVA

A infusão da medula não é o problema. O verdadeiro trauma vem depois. Nos dias que se seguem ao transplante, uma sombra toma conta do quarto de Thiago. Uma dor bruta, aguda, persistente. A primeira e mais devastadora complicação é a mucosite — uma inflamação violenta das mucosas do trato digestivo, esperada, mas nem por isso menos cruel.

A boca de Thiago se transforma numa zona de guerra em carne viva. Os lábios se abrem em feridas profundas, a língua fica inchada, coberta de fissuras, e a garganta arde como se estivesse em chamas. Cada tentativa de engolir é um tormento. Ele já não come. Não bebe. Tudo o que o mantém vivo entra pelo cateter: proteína, gordura, eletrólitos, hidratação. Pela boca, apenas dor.

Wanir passa horas ao lado do filho, segura suas mãos pequenas, enxuga o sangue que escorre dos cantos da boca. O gosto metálico do sangue impregna o quarto. A cada engasgo, cada vômito, o cheiro ácido de bile e sangue fresco invade o ar. A bacia roxa dada pelo hospital — a mesma que todos os pacientes usam — torna-se um objeto cotidiano. E, paradoxalmente, uma relíquia. Será levada pelos Rotta, quando voltarem ao Brasil.

Marquinhos, com apenas 5 anos, torna-se um braço silencioso de ajuda. Mesmo mancando por causa das punções, tenta correr quando o irmão dá sinais de náusea. Segura a bacia com firmeza, com a seriedade de quem acredita ser, naquele instante, o único capaz de proteger o irmão. E talvez seja mesmo. Limpa a boca de Thiago com delicadeza, como se soubesse que qualquer gesto brusco seria insuportável. É doloroso ver os dois assim, tão pequenos, tão juntos na dor. Mas ali existe um amor que não pede licença. Um amor visceral, fraterno, que se fortalece no sofrimento compartilhado.

A febre vem como um incêndio: 40 °C. O corpo inteiro treme. Os olhos ficam fundos, os lábios roxos, a pele pálida e suada. Marcus e Wanir enrolam o filho em cobertores aquecidos, retirados de um forno especial. A cadeira de rodas vira seu único meio de locomoção. Cada volta pelo corredor é um esforço conjunto para aliviar os calafrios, para enganar a dor. Marcus empurra a cadeira lentamente, enquanto Wanir mantém os cobertores em torno do corpo de Thiago, tentando, com as próprias mãos, proteger aquilo que a ciência não consegue abrandar.

No corredor, há um congelador com sorvetes de Micostatim, um antifúngico em forma de picolé. É uma tentativa modesta de aliviar a dor na boca. Wanir pega um de cada vez, oferece com um sorriso contido, torcendo para que funcione. Cada pequeno gesto de conforto é uma vitória silenciosa. A escova de dentes usada por Thiago não é uma escova de verdade — é um bastão de espuma, suave como um sopro, embebido em água bicarbonatada. Nenhuma escova comum pode sequer tocar aquelas feridas.

O que ajuda a manter o pequeno um pouco mais tranquilo, em meio à dor, é uma fita cassete enviada por amigos brasileiros. Nela, estão gravadas músicas do Balão Mágico — seu grupo preferido. Quando toca "Superfantástico", os olhos de Thiago brilham como se reconhecessem um velho amigo voltando para brincar. Mesmo quieto, é possível vê-lo cantar por dentro. A fita chega como uma carta de casa, um afago sonoro vindo de um lugar onde ainda existem tardes de brincadeira, sorrisos fáceis e chão conhecido.

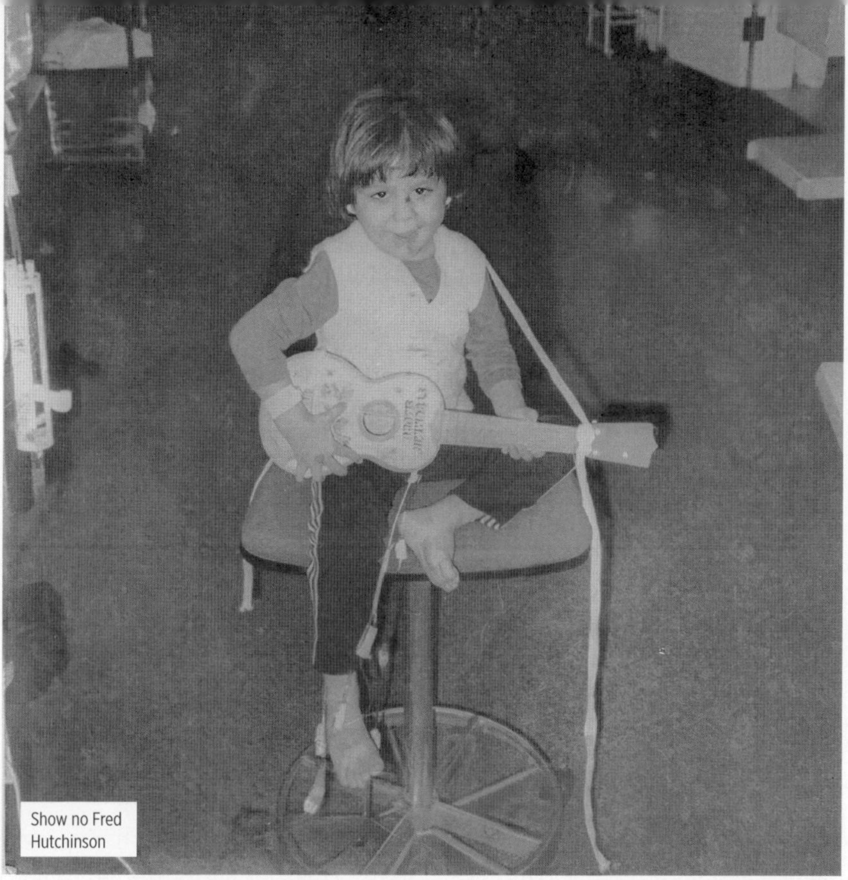

Show no Fred Hutchinson

Ele não pode cantar, mas isso não impede seu corpo de responder. Suas mãozinhas batem levemente no ritmo, como quem regesse uma orquestra invisível. Os pezinhos, cobertos com meias coloridas, dançam discretamente por baixo dos lençóis. É a melodia escapando por onde a voz já não pode sair.

Cada música carrega uma lembrança. Uma do parque perto de casa, outra do aniversário passado, outra de quando dançava com o irmão no meio da sala. Não há festa no quarto do hospital, mas há música. E aquilo basta, por alguns minutos, para amenizar a dor — ou, ao menos, fazê-la ser esquecida.

Do lado técnico, Marcus acompanha tudo como se fosse um operador de voo em missão crítica. Todos os dias, antes mesmo de tomar o café da manhã, a primeira coisa que faz é analisar os exames. Na parede do corredor, há um placar que exibe os resultados atualizados de cada paciente: creatinina, bilirrubina, linfócitos, neutrófilos, plaquetas. Verifica como está o rim, o fígado, tudo — por causa dos riscos envolvidos. Passa os olhos por aqueles números como quem lê o destino.

Num desses dias, ele percebe uma elevação nos linfócitos. Chama um médico, que confirma com cautela:

— É um bom sinal. Normalmente, é o primeiro a subir. Mas o neutrófilo ainda não veio.

Ainda assim, aquele número basta. É a fagulha de esperança de que ele precisa. Coincidentemente — ou não —, é justamente quando os linfócitos dão seu primeiro sinal de renascimento, mais ou menos quinze dias depois do transplante, que a dor começa a recuar. Como se o corpo de Thiago, em chamas até então, recebesse a primeira brisa fresca depois de um incêndio prolongado.

Os vômitos cessam. A boca para de sangrar. Thiago, enfim, consegue esboçar um sorriso tímido. A tempestade começa a passar.

A cama dele, originalmente no centro do quarto, é encostada à janela. Uma pequena rebeldia dos "*crazy Brazilians*", como brincam os enfermeiros, emulando o pessoal do Children's. Porém, há um motivo prático para isso: ali, Wanir consegue deitar-se ao lado do filho com mais facilidade. Thiago não fala — a dor silencia até sua voz. Mas ele se comunica com gestos. Bate com força na cama, exigindo a presença da mãe. Outras vezes, aponta para ela e depois para a cama. E ela se deita ao seu lado, imóvel, abraçada a ele, sentindo sua respiração, ouvindo seus batimentos cardíacos como uma prece. E o pequeno não a deixa sair. Aperta seu braço com força se ela tenta se levantar. É o único alívio que ele aceita: o calor da mãe. Mas a luta está longe de terminar. Ainda há febres. Pavor. Sangue. Ainda há um corpo cansado e uma esperança que não dorme.

Aquela ausência de energia não combina em nada com Thiago, sempre tão falante, barulhento e vibrante. Wanir lembra-se, com um sorriso triste, de uma tarde, séculos atrás, em que ele e Marquinhos resolveram transformar a sala de casa em um grande palco. Sem que ninguém percebesse, levaram todas as panelas da cozinha para o meio do tapete, organizando-as meticulosamente como se fossem a gigantesca bateria do Kiss, a banda preferida dos meninos. Munidos de colheres de pau e espátulas, os dois começaram o espetáculo, batendo freneticamente e com tamanha empolgação, que o som metálico das panelas ecoou pela casa inteira, impossibilitando qualquer conversa. Entre risadas, saltos e gritos desafinados, eles viveram seu momento de estrelas do *rock*. Quando o "*show*" finalmente terminou, com aplausos imaginários da plateia invisível, as panelas jaziam amassadas, riscadas e tortas pelo chão.

Wanir suspira profundamente, sentindo falta daquele caos alegre que, em tempos que parecem muito distantes, preenchia a casa e aquecia o coração da família.

Com o passar dos dias, surge uma nova ameaça: a *graft-versus-host disease* (GVHD)[26]. Uma doença em que a medula transplantada, em vez de apenas se integrar ao organismo, o ataca. É como se o sistema imunológico novo, vindo de Marquinhos, não reconhecesse o corpo de Thiago como seu. Aquela medula é do Marquinhos, não é dele. Então o *graft* fica contra o hospedeiro, que é o Thiago — o que acaba provocando a doença. O fígado incha. A pele fica marcada com pequenas lesões. Vêm a diarreia, a irritação, a exaustão.

Os médicos, no entanto, não parecem alarmados.

— É até bom que tenha um pouco de GVHD — dizem. — É um sinal de que a medula nova está ativa.

Marcus absorve a contradição: o corpo precisa sofrer para aceitar a cura. É como se o amor do irmão chegasse com uma espada na mão — ferindo para proteger, atacando para se instalar.

Para controlar a GVHD, que, em casos mais agudos, pode até matar, Thiago começa a receber medicamentos imunossupressores fortes. Os efeitos colaterais vêm em ondas. Mas os pais aprendem a "surfar". Já não há espaço para desespero. Apenas para vigilância, resiliência e amor. O corpo de Thiago está sendo refeito do zero. É como uma cidade devastada por um bombardeio invisível. Cada célula é um tijolo novo, tentando reconstruir a praça, o telhado, a escola, os corredores onde a vida circula antes da guerra. No entanto, toda reconstrução exige sacrifício. E ele, tão pequeno, já sabe disso.

26 Doença do enxerto contra o hospedeiro (DECH).

Um dia, Marcus comenta com Wanir que, por causa do transplante de medula, Thiago provavelmente não crescerá muito. Ele ainda é muito pequeno, e vários fatores contribuem para esse cenário: quimioterapia, o GVHD, medicamentos, atraso na puberdade — enfim, é quase uma certeza. O que poderá ser feito é dar a ele hormônio de crescimento. Mas antes é preciso verificar se isso será possível, pois há um certo tipo de hormônio que estimula células cancerosas. A mãe ouve atentamente. Num primeiro momento, parece preocupada, mas depois relaxa e conclui:

— O importante é que ele sobreviva.

Capítulo 45

TROCANDO A NOITE PELO DIA

Naquela fase do tratamento, já não há mais rotina possível. O que existe é instinto de sobrevivência. Marcus e Wanir vivem no limite do corpo e da mente, virando noites e enfrentando dias intermináveis em um quarto onde a luta pela vida é a única prioridade.

Thiago vomita quase todas as noites. Não é algo esporádico — é uma constância que exige vigilância. A qualquer momento, o corpo rejeitará o alimento, ou apenas reagirá à própria dor. O frio da madrugada é constantemente desafiado pelo som seco de ânsia, seguido por suspiros de dor e o tilintar metálico da bacia roxa sendo movimentada. Wanir limpa com cuidado os cantos da boca. Marcus corre para repor cobertores, chamar a enfermeira, ajustar o cateter.

E, com o passar dos dias, os pais passam a trocar o ciclo natural da vida. Dormem, ou tentam dormir, durante o dia. E, à noite, se mantêm vigilantes, atentos a cada movimento, a cada gemido, a cada possível sinal de agravamento. Aos poucos, isso começa a interferir na engrenagem milimetricamente organizada do hospital.

Marcus se dá conta quando uma enfermeira, em voz baixa, comenta:

— O senhor poderia estar mais acordado nas visitas médicas. Fica difícil atualizar tudo com precisão quando não conseguimos conversar direito.

Ele apenas balança a cabeça. O que pode responder? Que não há escolha? Que acorda de hora em hora durante a madrugada? Que o desespero não segue turno?

"Quando eu dormia, eu desmaiava", explicará tempos depois. "E a hora em que eles passavam em visita, eu tinha que me levantar com a cabeça latejando. O corpo já nem obedecia mais".

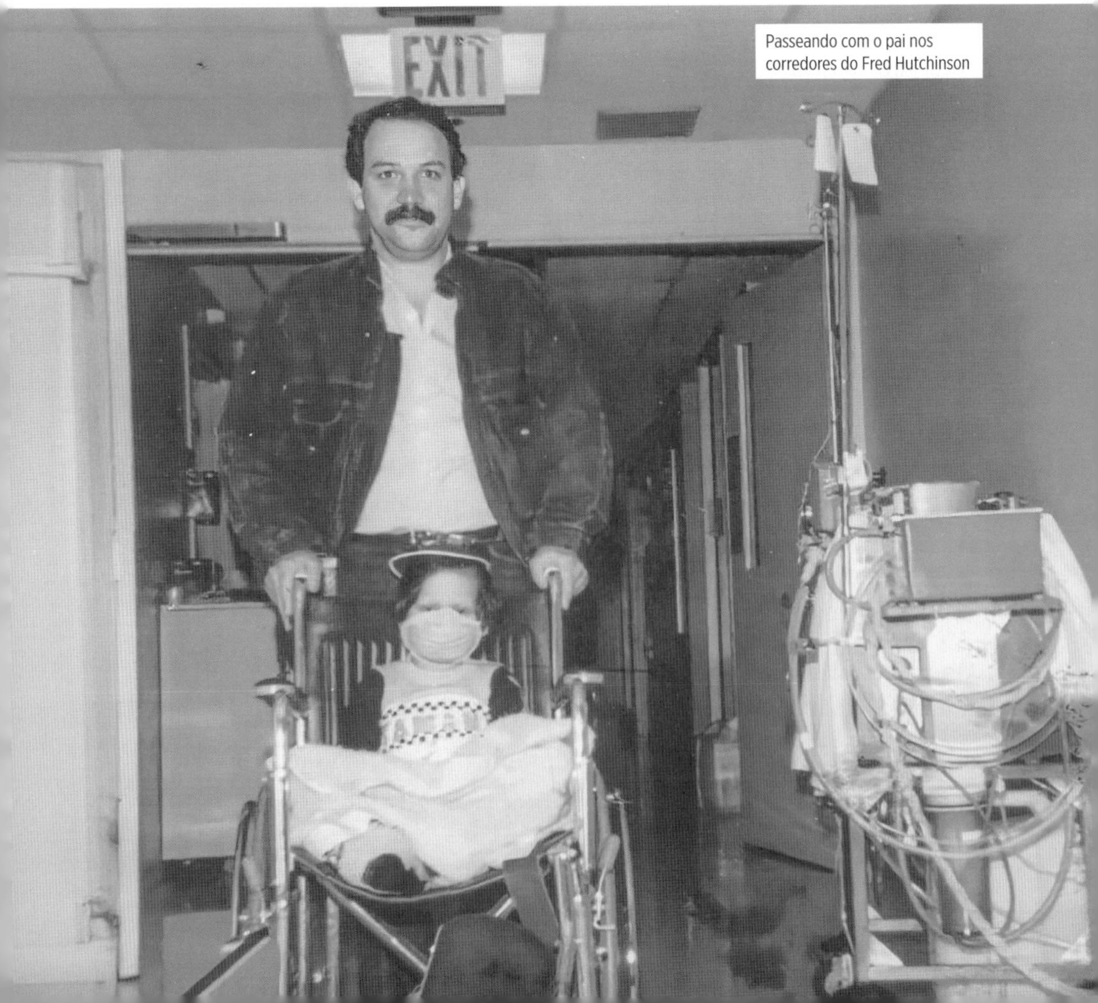

Passeando com o pai nos corredores do Fred Hutchinson

No Fred Hutch, diferentemente do que acontece no Children's, o acolhimento não inclui camas para os acompanhantes. O hospital é um centro de pesquisa e tratamento. Não há espaço para conforto excessivo. A ciência precisa de ordem, mas nem sempre de acolhimento.

Wanir passa as noites deitada ao lado de Thiago na cama hospitalar, segurando sua mão ou apenas encostando o rosto ao seu. Marcus e Marquinhos se revezam em uma poltrona rígida encostada no canto do quarto. Dormem sentados, às vezes, com o queixo encostado no peito, outras vezes com o pescoço torto para o lado, envoltos em um silêncio quebradiço. O esgotamento já é outra camada da dor.

A confusão mental é tanta, que no futuro não conseguirão lembrar como lidavam com as próprias roupas. Quarenta anos depois, a única lembrança de Marcus será a de que ele estava sempre vestido com um blazer de veludo, uma calça de veludo e uma camisa. "Em todas as fotos que nós temos lá dos Estados Unidos, eu estou exatamente com essa mesma roupa", comentará, atônito.

Eles já estão no Fred Hutch desde o começo de novembro. Agora é janeiro. Estão exaustos. A pele do rosto mostra sinais de má circulação, os pés vivem frios. Marquinhos dorme agarrado a um travesseiro pequeno e enrolado em seu cobertor vermelho, como se aquilo fosse o último resquício de familiaridade. Wanir já não sabe mais quando tomou banho com tranquilidade pela última vez. Marcus, antes sempre atento e ativo, agora esquece palavras simples. É o tipo de desgaste que não aparece nos exames. Mas é tão perigoso quanto.

Capítulo 46

A PRIMEIRA TENTATIVA FALHA

Os dias passam como se arrastassem os pés — lentos, pesados, cheios de esperança misturada com apreensão. Wanir e Marcus aguardam, esperando por uma resposta do céu. Cada manhã começa do mesmo jeito: Marcus vai até o placar de resultados, tentando decifrar os exames. Ele já reconhece os números antes de ler as legendas. Sabe que as células brancas devem subir. Que alguma atividade deve estar ali. Mas o que vê é uma planície estática. Sem vida. Silêncio biológico.

Um dia, vem a confirmação que já ronda seus pesadelos. A medula não pegou. A infusão feita com tanto cuidado, com tanta expectativa, falhou. O líquido que escorreu pelo cateter de Hickman carregou a promessa de uma nova chance, mas o corpo de Thiago não a acolheu. Ou não teve tempo para isso. Talvez a batalha interna esteja sendo travada sem que possam ver. Mas a medicina precisa de dados, e os dados são implacáveis.

Marcus sente como se o ar tivesse sido retirado do quarto. Wanir apenas fecha os olhos e respira fundo, tentando conter a vertigem. Não há desespero escandaloso. Não há grito. Apenas um cansaço tão profundo que parece vir das entranhas.

— Vai ter que fazer de novo — diz o médico, com delicadeza, mas também com a objetividade que a situação exige. — A segunda coleta será necessária.

Quando escuta que terá que doar outra vez, Marquinhos não reage. Só pergunta:

— É hoje ou amanhã?

A infância, ali, já aprendeu a contar o tempo de outro jeito. E assim, Marquinhos é novamente preparado para ir ao Swedish Hospital. O mesmo menino que mal entende por que o mundo mudou tão bruscamente, agora volta ao centro cirúrgico para doar, mais uma vez, uma parte de si. Desta vez, porém, algo mais se transforma na rotina de todos: Thiago é transferido para um novo ambiente. Não é apenas uma troca de quarto. É uma mudança de paradigma.

Quando o protocolo do Fred Hutch aceitou o caso de Thiago, uma das primeiras informações compartilhadas com os pais foi que o tratamento faria parte de um estudo clínico. E, como todo estudo randomizado, certas decisões não são tomadas por escolha, mas por sorteio. É a ciência decidindo o que a intuição não pode.

A primeira randomização diz respeito ao tipo de isolamento. Há dois modelos em teste. O mais rígido é conhecido como quarto estéril, apelidado entre os próprios profissionais de "*The Bubble*"[27]. É literalmente uma cápsula de acrílico transparente montada dentro do quarto. Tudo o que está dentro é esterilizado. Nada entra sem passar por rigorosos processos de desinfecção. Os profissionais usam aventais, máscaras e luvas conectadas à estrutura da cápsula. É impossível tocar o paciente diretamente. Instrumentos médicos, como estetoscópio e termômetro, ficam permanentemente dentro da bolha, para evitar qualquer contaminação cruzada.

27 A Bolha.

O segundo modelo, menos extremo, é o quarto regular de isolamento. Ainda exige máscaras, pia para lavagem obrigatória das mãos e uma linha vermelha no chão que delimita quem pode entrar: apenas os pais e a equipe do hospital. É rigoroso, mas permite o toque, a presença. Nele, o contato humano, mesmo que limitado, ainda é possível. Quando Wanir descobre que Thiago foi sorteado para o quarto regular, sente uma onda de alívio que quase a faz chorar. A possibilidade de não poder abraçar o filho, de não poder beijá-lo, de não poder deitar-se ao seu lado, é insuportável.

— Graças a Deus! — sussurra, apertando as mãos no colo. — Eu só queria estar com ele. Só isso.

Mas a randomização do estudo não termina aí. Outra variável está em teste: a necessidade de infusão de leucócitos de doadores durante o processo de recuperação. Como a quimioterapia e a radiação devastam o sistema imunológico, alguns pacientes podem precisar de reforços — leucócitos de um adulto saudável. E, se Thiago for um desses casos, Marcus já se disponibiliza como doador imediato.

O procedimento é simples, mas exige a colocação de um cateter de Hickman, do mesmo tipo que o de Thiago. Na véspera, Marcus passa a noite refletindo, repassando mentalmente o processo, tentando se preparar emocionalmente. No fundo, sente que doar é a única coisa concreta que pode fazer — uma forma de transformar sua impotência em gesto. Há até um certo orgulho discreto na ideia de poder ajudar a salvar o próprio filho com seu sangue.

Na manhã seguinte, ele segue até o Outpatient Clinic para iniciar o processo. Preenche formulários, faz exames, inicia o preparo. Já veste a bata hospitalar, com o braço estendido, quando um médico jovem, de olhos cansados, entra na sala:

— Dr. Rotta, seus leucócitos não serão necessários. A equipe decidiu suspender a coleta. O Thiago está estável por ora. Vamos acompanhar.

Marcus fica parado por alguns segundos, processando. Não sabe se sente alívio ou frustração. Despe-se da bata lentamente, como se deixasse ali um pedaço de sua função como pai. Sai da sala, pega o elevador e, no caminho de volta ao quarto, pensa: "Meu pequeno herói continua lutando".

Capítulo 47

UMA NOVA AMEAÇA

Mas algo está errado. A febre volta. Intensa, persistente. A temperatura sobe apesar dos antitérmicos. E, com ela, vem o inchaço. Marcus percebe primeiro o desconforto abdominal do filho. O abdômen, que antes era macio ao toque, torna-se tenso, distendido, quase como um tambor esticado demais. Thiago geme, encolhe-se ao menor movimento. A morfina é administrada. Mesmo assim, a dor não cede. O diagnóstico preliminar é imediato: abdome agudo. Se isso se confirmar, exigirá cirurgia. Mas há um porém: se abrirem, não haverá mais volta. Ele não resistirá. É uma aposta alta demais. E, como o Fred Hutch não realiza cirurgias pediátricas, a decisão é pela transferência de volta para o Children's Hospital.

Desde o primeiro transplante, Wanir e Marcus se revezam na doação de plaquetas, cada dia um. Justamente neste dia, é a vez de Marcus. É uma quarta-feira, dia de jejum, conforme a promessa que o casal fez desde o início do tratamento. Ninguém o avisa que é preciso se alimentar antes. E o procedimento, longo e exaustivo — mais de quatro horas ali sentado —, começa a levá-lo a um estado alterado de consciência. "Eu estou lá em cima, na máquina, quando começo a ver tudo embaralhado, como um filme de LSD", lembrará depois. "A cabeça girava, as cores dançavam. Pensei: 'como vou ajudar minha família se estou aqui passando mal deste jeito?'".

Enquanto isso, no andar de baixo, o drama se intensifica. Thiago piora. O quadro se agrava tão rápido que os médicos decidem transferi-lo imediatamente para o Children's. Wanir ouve os alarmes, vê a movimentação. Um enfermeiro entra apressado:

— A ambulância está chegando. Precisamos levá-lo agora.

— Mas meu marido está doando sangue lá em cima! — protesta.

A resposta vem fria e objetiva:

— Ele vai depois. Agora não dá tempo.

Wanir hesita. Seu corpo fica parado no meio do corredor por alguns segundos, como que congelada. Ela quer esperar Marcus. Quer que ele esteja ao seu lado naquele momento que cheira a desespero. Olha para os lados, tentando encontrar uma brecha, alguém que diga: "Ok, podemos esperar 2 minutos." Mas não há tempo. Não há espaço para o coração naquele protocolo de emergência.

E assim é. Wanir embarca sozinha com Thiago na ambulância. Segura sua pequena mão gelada com força, como quem tenta segurar a própria alma. O som da sirene parece mais agudo do que nunca, como se rasgasse o céu inteiro. A maca chacoalha a cada curva, e ela, imóvel, luta contra a avalanche de pensamentos. "Será que ele vai resistir? Será que Marcus vai conseguir chegar a tempo? Será que este é o começo do fim?".

A sirene quebra o silêncio da cidade como um martelo. Wanir olha pela janela, vendo as ruas molhadas de Seattle se desenrolarem como um filme de suspense. Na maca ao lado, Thiago dorme, ou desmaia — é difícil saber. Sua respiração é curta e seu corpo parece ainda menor sob o cobertor fino.

Enquanto isso, no Fred Hutch, Marcus desce, cambaleante, sem fazer ideia do que aconteceu na sua ausência. Ao se dar conta de que Wanir e Thiago partiram sem ele, é tomado por um impulso. Mesmo com a confusão mental que experimenta, sai correndo, sem saber ao certo como. Ele nunca se lembrará de como chegou ao Children's. Não lembrará se alguém o levou, se pegou um táxi, se correu desesperadamente pela rua. Só se lembrará de entrar no quarto e ver o cirurgião debruçado sobre o pequeno corpo do filho, examinando a barriga inchada com uma expressão de legítima preocupação.

Ao encontrar novamente o olhar de Marcus, Wanir mais uma vez suspira aliviada — mesmo que a palavra "alívio" dificilmente descreva o sentimento que paira naquele quarto. E logo percebe que ele não está em seu estado natural. Pensa que aquele descompasso é em função do estresse gerado pela piora do filho. Como sinal de apoio e carinho, tenta confortá-lo, segurando sua mão e dizendo baixinho em seu ouvido:

— Calma, meu amor. Eu estou aqui.

Marcus dá um sorriso pálido e beija delicadamente o rosto de Wanir. Ainda um pouco grogue, ele não consegue evitar o sentimento de culpa por não estar presente em um momento crítico pela segunda vez. Mesmo consciente de que não é sua culpa, sente, no fundo da alma, a sensação excruciante de frustração — a incapacidade de cuidar da própria família. Ainda de mãos dadas com a esposa, tenta espantar os maus pensamentos para se concentrar no que verdadeiramente importa naquele momento: certificar-se de que o quarto aniversário de Thiago aconteça. E, mais que isso: que não seja o último.

Capítulo 48

NÃO VAI ABRIR

Ainda com o coração em disparada e as pernas trêmulas pela doação de plaquetas em jejum, Marcus se aproxima da cama de Thiago, na qual enfermeiros andam apressados e um médico, debruçado sobre o pequeno corpo, está pronto para intervir.

— Temos que abrir — diz o cirurgião, com voz firme, já preparando os instrumentos.

Marcus, ofegante, ergue o olhar e responde com convicção:

— Não tem que abrir, não. Isso não é abdômen agudo. Isso é V.O.D., *veno-occlusive disease*[28] — afirma, com uma certeza mais baseada em esperança do que em ciência, misturando instinto clínico com fé de pai.

O médico para, confuso. Encara-o por um segundo.

— A quimioterapia intensa causa fibrose nas veias do fígado. O sangue não circula direito, o fígado incha, o abdômen distende. É isso

28 Doença veno-oclusiva.

que está acontecendo com o meu filho. Não é uma obstrução intestinal. O que vocês precisam fazer é uma punção — completa Marcus.

Há uma hesitação visível. O cirurgião franze a testa, olha para os exames, consulta rapidamente um colega ao lado. Finalmente, assente. Marcus, por ser neurocirurgião, é muito respeitado pelos colegas americanos.

— Vamos tentar a punção — declara.

Quando o médico fica de costas para o casal, se preparando para o procedimento, eles notam que seu jaleco é bastante apropriado para um hospital infantil, com um palhaço desenhado nas costas — o que contrasta com a seriedade do momento. E, como o principal motivo dos desenhos de Thiago são palhaços, aquela imagem, mais uma vez, é compreendida pelos pais como um sinal de que tudo vai dar certo.

Thiago está deitado, imóvel, olhos arregalados. Wanir vai até ele e segura sua mão. Marcus se mantém ao lado, pousando a mão no ombro da esposa, observando cada movimento. A agulha atravessa a pele com precisão. Há um instante de suspense e, então, o líquido começa a sair: claro. Sem traços de infecção. O médico, com sorriso nos lábios, olha para Marcus para confirmar que ele tinha razão, mas não encontra seus olhos, porque, naquele momento, o pai aliviado está com a cabeça virada para cima, como quem agradece por ter suas preces atendidas — pelo menos daquela vez.

— O senhor tinha razão, Dr. Rotta. É V.O.D. Não precisa operar — diz o médico, esvaindo a tensão do ambiente.

Marcus aperta o ombro de Wanir, que, com olhos à beira do pranto, solta o ar preso há tempos nos pulmões. É mais uma batalha vencida, mais um milagre arrancado à força do desespero. "Nós estávamos exaustos", lembrará Wanir tempos depois. "Era uma verdadeira montanha-russa de emoções. Toda hora acontecia uma coisa assim. O Thiago piorava, a gente ficava desesperado, e depois ele melhorava, nos dando alívio. Meu Deus, que provação nós passamos!"

Capítulo 49

TROCANDO OS NOMES

Sete dias depois, a estabilização permite que retornem ao Fred Hutch. Mas a saída do Children's não acontece sem resistência. Enfermeiras e médicos, já afetivamente ligados à família, suplicam:

— Não vai, doutor. Não vai. Fiquem aqui. Lá eles são doidos! Eles vão matar vocês lá! — fala uma enfermeira, exagerando nos argumentos. — Aqui a gente cuida dele. Ele está melhorando. Fiquem conosco!

Uma enfermeira até abraça Wanir às lágrimas, apertando-a como quem se despede de um parente querido. Mas não há escolha. O protocolo é claro. A recuperação exige o retorno ao centro de transplante. E assim eles fazem.

Quando chegam ao Fred Hutch, algo parece diferente. São alocados em um quarto maior, mais confortável, como se o universo tentasse, timidamente, compensar tanta dor.

Naquele mesmo dia, depois de receber uma dose de morfina para aplacar a dor, Thiago, entre risos e olhos semicerrados, olha para os pais e declara:

— Agora eu sou o Marquinhos. E o Marquinhos é o Thiago.

Wanir olha para Marcus com uma expressão que mistura ternura e espanto. Marquinhos, ao lado, fica paralisado por um instante. Depois sorri, sem saber exatamente o que responder. Thiago insiste:

— Vamos trocar, Marquinhos? Só por um tempo. Você fica deitado aqui, e eu vou brincar no seu lugar. Pode ser?

Marquinhos hesita. Olha para os pais, depois para o irmão. Está confuso, mas também acha engraçado aquele pedido inesperado. A troca simbólica parece fazer sentido, mesmo sem entender completamente por quê.

— Tá bom, mano — responde baixinho. — Mas só um pouco, tá?

Thiago sorri satisfeito.

— Combinado! — diz, com um brilho maroto nos olhos, como quem faz um grande negócio.

Em seguida, ele fica olhando para cima, para o nada, refletindo sobre o negócio que acabara de fechar. Pensamento concluído, olha para o irmão e declara:

— Não quero mais trocar. Thiago é muito mais bonito.

Os pais riem. É um momento de leveza rara, um respiro em meio à tempestade. Marquinhos dá um sorriso meio desajeitado, já que o irmão, ao mesmo tempo que "devolve" seu nome, o desvaloriza.

Neste momento, Wanir se dá conta de uma coisa que acontece de forma aleatória, mas que representa, mais uma vez, que Thiago é diferente. De todos os filhos, é o único que tem um nome simples. Os outros três têm nome composto: Marcus Alexandre, Maria Letícia e Luis Felipe. Está cada vez mais claro para ela que Thiago não veio ao mundo por acaso. Há algo nele que ainda escapa à razão — mas que um dia será compreendido.

Capítulo 50

NA CADEIRA DO DENTISTA

Depois da melhora repentina, da troca simbólica de nomes e das risadas trazidas pela morfina, Thiago parece ter reencontrado um respiro de leveza. Contudo, o alívio, como quase tudo naquela jornada, dura pouco. Certa noite, ainda sob os efeitos de um tratamento devastador, ele acorda contorcendo-se de dor. Aperta o rosto com as mãozinhas pequenas, gagueja algo que os pais demoram a entender.

— Dói aqui, mamãe...

Wanir se aproxima, tentando examiná-lo como pode, mas basta encostar para que ele se retraia em dor. Marcus se levanta da poltrona num pulo. Aquele menino já enfrentou quimioterapia, radioterapia, mucosite, febres incessantes. Agora, uma dor de dente o faz tremer. Uma dor simples, comum, mas que neles ressoa como mais um aviso: ainda não terminou.

A equipe médica é chamada. Depois de uma avaliação preliminar, o mistério se desfaz: é dor de dente, provavelmente uma cárie. Fica decidido que ele precisa de atendimento especializado. O Fred Hutch não tem serviço odontológico e, mais uma vez, preparam tudo para uma nova transferência. Ambulância, documentos, consentimentos, recomendações. Wanir, acostumada aos sustos, engole seco. Marcus tenta manter a calma.

A ambulância chega no meio da madrugada, ilumina a calçada silenciosa do hospital com os faróis amarelados. Thiago é acomodado com cuidado, cercado de cobertores aquecidos, como se o preparassem para uma grande viagem. Wanir vai com ele. Marcus fica para trás, com Marquinhos, que dorme leve como se nunca tivesse conhecido o peso do mundo.

Atravessam a cidade vazia de Seattle rumo ao *University Hospital*[29]. O trajeto parece mais longo do que realmente é. Wanir não tira os olhos do filho. Há no olhar dela uma mistura de impotência, esperança e exaustão. O coração quer gritar, mas já não tem força nem para o desespero.

No hospital, são recebidos com um misto de urgência e acolhimento. Thiago é levado direto para a sala de atendimento. A dentista, uma mulher de semblante tranquilo e experiente, conversa com a equipe de enfermagem, lê os relatórios, mas sabe que aquele não é um paciente comum. De fato, o Fred Hutch tem um acordo com o University, e é para lá que envia todos os seus casos odontológicos.

— Vamos com muito cuidado, ok? Nada de barulho, nada de sustos. E deixem que ele me veja o tempo todo — determina a dentista.

Thiago, deitado, respira com dificuldade. Porém, quando vê a dentista colocar uma máscara com desenho de urso, solta um risinho abafado. É pouco, mas é tudo. A anestesia é local, suficiente para aliviar a dor sem comprometer seu sistema já tão fragilizado. A dentista trabalha com precisão, quase como uma artesã, restaurando algo delicado e precioso. A dor é aliviada. O sorriso, aos poucos, retorna.

Thiago, apesar da fragilidade de seu corpo, carrega uma energia difícil de conter. É um anjo, mas às vezes fica endiabrado, num grau quase cômico. Neste dia em que vai ao consultório odontológico para

29 Hospital Universitário.

tratar um dente e recebe anestesia, atinge o ápice. A dentista provavelmente usa adrenalina na composição. É como ligar uma tomada invisível no menino.

Quando voltam para o quarto no Children's, ele parece inflar. Tira a roupa, fica pelado e começa a correr por todo lado, pulando nas cadeiras como se tivesse engolido uma mola, girando em círculos, gargalhando alto — a cama agora é um trampolim. Seus olhos brilham com uma luz selvagem e inocente ao mesmo tempo.

Todos ali ficam atônitos, entre o riso e o desespero. Marcus, sem saber se o contém ou se registra aquele momento surreal, opta por tirar uma foto. Na imagem, Thiago aparece com os braços abertos como um avião, o corpo nu e o espírito livre, num raro instante de absoluto esquecimento da realidade ao redor. Por alguns minutos, o hospital deixou de existir. Apenas a criança pulsa ali, no centro de tudo, puro movimento e alegria. É a gargalhada de um menino pelado que invade aquele quarto como um raio de sol numa sala sem janelas. É o corpo dizendo: "ainda estou aqui".

Capítulo 51

O SEGUNDO TRANSPLANTE

A esperança, que antes parecia escorrer por entre os dedos, agora precisa de uma nova chance. Depois da frustração da primeira infusão, não há alternativa senão tentar de novo. Marcus leva Marquinhos pela segunda vez ao Swedish Hospital, onde o menino passa por mais uma doação de medula. Ao contrário do que se poderia esperar de uma criança de apenas 5 anos, Marquinhos está tranquilo. Caminha com os pés miúdos e firmes. De alguma forma, ele sabe que carrega nas costas a responsabilidade de uma vida.

O procedimento é o mesmo: sob anestesia geral, os médicos realizam múltiplas punções no osso ilíaco, a bacia, para coletar as células-tronco necessárias. A agulha é grande, invasiva, crava-se fundo no osso — um tipo de dor que o corpo, mesmo inconsciente, leva tempo para esquecer. No entanto, Marquinhos, ao acordar, não reclama. Manca, sim, mas não com sofrimento. Há um certo orgulho discreto em seus gestos. Pela primeira vez, o cuidado se volta a ele. Banhos de banheira, massagens com álcool iodado, palavras doces, olhos atentos. Recebe o carinho que, por tanto tempo, vê reservado apenas ao irmão.

Para Wanir, esse momento também se revela um despertar. Ela percebe o quanto o filho mais velho precisa, tanto quanto Thiago, de cuidado e atenção. E ali está ele, um menino valente, sentindo--se finalmente visto. É como se aquele incômodo físico se tornasse também uma ponte emocional. Pela dor, vem o acolhimento. Pela doação, o reconhecimento.

Enquanto isso, no Fred Hutch, os médicos decidem: Thiago precisará, desta vez, entrar na bolha — aquele ambiente de isolamento absoluto. Para isso, o preparo será rigoroso. O corpo do menino passa por um processo de descontaminação total, como se fosse embarcar em uma missão interplanetária. Realizam culturas em cada centímetro de seu corpo: *swab* anal, oral, auricular, ocular, da pele, do umbigo. Qualquer bactéria precisa ser identificada e eliminada antes que ele possa adentrar o espaço estéril.

Marcus, com seu olhar clínico, desconfia que há algo escondido no corpo do filho. Uma infecção subclínica, talvez — silenciosa e invisível aos exames. Algo que pode ter impedido a absorção da primeira medula. Por isso, desta vez, a cautela é máxima.

E, então, a segunda infusão é feita. No dia seguinte, um pequeno milagre: os exames começam a mostrar sinais de enxertia: linfócitos. Um indício tímido, mas promissor, de que a nova medula está se instalando. Marcus, racional, quer crer na ciência. Mas Wanir, com pupilas encharcadas de silêncio, acredita em outra força.

— Foi a santinha — diz ela, firme, segurando o terço com as mãos. — Nossa Senhora das Graças cuidou dele.

De alguma forma, tudo parece mudar. Thiago começa a melhorar visivelmente. Volta a sorrir, a brincar. As dores diminuem. A cor retorna às bochechas. Voltam os passeios de cadeira de rodas pelos corredores. Ele empina as rodas, aposta corrida, ri alto. É como se a vida voltasse a circular por aquele corpo pequeno e valente.

O hospital inteiro os observa. Alguns, com admiração. Outros, com estranhamento. Mas ninguém ousa interromper aquela festa. "*The crazy Brazilians*". Mesmo o Dr. Thomas, meticuloso e contido, não consegue evitar um sorriso ao ver a algazarra tropical passar em frente ao seu escritório: Marcus empurrando a cadeira, Thiago rindo com os braços abertos, Wanir aplaudindo. O absurdo daquilo tudo é, na verdade, o mais puro sentido da esperança. Porque Thiago está vivo. E, onde há vida, há festa.

Capítulo 52

ATRÁS DA LINHA VERMELHA

O tempo passa como quem pisa em cacos de vidro: com cautela, dor e esperança frágil. Mas uma data importante se aproxima. Em 15 de fevereiro, Thiago completa 4 anos. A coincidência cruel — ou talvez simbólica — é que essa data, anos depois, se tornará o Dia Mundial do Câncer Infantil. Para Marcus e Wanir, essa conexão se cravará como cicatriz viva.

A linha vermelha no chão do quarto continua a delimitar o mundo: dentro, o isolamento; fora, a esperança. E é fora dela que decidem fazer a festa. Não pode ser diferente. Thiago não pode ter contato com ninguém, uma vez que, há alguns dias, apresenta uma febre, então tudo é preparado do lado de fora, quase como uma peça de teatro montada para um só espectador.

Uma jovem evangélica, voluntária incansável do hospital, aparece com um sorriso largo e uma sacola carregada de afeto. Traz bolo, docinhos, balões e chapeuzinhos coloridos. Arrumam uma pequena mesa no corredor, bem em frente à porta de vidro. Enfermeiras passam, algumas se emocionam, outras riem tentando manter a leveza. Thiago, do outro lado da linha vermelha, assiste a tudo do leito. Mas ele não está alegre. Nem os pais. A febre intensa e persistente castiga aquele pequeno corpo já tão combalido.

Feliz aniversário, Thiago!

Já faz dois dias que a temperatura oscila perigosamente, e o corpo dele, ainda fragilizado, começa a mostrar sinais de esgotamento. Wanir e Marcus estão inquietos; os olhos sempre grudados no monitor, atentos a qualquer variação, por menor que seja. Aquela febre parece fora de lugar, não encaixa no padrão esperado. E, quando algo foge do padrão, a angústia se instala.

No mesmo dia, o Dr. Thomas entra no quarto com seu séquito de *fellows*. É um cortejo quase solene. Tem gente de todas as partes do mundo: um com turbante que parece vindo do Egito, outro de olhar penetrante e barba cerrada que parece ter saído de um hospital em Teerã, um com os traços suaves do Sudeste Asiático e, entre eles, um americano de Connecticut que chama atenção não pela fala, mas pelo andar. É o Dr. Pato. O apelido foi dado por Marquinhos, que observa tudo com o olhar arguto de quem cresceu rápido demais. Ele diz que o médico anda como um pato: com os pés descomunais, pisando pesado e torto nos corredores estéreis do hospital. Mas, apesar do apelido, Dr. Pato é um profissional respeitado. E, hoje, é ele quem quebra o silêncio da comitiva:

— Dr. Thomas, esse paciente está com adenovírus. A febre é viral — afirma com segurança, cruzando os braços como quem encerra uma questão.

Marcus franze a testa. Não está convencido. Levanta-se. Respira fundo. Sabe que está prestes a desafiar não só o parecer de um *fellow*, mas a autoridade silenciosa daquele ambiente hierárquico.

— Dr. Thomas — diz, direto, sem rodeios — ele não está com adenovírus. Isso não é viral. É uma infecção bacteriana. Eu vi a cultura, o senhor viu também hoje cedo. Ela deu negativa para vírus.

O ambiente gela por um instante. O grupo se entreolha. É raro um pai intervir assim. Ainda mais diante de Donnall Thomas.

— Você tem certeza? — pergunta o médico, com aquela voz de quem mede cada palavra como uma dose precisa de morfina.

Marcus assente, com firmeza. Não há espaço para dúvidas.

— Tenho certeza. E eu gostaria que o senhor começasse o antibiótico hoje.

Thomas o encara por um segundo a mais do que o necessário. Depois, faz um leve gesto com a cabeça. Vira-se para um dos *fellows* e ordena:

— Iniciar tratamento com antibiótico de amplo espectro.

Dois dias depois, a febre cede. E, como um milagre cotidiano, Thiago tem alta.

Capítulo 53

A ALTA

Dois dias após seu quarto aniversário, em 17 de fevereiro, Thiago recebe alta do Fred Hutch. O quarto que antes servia de abrigo provisório, testemunha silenciosa de risos tênues e gemidos contidos, agora é deixado para trás com a promessa de uma nova etapa. Há ainda um longo caminho pela frente — as consultas diárias na Outpatient Clinic, o controle rigoroso dos exames, a vigilância constante contra qualquer sinal de rejeição. Mas, naquele momento, a sensação é de renascimento.

A contagem começa: cem dias. Cem dias que se tornam a nova linha de chegada. Cem dias em que cada hora carrega a esperança de que a nova medula finque raízes, silenciosa e obediente, no solo frágil daquele pequeno corpo tão castigado. Se nada acontecer nestes cem dias, o passo seguinte será a volta ao Brasil. A volta para casa.

No hospital, o ritual da despedida é quase sagrado. Quando um paciente recebe alta, é celebrado como herói. As enfermeiras preparam um carrinho decorado — às vezes, com balões; outras vezes, com flores ou brinquedos coloridos. Passam por todos os quartos, levando o paciente pelos corredores, acenando para outros guerreiros, pequenos e grandes, ainda em batalha. É mais que uma despedida, é uma mensagem. Um lembrete de que a vitória é possível, que o fim da luta existe, mesmo que distante.

Naquele dia, é a vez de Thiago. Sentado em seu carrinho, com a máscara no rosto e os olhos brilhando por trás dela, ele acena tímido para os outros pacientes. Wanir caminha ao lado, aperta forte a mão dele. Marcus segue atrás, tentando conter o choro que insiste em escapar. Não é apenas um passeio. É uma travessia simbólica. É como se saíssem de uma zona de guerra e entrassem, enfim, no território da esperança.

Para Marcus, aquele momento não é somente o fim de uma internação. É o colapso de uma fortaleza que ele vinha erguendo dentro de si desde o diagnóstico. Sempre técnico, sempre firme, ele se obrigara a vestir a armadura do médico, mesmo quando o coração lhe pedia para ser apenas pai. Mas agora, empurrando o carrinho decorado pelos corredores do Fred Hutch, sente essa armadura rachar. A cada passo, lembra das noites em claro, das decisões difíceis, dos olhares trocados em silêncio com Wanir.

— Ele está vivo — repete para si, tentando transformar a frase num mantra.

E, mesmo com a visão embaçada pela emoção, carrega no peito uma paz que há muito não experimentava — a paz de quem sabe que, pelo menos por hoje, venceu.

Após a cerimônia, são encaminhados para a Monticello House, um lugar de transição onde pacientes e famílias podem permanecer enquanto seguem o acompanhamento externo. A casa, apesar de discreta, parece um oásis depois do deserto hospitalar. O cheiro de madeira encerada mistura-se ao aroma de pão torrado vindo da cozinha compartilhada, onde outras famílias também tentam reinventar a rotina. As janelas amplas deixam a luz do inverno entrar em feixes suaves, desenhando no chão padrões que mudam ao longo do dia — como se o tempo, finalmente, voltasse a correr em seu ritmo natural.

O quarto da família tem armários pequenos, uma cômoda gasta, cortinas floridas e um carpete limpo, mas antigo. É pouco..., e também é muito. Pela primeira vez em meses, podem escutar os sons de uma casa viva: passos no corredor, uma criança brincando no quarto ao lado, o tilintar de louças no café da manhã. Para Marcus e Wanir, isso é quase música. E é ali que o primeiro incidente doméstico acontece.

Thiago, empolgado com a banheira grande e cheia de espuma, quer brincar. Mas o corpo ainda em recuperação não obedece como de costume — ele começou a tomar antibióticos dois dias antes da alta e precisa continuar tomando por algum tempo. No meio do banho, sem conseguir controlar os esfíncteres, faz cocô na água. Chora desconsolado, como se tivesse quebrado uma regra sagrada, como se todo o esforço feito até ali fosse em vão por causa daquele pequeno acidente. Wanir entra rápido no banheiro e o encontra encolhido, envergonhado.

— Calma, filho — diz ela, abaixando-se até ele. — Isso é normal, é assim mesmo. Tá tudo certo.

Com a doçura que só as mães conhecem, ela o leva até o chuveiro, limpa-o com cuidado e o envolve em uma toalha quente, transformando o vexame em mais um momento de afeto. A vida está voltando e, com ela, seus pequenos imprevistos.

Com o passar dos dias, a rotina começa a se estabilizar. As consultas seguem, as medicações continuam, mas agora há janelas com vista para a rua, luz entrando pela cortina e até um telefone para ligar para o Brasil. E é o que fazem. Thiago, com a voz ainda rouca e a energia borbulhante, fala com os irmãos. Conta que está bem, que voltou a brincar, que não dói mais tanto. É a primeira vez, em muito tempo, que a distância entre os irmãos parece menor.

Pouco depois, Bonnie, que conheceram quando chegaram a Seattle, e seu namorado, Jesse Ormie, oferecem um presente inesperado. Ele se muda para a casa dela e cede a própria residência e o carro para os Rotta, pelo tempo que for necessário. É um gesto de generosidade extrema, daqueles que nascem do espanto que certas histórias provocam — histórias como a de Thiago, que cruzam continentes e desarmam defesas.

Na nova casa, Thiago volta a ser criança. Ainda usa máscara, mas isso não parece limitá-lo. A máscara é só mais um acessório, como um boné ou um cachecol. O corpo ainda pede descanso, porém o espírito está desperto, incansável, vibrante.

Duas semanas depois da alta, Greg, o marido de Nancy — a aeromoça da American Airlines que se encantou com Thiago —, aparece com uma proposta inesperada. Convida a família para passar um dia em sua casa, às margens do lago Sammamish, a cerca de 13 quilômetros de Seattle. Era para ser apenas um passeio, mas acaba se revelando um momento de respiro essencial. Greg vem buscá-los com seu carro. É uma manhã clara, e Thiago está animado no banco de trás, usando máscara, boné e com o olhar atento de quem sabe que vai ver algo novo.

O trajeto é curto, mas cheio de emoção. O lago, cercado por árvores altas e casas de madeira com varandas largas, parece saído de um cartão-postal. A casa de Greg é acolhedora, construída em tons claros, com janelas grandes e móveis que parecem ter sido feitos para a contemplação. Lá dentro, a lareira já está acesa, e Nancy prepara chocolate quente enquanto Greg ajuda Marcus a tirar os casacos das crianças.

Thiago corre pela casa como quem redescobre o mundo. Vai até o quintal, onde há um pequeno deque de madeira que avança sobre o lago. Fica parado ali, olhando a água imóvel, e solta uma frase que desarma a todos:

— É mais bonito que no desenho animado.

Marquinhos logo se junta a ele, e os dois começam a jogar pedrinhas na água, rindo a cada círculo que se forma.

Mais tarde, Greg convida os meninos para andar de canoa. Com colete salva-vida preso ao corpo e a máscara bem ajustada ao rosto, Thiago sobe na embarcação com a leveza de quem já não carrega o peso dos últimos meses. Marcus e Wanir observam à distância, com lágrimas entaladas no limite das pálpebras e as mãos entrelaçadas. Pela primeira vez, desde a internação, observam o filho em silêncio — não de dor, mas de paz.

O dia termina com um piquenique improvisado no deque, cobertores estendidos no chão e uma promessa feita por Greg:

— Quando tudo isso passar, vocês voltam aqui. Mas, da próxima vez, para nadar no lago.

Thiago sorri, Marquinhos levanta os braços em comemoração, e Marcus, com a voz embargada, responde:

— Vamos, sim. Pode esperar.

Naquele instante, o lago devolve ao mundo um reflexo que há muito tempo não se via: uma família inteira, respirando esperança.

No Natal, mesmo depois de tantos meses de hospital, de tubos, cateteres, dores e privações, aquele garotinho de 4 anos dá nova prova de sua essência. A família vai passar a ceia na casa de Silvia, a amiga brasileira que se torna parte do clã. Marcus compra dois carrinhos de controle remoto, uma novidade para crianças brasileiras. Quando abrem os pacotes, descobrem que o carrinho de Marquinhos não funciona. Thiago, sem hesitar, entrega o seu ao irmão.

— Pode ficar com o meu.

Ninguém precisa pedir. Ninguém precisa explicar. É como se ele compreendesse, intuitivamente, que o amor se manifesta nas pequenas decisões. Mesmo sendo um gesto comum ocorrido outras vezes, nesse momento, pode também ser considerado uma forma de agradecimento pelo que o irmão fez por ele. Wanir olha para Marcus e sussurra:

— É por isso que ele está aqui. Por causa disso. Porque, mesmo depois de tudo, ele ainda escolhe dar.

Thiago continua o mesmo menino que encanta a todos com sua simplicidade. Aquele que não pede brinquedos caros, que não faz exigências. Que só quer estar perto, brincar, viver. E que agora, finalmente, pode. A luta, porém, ainda não terminou. Mas há dias em que ela parece, ao menos, suspensa. E, nesse dezembro frio de Seattle, a família sente, pela primeira vez em muito tempo, o calor de um lar.

Capítulo 54

AMERICAN WAY OF LIFE

A adaptação à nova cultura também traz pequenas surpresas — e, às vezes, algum constrangimento. Certa manhã, antes de se mudarem definitivamente para a casa de Jesse, ele leva Marcus para dar uma volta com o carro que vai emprestar à família. É uma espécie de *test-drive* da gratidão. Marcus, educado e solícito, aceita com entusiasmo. Nunca tinha dirigido um carro com câmbio automático, e o americano achou prudente que ele desse umas voltas antes de assumir o volante em definitivo.

A maior parte do trajeto transcorre sem incidentes, apesar de alguns solavancos quando Marcus, por reflexo, pisa com força no freio como se fosse acionar a embreagem — reação natural de quem sempre dirigiu um carro com câmbio manual, mas nada que comprometesse o passeio. Esse descompasso com o freio do carro faz Marcus lembrar de mais uma travessura de Thiago e Marquinhos. Quando voltavam do clube de campo por causa da febre de Thiago, meses antes, toda vez que Marcus pisava no freio, um barulho estranho emanava das rodas da Caravan novinha em folha. Quando o carro foi levado ao mecânico, o mistério foi revelado: o piso do estacionamento do clube de campo era feito de pequenas pedras, para evitar a formação de lama durante as chuvas. Quando o mecânico retirou as rodas da Caravan, encontrou várias dessas pedras. Os pequenos terroristas as haviam colocado dentro das rodas, apenas como uma brincadeira — sem ideia das consequências. Marcus ri sozinho, e o americano olha para ele sem entender a razão daquilo. Mesmo assim, sorri também.

O clima muda quando Marcus avista uma vaga entre dois carros na rua e decide, com naturalidade, realizar uma baliza. Sinaliza, para paralelamente ao carro da frente, engata a ré com precisão e inicia o movimento com serenidade. O americano, ao lado, arregala os olhos em pânico. Sua voz explode na cabine:

— *What's that?!*[30]

Marcus pisa no freio com um susto, e as cabeças pendem para trás, batendo com força no encosto dos bancos. Vira-se confuso e diz:

— Ué, o que eu fiz de errado? Estou só estacionando...

— Nós não fazemos isso aqui. Não estacionamos dando ré — responde o americano, como se tivesse testemunhado um atentado à ordem civilizacional. — Sempre entramos na vaga com a frente do carro.

Com um sorriso meio amarelo nos lábios, Marcus engata a primeira e decide não estacionar. E Jesse tem um pensamento que, sem saber, não é nada original:

— *Crazy Brazilians!*

É naquele momento que Marcus aprende, entre a surpresa e o embaraço, que o *american way of life* também inclui uma espécie de aversão cultural à marcha à ré. Estacionar de frente, como quem se apresenta ao mundo sem hesitação, parece uma metáfora do modo de vida local. Ele ri por dentro. Talvez seja isso mesmo: o brasileiro, acostumado a contornar, a improvisar, a espiar primeiro, faz baliza. O americano, direto e pragmático, simplesmente avança.

30 "O que é isso?"

A casa de Jesse é ampla e silenciosa, cercada por árvores que bailam suavemente com o vento da primavera. É um sobrado de madeira clara, com janelas amplas e molduras brancas que contrastam com a fachada bege suave. Localizada em uma rua tranquila e arborizada do bairro de Magnolia, exala um charme discreto, com seu telhado de duas águas e uma pequena varanda frontal decorada com vasos de cerâmica esmaltada e uma cadeira de balanço. Do lado de fora, o jardim impecavelmente aparado parece sempre recém-cortado.

Ao entrar, a primeira sensação é de calor e serenidade. O piso de madeira polida acompanha toda a extensão da casa, refletindo a luz natural que entra generosa pelas janelas do térreo. Na sala de estar, um sofá de tecido cinza-escuro com almofadas floridas forma um L em torno de uma mesa de centro rústica, feita de madeira maciça. Perto dali, a lareira de pedra serve como moldura para porta-retratos, livros e velas aromáticas.

Marquinhos e Thiago na casa de Jesse

A cozinha se integra com a sala de jantar por meio de um balcão de granito escuro. É moderna e bem equipada, com armários brancos, uma geladeira grande e eletrodomésticos que parecem saídos de um catálogo. O micro-ondas embutido, com painel digital cheio de botões, não é mais um mistério para Wanir.

A escada de madeira leva ao andar superior, onde ficam os quartos. O de casal, espaçoso, tem uma cama *king-size* com edredom de penas e cortinas longas que dançam ao menor sopro de vento vindo do jardim. Um banheiro suíte, revestido de azulejos claros e mármore, completa o espaço. O quarto dos meninos, ao lado, é mais simples, mas repleto de pequenos encantos. Bonnie decorou com bichos de pelúcia, livros infantis numa prateleira, um globo terrestre e até um pequeno aquário desativado, que virou casa de brinquedos improvisados.

Nos fundos, um *deck* de madeira se abre para o quintal, onde há uma mesa redonda com guarda-sol e quatro cadeiras em torno dela, além de uma churrasqueira portátil que Jesse usa nos fins de semana. Ali, sob as copas das árvores e com o cheiro de grama fresca no ar, a família Rotta, por alguns dias, experimenta o que parece ser uma vida comum. Uma pausa. Um alívio. Um breve retorno à normalidade.

Logo nos primeiros dias, Marcus decide retribuir de alguma forma o gesto generoso de Jesse ao oferecer sua própria casa à família.

— Acho que vou cortar a grama — diz à Wanir, com a energia de quem precisa se sentir útil. — Além de tudo, faço um pouco de exercício.

Veste uma camiseta velha e um boné surrado, que esconde parcialmente seu rosto. Mas bastam poucos minutos para perceber que o desafio é maior que a vontade: o cortador é manual, exige força e repetição — um esforço que o corpo exausto de Marcus não suporta.

— Se fosse elétrico… — murmura, desistindo, com um sorriso cansado.

Para Thiago e Marquinhos, a televisão é uma das primeiras grandes descobertas da nova casa. A sala, ampla e silenciosa, tem um canto inteiro ocupado por um móvel de madeira escura que abriga uma TV enorme — daquelas com tubo, que mais parecem um armário tecnológico. É uma televisão com moldura arredondada e botões analógicos, ligada a um sistema a cabo que oferece uma quantidade de canais que beira o inacreditável para um brasileiro: mais ou menos 130.

No Brasil, eles estavam acostumados a acionar um botão giratório que os levava apenas até quatro ou cinco canais, com imagens de péssima qualidade para quem não tinha uma antena externa. Um pedaço de Bombril na ponta da antena interna era outra maneira de tentar captar imagens mais nítidas, em geral, sem sucesso. Mas ali, naquele universo novo, cada clique no controle remoto é uma viagem. Há canais de desenho animado o dia inteiro, canais de documentários sobre tubarões, dinossauros e astronautas, canais de filmes dublados, canais de clipes musicais com gente de cabelo colorido e roupas estranhas dançando em ritmos alucinados. Até canais de compras, nos quais se vende de tudo, inclusive máquinas que prometem deixar os dentes brancos em 5 minutos. Marquinhos fica hipnotizado. Thiago dá risada só de ver uma propaganda de sorvete aparecer de repente, com música e efeitos que eles nunca tinham visto antes. É tudo em inglês, mas isso não parece ser um impedimento para a diversão. É como se a televisão fosse uma nova janela para o mundo — não o mundo que conhecem, um mundo onde as pessoas falam outra língua, comem outras coisas, sorriem de forma diferente. Um mundo que parece inatingível e, ao mesmo tempo, está ali, na frente deles, a poucos metros do sofá.

Numa noite, já passa das 22h, e Marcus e Wanir dormem no quarto, esgotados pelo dia. Preenchendo o quarto, apenas o som abafado e distante da TV. De repente, um som baixinho invade o quarto. Apesar de muito tímidas, aquelas batidas acordam Wanir, acostumada que está ao sono leve. Demora alguns segundos para localizar de onde vem aquele som. As batidinhas leves continuam, e ela percebe que vêm da porta. Quando abre, encontra Thiago com a mãozinha ainda levantada, pronta para mais algumas batidas, os olhos fundos, mas doces.

— O que foi, meu querido? — pergunta a mãe, com os olhos inchados de sono.

— Nada, mamãe. Eu só queria ficar com vocês — responde Thiago, com a voz fraca, mas cheia de ternura.

Ela o pega no colo como se ele fosse feito de vidro e o leva para a cama. Acomoda-o gentilmente entre Marcus e ela. Ele encosta a cabeça na mãe e adormece quase que imediatamente. Wanir ainda demora um pouco para dormir, acariciando os cabelos do filho e olhando para ele com ternura e o sentimento de amor infinito. Dá um beijo em sua testa e diz baixinho:

— Você vai ficar bom, meu amor.

Em pouco tempo, a família já se sente inserida no cotidiano americano. Têm um carro à disposição, que usam pouco, apenas para fazer compras num mercado próximo. Em geral, preferem caminhar pelo bairro de Magnolia, um residencial calmo, com casas organizadas, gramados bem aparados e crianças jogando beisebol. Os campos são como os dos filmes que viam no Brasil, com os pais torcendo nas arquibancadas improvisadas, segurando refrigerantes e bandeiras coloridas. Aquilo encanta a família Rotta.

A primavera chega com força. O céu, antes cinzento, torna-se azul intenso. As árvores florescem em tons de rosa, lilás e branco. Os jardins vibram. E, com essa nova paisagem, vem também um alívio.

— Olha isso — comenta Marcus um dia, parando no meio de uma caminhada. — Quando chegamos, estava tudo cinza. Agora... parece outro mundo.

— Parece um sinal — responde Wanir, apertando a mão dele com carinho.

Thiago está empolgado. Quer fazer tudo o que Marquinhos já fez. É como se, revivendo os passos do irmão, garantisse que agora também faz parte daquele tempo roubado.

— Mamãe, a gente vai no lago? — pergunta repetidamente.

— Nós vamos, filho. Vamos, sim — responde Wanir, pacientemente.

Então vão ao lago. Marquinhos desce primeiro do carro, mas Thiago, extasiado, corre na frente dele, resgatando a competitividade natural entre irmãos. Coloca os pés na água gelada, ri alto, joga pedrinhas, corre na margem com os braços abertos, como se quisesse abraçar o mundo. Quando vão à casa da Silvia, ele quer brincar com todos os brinquedos que o irmão tinha tocado.

— Você brincou com esse? — pergunta, segurando um carrinho.

— Brinquei — responde Marquinhos, já meio sem paciência, pois é o décimo brinquedo que Thiago segura.

— Então agora é minha vez! — completa o irmão, como se estivesse realizando um sonho antigo.

E o desejo de uma vida paralela à do irmão continua por muitos dias. Quer sentar na mesma poltrona, comer no mesmo prato, dormir no mesmo canto do sofá. Há uma ânsia inocente de pertencer, de dizer: "Eu também estive aqui, eu também vivi isso".

Pai e filho na base

E, na esperança de que ele sobreviva, desde o primeiro dia após a alta, a família começa a fazer uma contagem regressiva. Um cartaz com números de 90 até 1, preso na porta da geladeira, é o calendário mágico deles, no qual cada dia que passa recebe um X vermelho sobre ele.

— Faltam 89 dias pra gente voltar pra casa — anuncia Marcus, com entusiasmo.

Thiago ainda não sabe matemática, mas repete alegremente o enunciado do pai: "89!", "88!", "87!"... Cada número é um degrau em direção ao Brasil, à casa, à vida retomada. O ritual diário dá ao menino a sensação de controle sobre o tempo, como se as dores passadas tivessem finalmente uma data para terminar. Os olhos dele brilham cada vez que ouve o novo número.

Embora o momento seja de alegria, há algo no ar que Marcus não consegue nomear. Uma inquietação tênue, como um fio de vento antes da tempestade. Wanir, por instantes, também parece presa a um pensamento que não sabe explicar. É só uma sombra leve, passageira. Mas está ali.

Faltando 70 dias, tudo parece normal. O céu está azul, o dia é inteiro de brincadeiras no campinho, jogando um estranho beisebol, uma vez que não conhecem as regras. O riso ecoa, a grama é macia sob os pés pequenos. No céu, um avião deixa dois rastros brancos. Marcus logo avisa os filhos, apontando para cima. Thiago olha para o alto e comenta:

— Aquele é o avião que vai levar a gente pra casa, papai?

Marcus e Wanir se entreolham. Sentem um arrepio. Por um segundo, aquilo parece uma fotografia: o avião recortando o céu, o menino apontando, a esperança pairando no ar.

— Sim, meu filho, é aquele mesmo. Mais alguns dias, a gente vai pra casa e você vai poder brincar de novo com seus irmãos.

— Com meus primos também? — emenda o menino.

— É claro! Com seus primos também — concorda Wanir.

— Oba! — reage Thiago, com a alegria de quem está próximo a realizar seu maior sonho.

Mas, à noite, tudo muda.

Capítulo 55

MÁS NOTÍCIAS

Thiago, encolhido no sofá, tenta puxar o ar com força, mas é vencido pelo nervosismo. Diz que está cansado, que não consegue encher o peito como antes. Um desespero denso invade o ambiente. No início, pensam que seja fadiga das brincadeiras, um reflexo tardio do esforço. Mas o desconforto aumenta. Marcus encosta o ouvido no peito do filho e sente o ritmo da respiração irregular, fragmentado. É como ouvir um rio engasgado tentando seguir seu curso. Wanir, do outro lado da sala, observa com os olhos apertados, o peito travado. O instinto lhe grita algo que ela não quer ouvir. Senta-se ao lado do menino, toma sua mãozinha suada nas mãos e tenta sorrir.

— Está tudo bem, filho. A mamãe está aqui — tenta confortá-lo.

Mas não está tudo bem. E ela sabe. O sorriso vacila. A mão dela treme, mas não solta a dele. Por dentro, Wanir sente o mundo se estreitar, como se todas as paredes da casa estivessem se aproximando. O instinto materno, sempre tão certeiro, não grita, geme. Um lamento abafado, antigo, que já conhece demais o caminho da dor. Marcus vai até o telefone. Liga para o hospital. A voz do outro lado da linha é rápida, objetiva:

— Tragam-no imediatamente.

Preparam tudo calados. O ar está pesado. Wanir ajeita uma mantinha sobre os ombros do menino, tentando aquecê-lo como quem protege um passarinho ferido. Thiago olha para ela com olhos grandes e cansados, mas ainda há ternura ali. Ele aperta os dedos dela e sussurra:

— Mamãe queridona, a gente vai no parque amanhã?

Wanir engole seco.

— Vamos, sim, meu amor. Amanhã, depois de descansar.

Mas ela sabe que o amanhã já não está mais sob seu controle.

O Children's, com seus corredores largos e luzes artificiais que nunca se apagam, parece agora mais frio. Mais impessoal. O acolhimento é o mesmo, as cores são as mesmas, mas o medo é outro. Um novo tipo de medo. Um medo que carrega memória — e exaustão. O exame de raio-X revela o que mais temiam: um velamento pulmonar. As sombras nos pulmões de Thiago não são metafóricas — estão ali, impressas em tons de cinza na imagem fosca do exame, como nuvens anunciando tempestade.

Eles já haviam estado ali antes. Já tinham temido antes. Mas, desta vez, não é só o medo do que poderia ser. É o trauma do que já sabiam que podia acontecer. Wanir sente o estômago se revirar ao ver a mesma recepção, os mesmos corredores. "De novo, não", pensa. Mas não diz nada.

— Pode ser uma de duas coisas. Precisamos fazer uma biópsia pra saber — informa o médico, com o semblante grave, como se cada palavra exigisse cálculo e cuidado.

Marcus franze o cenho. Seu raciocínio clínico se sobrepõe ao pânico.

— Por que fazer biópsia? Só podem ser duas coisas. Uma tem tratamento e a outra não tem. Então, vamos tratar — fala, firme, embora já saiba qual será a resposta.

Há protocolos. Sempre há. E eles são obrigados a fazer a biópsia. Então, ela é feita. O procedimento, por si só, já traz consequências. A falta de ar de Thiago se estabelece quase imediatamente. E o resultado chega como um selo trágico: CMV, citomegalovírus. Um nome difícil, que, a partir desse momento, se torna uma presença constante, incômoda, fantasmagórica. Um vírus oportunista, sorrateiro, que só se manifesta quando as defesas se rendem. E, no corpo de Thiago, tão fragilizado, tão recente do transplante, as defesas não estão prontas. Não há exército. Só trincheiras vazias.

A culpa, como sempre, bate à porta. Entra sem ser chamada. Wanir e Marcus reviram os últimos dias, tentando encontrar um erro, um deslize, uma brecha pela qual o inimigo possa ter entrado.

— E se foi o leite? — Wanir murmura, com as lágrimas represadas no canto dos olhos.

Ela se lembra bem da rotina. Thiago, mesmo após o transplante, continuava pedindo sua mamadeira. Amava leite. Mas, após o procedimento, o organismo não produzia mais lactase. O leite comum, então, podia virar veneno. Para evitar isso, usam um aditivo enzimático — ampolas dadas pelo hospital, que eram misturadas ao leite antes de tomar. E se, em algum momento, tiverem errado a dosagem? E se tiverem sido eles?

— Foi a gente? — ela chega a perguntar.

O peso da perda se confunde com o peso da culpa. Mas os médicos são claros: não, a biópsia não mostrava sinais de intolerância. Não há ligação com a alimentação. Aquilo é o CMV, e o vírus veio de outro lugar. Um lugar invisível.

A partir de então, o progresso vira retrocesso. Thiago vai para a UTI. A esperança dos pais continua, mas a expressão "UTI" cai feito uma bomba em seus corações já combalidos. Eles sabem que, dali em diante, só um milagre. E dos grandes.

No começo, Thiago ainda consegue respirar sem ajuda. Mas, aos poucos, a situação se agrava. A primeira alternativa é usar um cateter de oxigênio. A máscara é delicada, e ele tolera bem. Mas logo, o esforço aumenta. Os músculos intercostais saltam, a respiração se torna ofegante, e os pequenos ombros se erguem com força a cada inspiração, como se o ar fosse um líquido espesso demais para atravessar.

Substituem o cateter por um sistema de pressão positiva, o mesmo que, anos depois, se tornará conhecido durante a pandemia da covid-19. É um tipo de máscara que força o ar para dentro dos pulmões.

Um tratamento eficaz, mas cruel. A máscara pressiona o rosto. Impossibilita a fala. Aumenta o desconforto. Thiago gesticula. Com os olhos aflitos e as mãos pequenas, procura a de Wanir. Ela se senta ao lado da cama, segura firme sua mão e repete:

— Mamãe está aqui. Mamãe está aqui.

No entanto, ele não consegue responder. Só aperta. Forte. Como quem se agarra a uma tábua no meio de um mar revolto.

No canto do quarto, Marcus observa tudo sem dizer nada. Seus olhos estão vermelhos, mas secos. Não por falta de dor — e sim porque já não há mais lágrimas que suportem aquela repetição de sofrimento. Sente-se impotente. Médico, pai, homem. Nada parece ser o suficiente.

Os médicos entram com papéis na mão e preocupação no olhar. A máscara já não faz mais efeito. A decisão é inevitável: Thiago precisa ser sedado e entubado. A ventilação invasiva é a única forma de garantir oxigênio suficiente. Sem isso, seus órgãos entrarão em colapso. A notícia cai como chumbo. O quarto silencia. O mundo encolhe. Wanir beija a testa do filho. Marcus segura seus pés, pequenos como os de um passarinho, e sussurra algo em seu ouvido. O menino, já sem forças, olha para os dois com doçura. Um olhar que diz:

— Eu confio em vocês.

E, então, fecham os olhos dele.

Sedado, entubado, envolto em tubos e monitores, o pequeno guerreiro dorme. Com ele, dorme também uma parte dos pais — uma parte que não quer mais ver, não quer mais ouvir, não quer mais sentir. Mas que, mesmo assim, segue ali. Amando. Esperando. Resistindo.

Capítulo 56

A VIDA DENTRO DA UTI

A UTI do Children's é surpreendentemente bonita. Nada ali lembra os ambientes fechados, abafados e impessoais que costumavam marcar as unidades intensivas nos hospitais brasileiros. É ampla, silenciosa, disposta em formato circular, o que permite que os leitos se abram para uma grande parede de vidro. Dali, é possível ver a frente do hospital, o jardim, a rua. É como se o mundo lá fora continuasse existindo, mesmo quando parece estar desaparecendo por dentro.

E há pequenos rituais visuais que marcam o dia, quase como uma rotina emocional. Um deles é ver o Dr. Hickman chegar no início do expediente. Ele estaciona sempre no mesmo lugar, com seu Honda *hatch* prateado, e fica um momento dentro do carro antes de descer. Talvez se concentrando, talvez rezando. Observá-lo da janela se torna uma espécie de ponte com o cotidiano, um lembrete silencioso, um ponto de ancoragem mental — como se o mundo não tivesse sido completamente devorado pela incerteza. É reconfortante perceber que, lá fora, há repetição. Há rotina. Há alguém que ainda segue um plano.

O local é bonito, mas, ainda assim, uma UTI. Um espaço estéril e suspenso, onde o tempo se mede em batidas eletrônicas e calmarias cortantes. A UTI pediátrica é um mundo à parte, uma bolha translúcida de angústia e esperança, onde tudo o que existe é o agora, e o agora é luta. O som constante dos monitores torna-se parte da trilha sonora da existência. A cada alarme, o coração salta. Um sinal pode significar tudo ou nada. E o nada, ali, é um fantasma que se recusa a ir embora.

Wanir e Marcus deixam seus pertences na Ronald McDonald's House e mudam-se, de corpo e alma, para aquele quarto. Marquinhos fica com Silvia, longe da linha de frente. E o casal se dissolve no tempo. Dorme onde dá: Wanir, sobre um ar-condicionado embutido na parede — duro, estreito, gelado —; Marcus, encolhido numa cadeira, às vezes com os joelhos dobrados, outras vezes com o queixo apoiado no peito. Nunca relaxado. Nunca dormindo de verdade. Apenas desligando por instantes.

A vida resume-se a três metros quadrados. A cada dia, o oxigênio precisa ser aumentado. A pressão do respirador é ajustada com precisão cirúrgica. Cada ajuste é uma tentativa de manter o que o corpo de Thiago já não consegue fazer sozinho: respirar. O vírus, silencioso e implacável, toma os pulmões como um invasor que já conhece o caminho. A estratégia dos médicos é clara: ganhar tempo. Proteger cada órgão até que, quem sabe, o corpo desperte alguma resposta imunológica. É uma corrida em câmera lenta contra um oponente veloz.

Os médicos explicam que o CMV é comum na América Latina. Algo adormecido em muitos corpos, inofensivo a princípio, mas letal quando a imunidade baixa se instala. Thiago é latino. Está transplantado. Está vulnerável. O conhecimento, nesse momento, é conflitante. Compreendem demais. E, por isso, sofrem mais.

Os dias não passam — se arrastam. As horas são blocos de pedra. Do lado de fora da UTI, os amigos tentam apoiar o casal. Fernando, um carioca de alma generosa que conheceram em Seattle, aparece todas as noites com sanduíches. É o único gesto do mundo externo que alcança Marcus e Wanir. Eles praticamente não saem. Não há mais lanchonete. Não há mais refeitório. A UTI é o mundo inteiro.

Marcus ainda se obriga a escapar por minutos. Vai até a biblioteca do hospital, onde mergulha em artigos médicos, buscando em cada parágrafo uma centelha de salvação. Lê compulsivamente. Lê por desespero. Lê por amor. Lê para se manter de pé.

Wanir, nesse tempo, é só o contorno do que fora. O corpo parece ter desaprendido a se alimentar. Os olhos, fundos como cavernas silenciosas. A expressão, ausente. É como se só o instinto de proteção materna ainda a mantivesse de pé. Ela e Marcus sabem que Thiago está indo embora.

Em um daqueles dias intermináveis, os médicos decidem chamar um especialista em pulmão, o que dá aos Rotta mais um sopro de esperança. Ele entra no quarto com a sobriedade de quem já conhece o limite entre o possível e o milagre. É um homem de meia-idade, de gestos lentos e olhos pequenos, que parecem examinar não só os gráficos nas pranchetas, como também as emoções ocultas nas feições dos pais. A cada exame que observa, franze a testa com atenção, como se tentasse ouvir um sussurro entre as cifras vitais. Depois de um tempo silencioso de análise, apresenta uma proposta ousada, porém com calma e precisão:

— Há algo que podemos tentar. Não é convencional, mas pode funcionar. Vamos aumentar a pressão de perfusão para tentar manter a oxigenação.

Apresentada a proposta do médico, a cabeça de Marcus começa a funcionar, fazendo cálculos abstratos, metafísicos, indefinidos, na vã tentativa de resgatar algum resquício de pensamento científico numa situação em que ele só consegue pensar como pai. Fica em silêncio por alguns segundos que pareceram séculos. Imagina Thiago correndo de novo, sem tubos. Imagina não o ter mais. A mente oscila entre fé e cálculo. O médico, vendo a hesitação, insiste com delicadeza:

— Você topa?

Não há mais tempo nem alternativas.

— Pode fazer — Marcus enfim autoriza, com o coração apertado.

Wanir, ao lado da cama, aperta a mão do filho com ternura e resignação.

Por um tempo, a estratégia funciona. Os números se estabilizam. O peito sobe e desce com mais regularidade. Há sorrisos tímidos. Esperança murmurada. Mas isso dura pouco. O CMV é persistente. Como uma névoa densa, volta a ocupar os espaços vazios.

Mesmo sem consciência, Thiago é cuidado com carinho milimétrico. Colocam uma pele sintética sob seu corpo — um material experimental, branco como pele de urso polar. Ela absorve a umidade e protege contra escaras. E funciona. Seu corpo, ainda que imóvel, permanece intacto. Nenhuma ferida. Nenhuma abertura para mais uma dor.

Todos os dias, Marcus e Wanir o massageiam com óleo aquecido. Passam delicadamente nos braços, nas costas, nas perninhas já magras demais. É um ritual de amor. Um gesto de humanidade no meio de um cenário técnico.

Seu cobertorzinho amarelo é colocado sobre ele como um escudo mágico. Wanir dobra as pontas com cuidado, como quem cobre um bebê para protegê-lo do frio da noite. Mas não há noite, nem dia. Só aquele universo parado, tenso, cheio de vácuos.

Às vezes, Marcus sussurra versículos da Bíblia. Outras vezes, apenas fica ali, contando os sons: o respirador, o bip do monitor, o passo das enfermeiras. Na porta do quarto, a luz vermelha da emergência nunca se apaga. E, ali dentro, um menino entubado dorme — não um sono comum, mas um estado entre a vida e o desconhecido. E dois pais, cada vez mais esgotados, cada vez mais frágeis, continuam sentados ao lado dele, resistindo. Porque, quando tudo desaba, resistir também é um gesto de amor.

Capítulo 57

UM SOPRO DE VIDA

Nos últimos dias, Thiago está quase sempre sedado. O corpo, frágil demais para suportar a dor e a luta constante por mais oxigênio, é mantido em um estado de entorpecimento que mais parecia um limbo entre a vida e a falta dela. Mas há momentos, breves como lampejos, em que a sedação é reduzida pelos médicos para avaliar alguma possível resposta. É em um desses instantes que Wanir sente mais uma vez a presença do filho.

A luz artificial do quarto banha os lençóis com uma frieza quase cruel. O respirador emite seu som constante, como uma sinfonia mecânica de sobrevivência. Wanir está ao lado da cama, exausta, os olhos ardendo pela vigília infinita. Seus dedos tocam levemente os de Thiago, um movimento mais de esperança do que de comunicação real. E, então, algo acontece. A mão pequenina se move. Um gesto quase imperceptível, mas real. Thiago aperta a mão da mãe. Fraco, trêmulo, porém, ainda assim, um gesto. E nesse toque, breve e silencioso, está contido o peso de um mundo inteiro.

Wanir congela. Não chora. Não grita. Apenas permanece ali, sentindo aquela força microscópica que, de alguma forma, diz:

— Estou aqui.

E é nesse instante que uma dúvida rasga sua alma. Ele quer continuar? Ou apenas se despede? A consciência de que são eles, os pais, que sustentam aquela luta através de tubos, medicações e aparelhos, começa a pesar de um jeito insuportável. Talvez estejam segurando o filho por amor, mas também por medo. Medo de deixá-lo partir. De viver com a sua ausência.

Não há mais ilusão. Quando perguntam, com voz trêmula, se algum paciente naquela situação já havia sobrevivido, a resposta da enfermeira é um corte seco na esperança:

— Não. Ninguém sobreviveu.

As palavras ecoam como um veredito final. Não são cruéis — são limpas, técnicas, sinceras. Mas, ditas em voz alta, parecem um decreto. É o tipo de verdade que ninguém quer ouvir, mas todo mundo reconhece na hora. Marcus e Wanir não reagem. Nem lágrimas. Nem protestos. Apenas um silêncio que pesa mais do que qualquer grito.

A cada dia, o respirador precisa de mais pressão. Cada vez mais forte, mais alto, como se tentasse empurrar a vida para dentro de um corpo que já não reage. E, então, o cateter de Hickman rompe — um problema grave. É preciso fazer um curativo de emergência. Mais um susto, mais um alerta, mais um sinal de que a estrutura frágil está cedendo.

É então que entra no quarto Jenny Sanders, a segunda melhor oncologista pediátrica do hospital. É uma mulher de presença. A voz grave, firme, atravessa o ambiente como um bisturi preciso. O batom vermelho, passado com pressa, ultrapassa um pouco os lábios, mas não diminui a autoridade que sua voz grossa lhe confere. Ela olha para Marcus, cansado e descomposto pela rotina de dor, e diz, com uma mistura de compaixão e alerta:

— *Doctor Rotta, I am concerned about you.*[31]

Marcus mal levanta os olhos. Não tem mais energia para rodeios.

31 "Dr. Rotta, estou preocupada com vocês."

— Não precisa se preocupar conosco, Dr.ª Jenny. Preocupe-se com meu filho. Isso já é mais do que suficiente — responde com uma voz quase sem energia.

Jenny não diz nada. Apenas fica ali por alguns segundos. Seu silêncio é mais eloquente do que qualquer discurso. Ela não fala sobre Thiago. Fala sobre os pais. Sobre o limite humano. Sobre o ponto em que amor e sofrimento se confundem. Ela sabe que eles estão se destruindo junto com o filho.

Àquela altura, a esperança é uma moeda gasta. Wanir e Marcus já sabem. O corpo diz. Os sinais dizem. Mas como aceitar? E é nesse abismo de desesperança que Marcus, o racional, o médico, o cientista, se agarra à fé. Pela primeira vez na vida, tem esperança em um milagre. Um milagre com data marcada: a Páscoa. Quando chega o Domingo de Ramos, em 15 de abril, ele diz a si mesmo, com convicção fanática: "Ele vai se curar na Páscoa." É uma certeza absoluta. Aquele pai não cogita outra possibilidade. Está convencido de que algo sobrenatural vai interferir. Aquela é a única saída. A única alternativa. A medicina não tem mais armas.

O esgotamento emocional o leva a um ponto de ruptura. Em uma noite solitária — Wanir está no Monticello com Marquinhos —, Marcus olha para a santinha Nossa Senhora das Graças, colocada em um móvel ao lado da cama de Thiago. E vê um brilho. Um clarão que mais parece uma visão. Não é um reflexo comum, nem uma simples distorção da luz fria e artificial do hospital. É algo que, naquele instante, ultrapassa o real. A imagem parece irradiar uma luminosidade serena, como se respirasse esperança. Os olhos de Marcus marejam, o peito se aperta. Um arrepio atravessa sua espinha de ponta a ponta. Os pelos de todo o seu corpo se eriçam. Por fé ou fraqueza, ele cai de joelhos. Entrelaça os dedos das mãos, fecha os olhos e agradece. Momentos depois, liga para Wanir, com a voz embargada, quase eufórica:

— Ela brilhou. Eu vi. Ele vai se curar. Eu tenho certeza.

Wanir, do outro lado da linha, fica confusa:

— O quê? Quem brilhou, meu amor?

Marcus responde com entusiasmo:

— A santinha! A santinha brilhou! Eu vi! Eu vi!

Wanir, angustiada, fecha os olhos. Uma parte dela quer acreditar, quer desesperadamente se agarrar à fé do marido. Mas outra parte, silenciosa e vigilante, percebe o colapso iminente de Marcus. A voz dele está fora do tom, vibrando em um lugar que já não é mais só fé. É esgotamento, é delírio. É dor querendo se transformar em milagre. Ela respira fundo. Não diz que não acredita. Não diz que sim. Apenas responde com delicadeza:

— Se você viu, amor, então vamos acreditar juntos.

Mas, por dentro, sente um arrepio gelado. Porque, naquele instante, entende que talvez tenha que cuidar de dois amores em colapso: o filho, que parte, e o marido, que desmorona por dentro.

Capítulo 58

FÉ E SOLIDÃO

Em tempos de desespero, a fé costuma se apresentar como o último abrigo. Quando todas as possibilidades racionais se esgotam, quando os remédios falham, quando a ciência silencia, resta o invisível. Para Marcus e Wanir, esse invisível se chama Deus. Porém, mesmo esse refúgio, em meio à escuridão, não vem sem rachaduras.

Durante todo o tratamento de Thiago, a religião foi um ritual silencioso que estruturou os dias. Marcus, desde os primeiros momentos, fazia da ida à missa uma rotina sagrada. Mesmo nos dias mais frios, enfrentava as madrugadas geladas de Seattle, cruzando as ruas cobertas por uma camada fina de gelo, com as mãos enfiadas nos bolsos e a respiração se tornando vapor diante do rosto. A catedral de St. James, a poucos passos do Fred Hutch, surgia imponente no horizonte como um castelo de esperança. As missas eram às 6h da manhã. Ele se sentava sempre no mesmo banco, próximo ao altar, silencioso, como quem implora sem palavras.

Quando Thiago volta para o Children's, é Wanir quem assume a missão. As mesmas madrugadas, o mesmo frio cortante. "Minhas orelhas", lembrará ela, "quase quebravam". Em alguns dias, a neve cobre o caminho até a porta da igreja. Ainda assim, ela vai. Vai porque precisa. Porque não pode fazer mais nada. Em sua mente, cada passo é uma pergunta sem resposta.

— Por que ele? — murmura, não como quem acusa, mas como quem tenta compreender.

Ao atravessar a neve, sente-se uma figura bíblica fora de tempo, marchando em silêncio por uma fé que não sabe mais se escuta.

E é nesse movimento de busca por amparo que vem o vazio mais doloroso. O abandono da própria Igreja. Marcus, angustiado, procura o único representante da Igreja Católica brasileira que conhece em Seattle: um padre da paróquia de São Benedito, no Itaim. Vai até ele, explica a situação, suplicando por uma visita, por uma palavra, por um gesto. Mas a visita nunca acontece. Nem uma vez. Nem para oferecer uma bênção, nem para ouvir, nem para rezar. Wanir se recordará de um momento simbólico e doloroso: "o único dia em que um padre apareceu foi para dar a extrema unção" — o gesto final. A fé, que deveria acompanhar durante toda a travessia, se apresenta apenas no último suspiro. É como se a instituição à qual confiaram tantos sacramentos da vida — o casamento, os batismos, as comunhões — decidisse que o sofrimento deles não vale o deslocamento. E aquilo dói mais do que a ausência de qualquer milagre. Porque não é silêncio divino. É descaso humano.

Em contraste, surgem outras presenças. O Santinho, como passam a chamar com carinho um senhor da Pastoral da Saúde, se torna uma figura constante. Ele não usa batina, mas tem compaixão. Vai todos os dias ao hospital. Leva palavras suaves, escuta com paciência, senta-se ao lado dos pais quando as palavras são desnecessárias. Ele não diz que tudo ia ficar bem. Não promete curas. Só está ali. E, nesse momento, sua presença é mais litúrgica do que qualquer missa. O Santinho não carrega Bíblia, carrega tempo. Talvez o maior gesto de fé seja exatamente esse: permanecer.

Outras correntes religiosas também aparecem: mórmons, evangélicos, protestantes. Muitos querem ajudar, alguns vêm com zelo, outros com uma certa insistência. Algumas vezes, é preciso recusar, manter uma barreira protetora, tamanha é a quantidade de pessoas que se apresenta com solidariedade e orações. Mas não deixa de ser notável: enquanto pessoas de outras crenças se oferecem, a instituição à qual a família pertence, a Igreja Católica, permanece ausente.

Cinco anos depois, em 1988, Marcus e Wanir voltaram àquela mesma igreja de St. James. O tempo terá passado, mas o edifício permanecerá o mesmo. Ao entrar, o cheiro da madeira antiga, o som do órgão preenchendo as naves, a luz filtrada pelos vitrais. O chefe da Pastoral da Saúde os reconhece. Há um reencontro emocionado. Conversam longamente. Porém, no coração dos dois, ainda reside o inconformismo da indiferença.

A fé, como descobrem, não é feita só de dogmas. É feita também de pessoas. E, quando essas pessoas faltam, resta apenas o eco de uma prece dita para o nada. Ainda assim, Marcus e Wanir continuam a rezar. Não por dever. Mas porque, no fim, a fé ainda é deles. E talvez seja a única coisa que lhes reste.

Capítulo 59

MACHO MAN[32]

Ao longo de meses, Thiago tornou-se mais do que um paciente. Era um pequeno cometa que cruzava os corredores frios do hospital, deixando rastro de calor humano, risos e encantamento por onde passava. Não importava a dor, não importava a febre, não importava a máscara — havia nele uma luz que insistia em brilhar. Todos o conheciam. Das enfermeiras aos médicos, dos técnicos aos seguranças, dos cientistas aos faxineiros. Thiago não precisava de tradução. Mesmo sem falar uma palavra de inglês, era compreendido por todos.

A comunicação acontecia nos gestos, nas expressões, nas gargalhadas fora de hora. Era como se ele falasse uma língua secreta, uma língua de humanidade. Era um menino engraçado, afetuoso, espirituoso. Mesmo nos dias em que mal conseguia levantar da cama, ainda soltava uma piada, provocava um sorriso. Às vezes usava o pouco de força que tinha só para fazer alguém rir. Outras vezes, ria sozinho de alguma

32 O machão.

bobagem que Marquinhos dizia ou fazia, e isso era suficiente para contagiar a ala inteira.

Na primeira passagem pelo Children's, as visitas ao quarto dele se tornaram quase um ritual. Enfermeiras passavam, mesmo sem plantão, apenas para perguntar como ele estava. Técnicos traziam brinquedos, livrinhos, histórias. Havia algo de irresistível naquele menino. Donnall Thomas, o grande nome por trás do transplante de medula óssea, saía de seu gabinete sempre que o via correndo pelo Fred Hutch. E ria. Ria como quem encontrasse alívio em meio à tormenta. Como quem se orgulhasse de estar fazendo algo de grande valor para outras pessoas. Como quem se realizasse ao ver que seus estudos e práticas, de alguma forma, funcionavam, mesmo que parcialmente, numa progressão a cada nova técnica utilizada. Não era apenas a ciência que pulsava em seu coração. Era a responsabilidade emocional de saber que um protocolo, um cálculo, uma hipótese — tudo isso podia ganhar rosto, risada e pantufa. Thiago era a prova de que, às vezes, a vida responde aos números com algo melhor que a média: o improvável.

Era como se Thiago tivesse invertido a lógica do hospital: em vez de cuidado, ele era quem cuidava. Cuidava dos ânimos, da esperança, da alegria de quem estava ao redor. Seu chapéu preto e a camiseta amarela se tornaram ícones nos corredores. Quando podia sair da cama, desfilava com pose de artista pelas alas, usando calça comprida e as pantufas do Pintinho Amarelinho, com as mãos nos bolsos e a cabeça erguida. As enfermeiras brincavam:

— *Look, the macho man*![33]

E ele soltava aquela risada leve, aberta, livre, que fazia aquelas paredes parecerem menos frias. Mesmo nas piores fases, mesmo quando os tubos eram muitos, mesmo quando a dor era visível, havia nele um resquício de travessura. Um olhar maroto. Uma vida resistindo.

A passagem da família Rotta foi tão marcante que os médicos do Children's chegarão a discutir a possibilidade de criar sua própria estrutura pediátrica de transplante, uma vez que os médicos do Fred Hutch também trabalham no Children's — todos oriundos da pediatria da

33 "Olha, o machão!"

Universidade de Washington. Talvez inspirados por aquele caso. Por aquele menino. Por aqueles "*crazy Brazilians*" que transformaram a dor em graça, a tragédia em resistência e a luta em amor compartilhado.

Quando, anos mais tarde, alguns desses profissionais citarem sua motivação para continuar na pediatria oncológica, poucos dirão seu nome. Mas todos lembrarão da camiseta amarela, das pantufas absurdas e daquela gargalhada — uma gargalhada que, de algum modo, ainda ecoava nos corredores. Thiago não foi só um paciente. Foi memória viva. Foi cura por contágio emocional.

Capítulo 60

CORAÇÕES DIVIDIDOS

Seattle é fria e distante, não apenas pelo clima úmido e cinzento, também pela realidade que Marcus e Wanir enfrentam ao lado do pequeno Thiago. A chegada à cidade foi resultado de um esforço quase sobre-humano — enfrentaram burocracias, distâncias e incertezas para garantir ao filho o melhor tratamento possível.

Embora estivessem ali fisicamente, com o foco total na saúde do filho, os corações de Marcus e Wanir estavam divididos. No Brasil, ficaram dois pedaços enormes deles: Letícia, com apenas 2 anos, e Felipe, ainda um bebê. A separação foi dolorosa, mas necessária. Letícia e Felipe foram levados para Campinas, acolhidos com carinho por José Rotta e Noêmia, pais de Marcus. Lá, encontraram também o cuidado atencioso da inseparável babá Nilda, que fazia parte da rotina da família como alguém que ama sem medidas.

A comunicação era um desafio. Às vezes, passavam-se dias sem que Marcus e Wanir soubessem notícias dos filhos menores. A distância emocional parecia maior do que os milhares de quilômetros que os separavam.

Enquanto dedicavam dias e noites à luta pela vida de Thiago, também ofereciam suporte à irmã de Marcus, Regina, que vivia seus próprios desafios naquele momento. Mesmo separados fisicamente, a família permanecia conectada pelos laços do amor e da esperança.

O aniversário de 1 ano de Felipe foi especialmente doloroso. Marcus e Wanir não puderam estar presentes. A festinha, simples, mas feita com muito carinho, foi preparada por Lalá, a cunhada, que assumiu esse gesto como uma forma de manter vivo o afeto e a memória dos pais mesmo à distância.

As crianças, no Brasil, mesmo cercadas por cuidado e afeto, sentiram profundamente a ausência dos pais — especialmente da mamãe Wanir, sempre tão amorosa, presente e dedicada. Para Letícia, a ausência da mãe era como um vazio que nem os abraços da vovó Noêmia ou da babá Nilda conseguiram preencher. Felipe, tão pequeno, talvez não entendesse racionalmente o que acontecia, mas sentia no corpo e no coração a falta do colo quente e da voz doce da mãe.

Seattle, com toda sua modernidade e competência médica, jamais conseguiria amenizar completamente a dor da distância. Mas foi também o lugar onde Marcus e Wanir descobriram reservas de força que nem sabiam que tinham. Foi o palco de um capítulo duro, mas fundamental, de uma história de amor incondicional — amor de pais por seus filhos, amor de uma família que, mesmo espalhada entre continentes, seguia firme, unida e cheia de esperança.

Capítulo 61

UNIDOS NOVAMENTE

Faz sete meses que os Rotta estão nos Estados Unidos, mas o tempo dentro do hospital se mede de forma diferente. Os dias e noites se misturam como tintas diluídas em água — não há começo nem fim, apenas uma sequência nebulosa de exames, medicações e esperas. A esperança, às vezes tênue, outras vezes quase teimosa, sustenta os passos de Marcus e Wanir. No entanto, lá fora, o mundo continua. O Brasil continua. E, nele, os outros filhos do casal vivem uma realidade paralela: a ausência.

Thiago está entubado há muito tempo. Três semanas, talvez mais. A vida, naquele cenário de monitores e respiração artificial, torna-se uma abstração cruel. A cada manhã, uma nova tentativa. Uma pequena alteração na ventilação, uma nova dosagem, uma mudança na medicação. E, ainda assim, o horizonte não muda. A vida se sustenta por fios. Fios visíveis — tubos, sondas, cateteres — e invisíveis — amor, fé, desespero.

Anos depois, Wanir não saberá dizer exatamente quanto tempo se passou. "Foi uma eternidade", dirá ela, com olhos perdidos entre memórias e feridas abertas. Uma eternidade silenciosa, interrompida apenas pela chegada inesperada da esperança — vinda do outro lado do oceano. Nancy Spencer, a aeromoça da American Airlines e grande amiga, consegue um feito improvável: passagens gratuitas da Varig para os filhos dos Rotta que ficaram no Brasil. Letícia e Felipe, acompanhados do irmão e da mãe de Marcus, embarcam rumo aos Estados Unidos. Vêm reencontrar os pais, Marquinhos... e Thiago.

O reencontro, no entanto, não acontece como se imaginava nos sonhos moldados pela saudade. Marcus e Wanir os buscam no aeroporto. A expectativa é de abraços, emoções afloradas, alívio. Mas o que recebem é um silêncio estranho. Um olhar desconfiado. Um vazio entre pais e filhos. E, de repente, a verdade nua e crua os atinge como um soco no estômago: os filhos não os reconhecem mais. Felipe tinha apenas 6 meses quando eles partiram. Agora, com mais de 1 ano, é outro menino. Já anda, já fala algumas palavras. Mas nenhuma delas os inclui. Letícia, mais velha, ainda carrega o rosto familiar da mãe em algum canto da memória. Mas é um rosto distante. Um nome quase esquecido.

— Como é mesmo o seu nome? — pergunta, hesitante, encarando a mãe com olhos grandes e inseguros.

O coração de Wanir se parte em mil pedaços. Não é uma pergunta qualquer. É o reflexo de sete meses de ausência. De um laço que, embora ainda exista, foi tensionado até quase arrebentar. Eles nunca tinham ficado com ninguém. Nem com avós, nem com tios. Eram uma família colada, de abraços e cheiros conhecidos. E, de repente, foram arrancados desse ninho e colocados em outro, onde a saudade tinha gosto de confusão.

Wanir e Marcus, que há meses lutam para salvar a vida de Thiago, sentem, naquele instante, que estão perdendo os outros dois aos poucos. É uma dor nova. Um corte diferente, mas não menos profundo. Como que para amenizar o que sentem naquele momento, essa situação — impensável para qualquer pai — Marcus traz uma memória agradável para Wanir: um dia em que os quatro estavam deitados na cama do casal tomando mamadeira. Uma cena que, não por acaso, ficará marcada eternamente tanto para ela quanto para ele. Mesmo angustiada, naquele instante ela consegue dar um leve sorriso.

O elo entre Thiago e os irmãos é tão forte que Marcus se pergunta se, mesmo entubado, sedado, distante da realidade, ele perceberá suas presenças. Durante todo o tempo em que estiveram nos Estados Unidos, Thiago sempre falava dos irmãos. Sempre perguntava. Sempre os tinha na ponta da língua. O reencontro não é só entre pais e filhos. É entre irmãos separados pela geografia e pelo tempo, mesmo sem a possibilidade de comunicação formal. É a tentativa de juntar os cacos de uma família dilacerada por uma guerra contra um inimigo atroz.

A presença de Letícia e Felipe traz alegria, sim. Mas traz também o peso de tudo o que foi perdido. De tudo o que ainda poderia ser. A partir desse momento, não é mais só uma luta pela vida de Thiago. É uma reconstrução. Uma tentativa de reatar laços frágeis. De fazer os filhos voltarem a reconhecer, no cheiro, na voz, no toque, aqueles que os amam mais do que tudo. E, mesmo em meio à dor, há espaço para isto. Para recomeçar.

Capítulo 62

QUANDO O MUNDO PARA

As tentativas continuam, mas algo já está claro. O corpo de Thiago não vai resistir. Os médicos sabem. Marcus e Wanir também. Foram vinte dias de UTI que parecem vinte anos. Cada hora é uma batalha, cada mudança nos parâmetros do respirador, um aviso do que está por vir.

A pressão no pulmão é cada vez maior. Para tentar manter a saturação acima de 90, é preciso aumentar diariamente a concentração de oxigênio. Mas já não há resposta. Mesmo com 100% de oxigênio, Thiago mal consegue saturar: 85, 83, 81... O ar parece atravessar o corpo dele, sem mais encontrar espaço para tocar a vida.

Um enfisema cutâneo se forma sob a pele — bolhas de ar que escapam dos pulmões fragilizados e se acumulam no tecido subcutâneo. O tórax, o pescoço, os braços começam a estufar. O pulmão, esgotado, cede. O cateter de Hickman, até então o elo entre a medula doada e o corpo acolhedor, já não está mais fixo. A linha entre vida e morte torna-se cada vez mais tênue, mais frágil, mais simbólica.

Em determinado momento, porém, os médicos anunciam uma discreta melhora. Uma estabilização tímida, um intervalo entre duas tempestades. Pela primeira vez em semanas, as máquinas mostram dados menos alarmantes. Não é uma cura. Mas é uma pausa. São dois dias de aparente tranquilidade. É então que um dos médicos se aproxima dos pais e sugere:

— Vocês precisam respirar um pouco. Tomem um banho, troquem de roupa, tentem relaxar, dormir um pouco. Só por algumas horas. Vocês não saíram daqui desde que ele veio pra UTI.

Wanir e Marcus hesitam. O corpo pede descanso, mas o coração não consegue se afastar. Parece um abandono, ainda que breve. Contudo, sem conseguirem ordenar os próprios pensamentos, assentem. Caminham pelo corredor, como se os pés pesassem toneladas. Cada passo em direção à Ronald McDonald's House é uma afronta ao instinto, uma traição ao desejo de permanecer colado ao filho.

Chegam ao quarto silencioso. A água do chuveiro escorre morna e, mesmo assim, parece gelada. O vapor sobe devagar, como o tempo ali fora. Lavaram o corpo calmamente, sem pressa, mas também sem descanso. O banho não é alívio, é ritual. Uma pausa sem convicção. Vestem roupas limpas, mas a pele ainda carrega o peso da UTI. Sentam-se na beira da cama, sem coragem de deitar-se.

— Vamos voltar — diz Wanir, após alguns minutos sem dizer nada. — Não estou conseguindo ficar aqui. Parece que algo está errado — intui.

— Eu também sinto — responde Marcus. — Vamos agora.

Voltam quase correndo. A rua parece mais longa. O caminho até o hospital, mais estreito. O elevador, lento como nunca. Quando finalmente chegam à UTI, o clima já mudou. O corredor está mais silencioso. O quarto parece mais escuro. Os olhares evitam contato direto. Algo aconteceu. Um dos médicos vem ao encontro deles. A expressão é grave, mas contida.

— Ele piorou. Subitamente. Fizemos tudo o que era possível, mas não há mais nada que possamos fazer.

Wanir e Marcus congelam. O chão parece desaparecer sob os seus pés. Thiago está ali, mais inchado, mais pálido, mais imóvel.

O respirador já não disfarça a gravidade. O peito sobe e desce com esforço mecânico, sem ritmo natural. Os profissionais de saúde, em profundo respeito, não saem, mas recuam discretamente, posicionando-se, calados, em um dos cantos da sala. Observam, sem interferir. Oferecem presença, sem invadir.

Alguns minutos depois, uma enfermeira, com os olhos úmidos de emoção, se aproxima com delicadeza e diz baixinho para Wanir:

— Mãe, você quer pegá-lo no colo pela última vez?

O mundo para. Não há mais sons. Não há mais tempo. Apenas a dor nua.

Wanir, branca e trêmula, assente. A enfermeira, então, tira Thiago gentilmente da cama e o coloca no colo da mãe. Mas quando ela o envolve em seus braços, sente algo que a devasta: ele não cabe mais. O corpo está inchado pelas drogas, pelos líquidos, pela falência dos órgãos — pesado demais para o colo da mãe. Pesado demais para a realidade.

Enquanto Wanir o segura, sentada na poltrona marrom, Marcus, de pé ao lado, vê um filme se projetar em sua mente. Não é um sonho, nem um delírio. É um fluxo de lembranças vívidas, que o toma por inteiro. Ele se vê voltando no tempo: ao dia em que Thiago nasceu, ao primeiro choro, à primeira risada. Lembra-se dos aniversários, das corridas pelo quintal, das brigas bobas entre irmãos e das reconciliações ainda mais rápidas. Do colega japonês dizendo "é blasto", do susto, da incredulidade, do Dr. Jacir afirmando que o transplante era a única alternativa, do sofrimento de Thiago no hospital brasileiro, da escolha do centro nos Estados Unidos, da proibição de remessa de dinheiro, do aval do senador, do surto de varicela, das malas feitas às pressas, da anemia, da travessia de um continente em busca de cura, da chegada a Seattle. Vê os dias no Children's, as festas improvisadas, o Natal estranho com neve na janela, os novos amigos, as noites sem dormir, as passagens decoradas da Bíblia, a vida comum de uma família americana, a montanha-russa emocional. Vê o Fred Hutch, a bolha, os tubos, o medo e a ida de Thiago para a UTI, já praticamente desenganado.

Só não desaba ali mesmo porque sabe que precisa ser forte. A esposa precisa dele, da sua presença, do seu apoio. Apenas senta-se ao lado dela e faz um carinho no filho. Mas não diz nada. Não há mais nada a dizer.

Enquanto isso, Wanir olha para Thiago, embala seu corpo levemente, murmura uma canção de ninar. Com uma das mãos, ajeita o seu cabelo, alisa o avental, esfrega a mão em suas mãos e em seus pés, faz carinho no rosto inchado, chegando, em alguns momentos, a ensaiar um sorriso pálido. Seus olhos percorrem cada centímetro daquele rosto que ela conhecia tão bem e que agora parecia tão estranho. Aquele não é mais o seu filho. Não é o menino que corria pelos corredores. Não é mais o "*macho man*" de camiseta amarela, pantufa do Pintinho Amarelinho, mãos nos bolsos e risada fácil. Não é mais o garoto que trocava de nome com o irmão só por brincadeira, que chamava a mãe de "mamãe queridona" e o pai de "papai bigodudo". Não é mais o traquina que colocava pedras no freio do carro, que fazia xixi sobre uma pedra, que trocava de brinquedo com o irmão, que jogava videogame e andava de bicicleta com rodinhas. Aquele não é mais o seu menino. Ele agora é silêncio. Ele agora é ausência. Agora, ele é um anjo.

Curado da leucemia, Thiago morre de insuficiência pulmonar às 15 horas do dia 15 de abril de 1984.

Hoje, existe tratamento para a CMV (pneumonia por citomegalovírus). Os pacientes tomam medicamentos preventivos para não desenvolverem a doença. A leucemia mieloide aguda ainda é uma doença complicada, mesmo com todos os avanços. Porém, atualmente, Thiago teria chances reais de sobrevivência. O transplante tinha sido um sucesso. O câncer não voltou. Foram feitos vários mielogramas. Ele estava curado da leucemia. Morreu da consequência. A fragilidade do seu sistema imunológico permitiu a ação de um inimigo diferente, mas igualmente mortal: o CMV.

Capítulo 63

FIZERAM TUDO O QUE ERA POSSÍVEL

Wanir e Marcus carregaram por muito tempo uma culpa silenciosa por terem se afastado naquele breve momento. Não se falava disso todos os dias, mas a dúvida os assombrava em silêncio: e se tivessem ficado? E se, por algum capricho do destino, a presença deles pudesse ter evitado a piora? E se aquele banho, aquela roupa limpa, aquela pequena fuga da dor, tivesse custado o que eles mais amavam?

Com o passar dos anos — e com o tempo que a dor leva para ganhar contorno —, a culpa foi lentamente se transformando em compreensão — uma compreensão tão dolorosa quanto necessária. Perceberam, ainda que com o coração apertado, que talvez, naquele pequeno intervalo em que se permitiram respirar, tivessem, sem saber, dado a Thiago a permissão de que ele precisava. A liberdade que seu corpo pedia. O espaço para partir. Enquanto os dois permaneciam ali, dia após dia, noite após noite, vigilantes, amorosos, desesperadamente presentes, era como se o segurassem. Não com as mãos. Mas com o vínculo mais forte que existe: o amor. E talvez esse amor, tão denso, tão absoluto, tivesse se tornado também uma âncora.

Marcus chegou a dizer a Wanir, certa vez, com voz baixa e olhar cansado:

Leca, Thiago e Marquinhos no famoso barzinho da casa

— Ele não morria porque a gente não deixava. A força com que queríamos que ele vivesse era maior do que qualquer sedativo.

E Wanir, olhando para o filho dormindo, com tubos e fios por todos os lados, apenas respondeu com um sussurro:

— Ele aguentou por amor.

A ausência momentânea, a única em tantas semanas de entrega ininterrupta, abriu uma fresta. E Thiago, guerreiro até o fim, aproveitou. Partiu. Não por fraqueza, mas porque, talvez, naquele instante, sentiu que podia.

O coração parou, mas o amor não. O pulmão cedeu, mas a lembrança ficou. A vida seguiu, mas a ausência permaneceu. Tudo o que tinham feito — os esforços, as preces, as madrugadas, os beijos, as conversas sussurradas, as promessas e as brincadeiras mesmo nos dias mais escuros — estava ali, inteiro, registrado na pele do tempo. E essa memória, sim, resistiu.

Coincidentemente ou não, Thiago teve uma resistência que ninguém mais teve. Durante toda a internação, Marcus e Wanir observaram, com olhos clínicos e olhos de pais, um padrão cruel: quando uma criança era entubada, dificilmente resistia mais do que um dia. Era algo quase automático. O paciente estava no quarto numa noite, era entubado pela manhã e, na tarde seguinte, o leito já estava limpo, pronto para outro. Mas Thiago não seguiu essa lógica. Ele quebrou o padrão. Rompeu o roteiro. Lutou. Por vinte dias. Foram vinte dias inteiros em que sua vida permaneceu suspensa entre o visível e o invisível, entre a terra e o que vier depois.

Foi quando os dois compreenderam, com dor e alívio entrelaçados, que o amor que os mantinha juntos também podia libertar. Fizeram tudo o que era possível. E, no fim, até o impossível: amaram sem condição, até o último suspiro.

Capítulo 64

SINCRONICIDADE

Alguns eventos parecem escapar da lógica comum. Coincidências, talvez. Ou sincronicidades, como o psiquiatra e psicoterapeuta suíço Carl Gustav Jung costumava dizer. Não exatamente causa e efeito, mas encontros inesperados entre o mundo externo e a vida interna — como se o universo, em silêncio, deixasse bilhetes escondidos pelo caminho. Pistas. Gotas de sentido num oceano de incertezas. Pontos de luz para quem se atreve a caminhar no escuro.

Ao longo da jornada com Thiago, Marcus e Wanir testemunharam vários desses sinais. Alguns suaves, quase invisíveis. Outros, tão arrebatadores que foi impossível ignorá-los. Sonhos premonitórios abriram a trilha. Imagens que surgiam na madrugada e, dias depois, se materializavam sob as luzes frias do hospital. Durante o diagnóstico, uma edição da revista Manchete trazia em sua capa uma reportagem sobre transplantes de medula óssea em Paris — como se o destino já apontasse, sem palavras, o caminho que teriam de seguir.

A cor amarela, a preferida de Thiago, surgia por toda parte: nas paredes do quarto no Children's (internas e externas), nas folhas do prontuário, nos remédios, nos balões das festas improvisadas, até no brilho do sol que teimava em entrar pela janela. Era como se o mundo conspirasse para mantê-lo presente, mesmo quando a esperança vacilava. A volta para o Fred Hutch em um quarto maior e mais confortável insinuou uma melhora geral. E o avião cortando os céus, enquanto contava-se os dias para voltar para casa, reforçou a esperança de um retorno à vida normal no Brasil.

E havia a primavera. Quando chegaram a Seattle, a cidade era cinzenta, fria, soturna — um inverno que parecia imitar o que viviam por dentro. Mas, no dia em que Thiago teve alta, o sol rompeu o nevoeiro. As árvores floresceram num espetáculo súbito e quase coreografado. Cerejeiras em flor, tulipas nas calçadas e o azul do céu cortaram a monotonia do concreto. Era como se a natureza, cúmplice, dissesse: "Ainda vale a pena acreditar." Aquela luz, ainda que breve, reacendeu o fôlego dos que já quase se entregavam à sombra.

Essas coincidências, embora jamais tivessem o poder de curar, eram combustível. Motivo. Âncora. Eram a forma como Marcus e Wanir transformavam o imprevisível em esperança. Porque, quando não se pode mais controlar a realidade, interpreta-se o invisível.

Mas nenhuma imagem ficou tão vívida na memória de Marcus quanto o pequeno ninho que avistava da janela da UTI. Era uma cena modesta: galhos entrelaçados, folhas secas, quatro pequenos ovos perfeitamente dispostos. Todos os dias, durante o turno de silêncio, ele se permitia aquele intervalo. Observava os ovos como quem reza. Esperava, dia após dia, pelo nascimento de algo. E foi justamente na manhã em que Thiago partiu que os filhotes romperam as cascas. Um a um. Com bicos trêmulos, invadiram o mundo. No mesmo instante em que Marcus segurava o corpo sem vida do filho, ali fora, a vida começava. Ele olhou pela janela e sentiu o peito gelar. Era como se o universo sussurrasse uma verdade que ninguém quer ouvir: a vida continua. Bela. Cruel. Imparável. E, talvez, justa na sua própria lógica impiedosa.

Coincidência? Talvez. Mas, para eles, não foi só isso. Foi um lembrete de que a vida não separa os opostos. Ela os entrelaça. Amor e perda.

Luz e escuridão. Nascimento e morte. Tudo misturado. Tudo convivendo. Como numa partitura dissonante escrita por uma mão invisível.

Com o tempo, aprenderam a não procurar respostas. Aprenderam a reconhecer os sinais, não como explicações, mas como testemunhos. Fragmentos de uma conexão maior que a lógica. E, quando as perguntas vinham — "Por que agora? Por que com ele? Por que com a gente?" —, aprendiam, aos poucos, que a algumas dores não se responde. Apenas se atravessa.

Capítulo 65

A DESPEDIDA

Médicos lidam com mortes todos os dias. Enfermeiros aprendem a erguer muralhas internas para suportar a dor alheia. Os corredores hospitalares, com suas luzes frias e rotinas exaustivas, costumam anestesiar a alma. Mas nem todas as mortes passam em branco. Algumas atravessam essas defesas. Algumas deixam marcas.

Thiago foi uma dessas presenças. Não por sua história médica, mas por aquilo que irradiava mesmo nos dias mais sombrios. Era um menino pequeno, de sorriso largo e olhos vivos, que não falava inglês, mas se fazia entender melhor que muita gente fluente. Um menino que, mesmo frágil, arrastava risos pelos corredores, que vestia camiseta amarela como se fosse uma armadura de sol, que transformava cada passo em um gesto de esperança. Quando ele morreu, não foi apenas uma ficha preenchida. Não foi apenas mais um leito vazio.

Na manhã seguinte, o Children's Hospital está diferente. Os sorrisos das enfermeiras estão apagados. Os passos dos médicos, mais lentos. No refeitório, o burburinho habitual deu lugar a um silêncio respeitoso.

Todos sabem. Todos sentem. Uma enfermeira se aproxima de Marcus e diz, tentando inutilmente levantar um pouco o ânimo do pai:

— Fica lembrando que ele jogou tão bem na terceira base.

Um comentário aleatório, mas com uma explicação simples. Ela havia visto uma foto de Thiago no campo de beisebol. Eles não faziam ideia das regras do jogo, mas, aparentemente, ele estava na terceira base, o que quer que signifique isso.

No corredor principal, onde tantas vezes Thiago havia passado com sua bicicleta, com a cadeira de rodas, jogando bola, correndo atrás do irmão ou simplesmente desfilando com a pantufa do Pintinho Amarelinho e as mãos nos bolsos, forma-se uma fileira. É uma linha humana silenciosa, feita de dor e reverência. Enfermeiros, médicos, assistentes, faxineiros. Um a um, lado a lado. Muitos, com os olhos vermelhos; outros, com as mãos entrelaçadas no peito. Alguns seguram flores. Outros, cartões com desenhos feitos por pacientes. Pequenos corações rabiscados em papel colorido. Mensagens escritas com caligrafia infantil: "*Bye, Thiago.*"[34], "*We love you.*"[35].

Marcus e Wanir caminham por esse corredor como quem atravessa um santuário. Cada olhar é um gesto de solidariedade. Cada mão estendida, um lamento. Mas não é só tristeza. Há, entre as vozes embargadas, um brilho de gratidão. Porque Thiago, com sua coragem tranquila, havia lembrado a todos ali do porquê de estarem naquela profissão. Ele havia trazido sentido, humanidade, riso. Mesmo nos dias de dor.

Em um gesto raro, quase inédito, uma missa é realizada dentro do hospital. A capela, geralmente discreta e vazia, se enche. É pequena demais para todos que querem prestar homenagem. Os bancos são tomados. Gente em pé nos corredores. Gente sentada no chão. A cerimônia é breve, mas densa. O capelão fala pouco. Diz que há crianças que vivem pouco tempo, mas que espalham luz como se tivessem vivido um século. Fala que o tempo não se mede em dias, mas em impacto. E que Thiago, com seus 4 anos, havia se tornado eterno em cada um ali. Quando a missa termina, o sol já se pôs. A luz que entra pelas janelas

34 "Tchau, Tiago."

35 "Nós amamos você."

da capela desenha sombras longas e douradas no chão. Por um breve momento, mesmo na dor, vê-se beleza.

Nos Estados Unidos, os Rotta foram tratados com um tipo de respeito que os surpreendeu. Não houve preconceito. Não houve frieza. Médicos, enfermeiras, voluntários, desconhecidos, todos os acolheram com uma generosidade sem alarde. Lá, o voluntariado é silencioso, genuíno. Na Ronald McDonald House, há quem limpe o chão por puro compromisso ético. Costuma-se dizer que, no Brasil, o voluntário quer palco; nos Estados Unidos, ele quer servir. Essa diferença marcou a família Rotta. E talvez, por isso, tenha ficado gravado em sua memória o rosto de *Grandpa Freddy*[36], um senhor gentil que aparecia todos os dias na casa. Antes de partirem, ele esculpiu uma pequena coruja em madeira — feita com os restos da construção da própria Ronald McDonald House — e deu a eles num gesto de delicadeza e empatia. Um presente simbólico, silencioso, poderoso. Um totem. Uma lembrança. Um pacto. Que até hoje guardam com carinho e saudade.

Em meio às ruínas emocionais de uma perda irreparável, restou a certeza de que o amor, quando é verdadeiro, não se quebra. Ele resiste. Ele sustenta. Ele transmuta dor em presença. E, às vezes, ele vira madeira, toma forma de coruja e se instala para sempre no coração da casa.

36 Vovô Freddy.

Capítulo 66

A VOLTA PARA CASA

Após sete meses em Seattle, a despedida é diferente de qualquer outra viagem. Não há malas recheadas de lembranças felizes, nem a ansiedade por rever o lar. Há apenas um caixão. E um silêncio. Um silêncio que não é apenas sonoro, mas denso, cheio de dor, de perguntas sem resposta, de amor interrompido.

O quarto onde haviam passado os últimos dias parece suspenso no tempo. As roupas ainda estão dobradas nas malas, as escovas de dente em cima da pia, os brinquedos de Thiago espalhados como se ele fosse entrar correndo a qualquer momento. Mas ele não entrará. Nunca mais. E é essa consciência que agora pesa sobre cada gesto.

Fernando, o carioca, assume as tarefas mais difíceis. Como não há embaixada brasileira em Seattle, vai até Los Angeles para lidar com a burocracia: traduz documentos, organiza atestados, autorizações, translado. Enquanto isso, Marcus e Wanir tentam respirar.

Nos cinco dias seguintes à morte, a família fica hospedada na casa de Silvia. É como habitar um mundo paralelo, onde todos fingem normalidade, porém nada é normal. As refeições acontecem, mas sem apetite. Os dias passavam, mas sem propósito. O tempo parece lento demais para quem quer apenas atravessar a dor e voltar para casa.

A morte de Thiago não foi uma surpresa. Eles já sabiam. Já haviam aceitado, racionalmente, que ele não sobreviveria. Mas a dor não segue lógica. A morte, mesmo esperada, carrega o peso do fim. Quem nunca passou por isso não consegue mensurar. Já se sabe que não há mais jeito, que a linha de chegada foi cruzada, mas, ainda assim, o impacto é avassalador. No momento em que Thiago morreu, Marcus e Wanir sentiram como se tivessem entrado em uma outra realidade. Foi como observar o mundo de fora, sem conseguir interagir com ele. Tudo parecia acontecer em câmera lenta e, ao mesmo tempo, num piscar de olhos.

Há também os pensamentos que insistem em voltar. Marcus se pega pensando se haviam feito a coisa certa ao autorizar a entubação. Talvez tivessem prolongado o sofrimento. Talvez devessem ter deixado o menino partir em paz. Mas Wanir o lembra, firme, de que haviam feito tudo — absolutamente tudo — o que era possível. Fazer 99% de esforço e abrir mão do 1% restante não era uma alternativa. Desistir no último momento teria deixado um espaço perigoso para o arrependimento. E arrependimento, sabem bem, pode ser um peso muito maior do que a dor.

Quem os leva ao aeroporto na manhã da viagem é Grandpa Freddy. Saem da Ronald McDonald House, fechando devagar a porta do quarto que abrigara tantas noites de espera, de angústia e de fé. Do lado de fora, o céu está limpo, mas dentro deles tudo ainda é escuridão. Entram na grande caminhonete de Fred, que já os esperava com o motor ligado. Ele não diz uma palavra. Marcus e Wanir também não. O carro avança pelas ruas de Seattle como se deslizasse sobre um território de despedidas. Ninguém pode — ou quis — quebrar aquela quietude que ocupa o espaço entre eles. Não é frieza, nem constrangimento. É reverência. É dor suspensa. É a impossibilidade de nomear o que precisava ser deixado para trás. Quando chegam ao estacionamento do aeroporto, Fred desliga o motor, ajuda-os a tirar as malas do bagageiro e, antes de se encaminharem para dentro, olha para eles com olhos baixos e, sem dizer uma palavra, apenas os abraça. Os três passam um breve momento chorando abraçados em meio a carros vazios como seus corações.

Já no *lobby* do aeroporto, amigos se reúnem para dar o último adeus à família. Não é um embarque qualquer. É uma cerimônia silenciosa. A despedida não é marcada por abraços alegres, mas por olhares turvos de dor, palavras sussurradas e uma saudade que preenche todo o espaço.

Na hora da despedida, alguém tem a ideia de registrar aquele momento. No aeroporto, cercados de amigos e pessoas queridas, os Rotta posam anestesiados para uma foto. Anos depois, ao olhar para a imagem, concluirão com pesar: "Não havia uma alma viva naquela foto". De fato, todos parecem fantasmas. Como aqueles retratos vitorianos, em que mortos eram fotografados sentados, maquiados, com os olhos abertos, para fingirem vida. É isso. Um clique que revelou um retrato insólito da dor irremediável.

O embarque é silencioso. Dentro do avião, os casacos pesados — vestígios do frio de Seattle — são jogados sobre as poltronas, formando uma pilha desordenada de lãs, penas e memórias. Uma comissária, rindo, sem saber, comenta:

— Nossa! Parece até que vocês estão levando um cadáver.

Nenhuma resposta. Só silêncio. Pela janela, Marcus vê o caixão de madeira pregado, lacrado, sendo colocado no porão da aeronave. É um caixão sem nome, sem rosto. Mas, ali dentro, está seu filho, vestido com um terninho branco doado pela Silvia. Seu menino, seu herói, finalmente voltará para casa.

Durante o voo, ninguém diz uma palavra. Wanir olha para o horizonte como quem busca uma explicação nas nuvens. E, nesse vislumbre, pensamentos emergem, claros e dolorosos. Pela primeira vez, ela se dá conta de algo inquietante: Thiago nunca perguntou sobre a própria doença. Nunca questionou o porquê de tantos exames, de tantas agulhas, de tanto sofrimento. Sabia que estava doente. Sabia que viajou para fazer tratamento. Mas nunca perguntou o que tinha. Ele falava muito, era curioso, atento, cheio de vida. Contudo, esse assunto parecia não existir para ele. Só ficou muito bravo quando o amarraram no hospital brasileiro e quando ficou com a boca em carne viva por causa da mucosite. Fora isso, ele dava a sensação de não estar se importando com o que lhe acontecia. Wanir se pergunta se eles haviam errado.

Se deveriam ter falado mais claramente, compartilhado mais verdades. Mas, talvez, ele soubesse. Talvez preferisse não saber. Ou talvez estivesse, o tempo todo, protegendo os pais.

Essa lembrança é interrompida por outra: uma vez, Thiago pediu para ser coroinha.

— Quando eu crescer, você me deixa ajudar o "pladi"? — perguntou com aquele jeito único.

Era assim que ele chamava o padre. E a cena, doce e breve, aperta ainda mais o coração de Wanir.

Marcus mantém os olhos fechados, mas não dorme. Por dentro, um furacão. Marquinhos, quieto, encolhido no assento, segura um brinquedo qualquer. Um resto de infância agarrado com força. Letícia e Felipe, ainda pequenos demais para entender completamente o que se passa, estão alheios à gravidade da viagem. Leca faz perguntas intermináveis, curiosa sobre o avião, sobre os lugares por onde passam. Felipe balança um chocalho vermelho, distraído, sorrindo de vez em quando. É um sopro de infância flutuando entre adultos desmoronados.

Capítulo 67

SOB O SOL DO BRASIL

De Seattle vão para Los Angeles. Depois, uma longa conexão até Lima e, então, o voo final para o Brasil. O avião sobrevoa o território brasileiro quando o aviso soa pelos alto-falantes, com a voz calma do comandante:

— Senhores passageiros, estamos iniciando nosso procedimento de descida para o aeroporto de Congonhas, em São Paulo. A temperatura em terra é de 27 graus, céu limpo e ensolarado. Agradecemos por voar conosco e esperamos revê-los em breve.

Marcus abriu os olhos, que estavam fechados, não por descanso, mas por cansaço e negação. Wanir permanece imóvel, o olhar fixo na paisagem que começa a surgir pela janela: manchas verdes, telhados vermelhos e um céu azul vibrante. O contraste é cruel. Haviam chegado a Seattle meses antes envoltos por uma névoa de inverno, carregando consigo apenas esperança. Agora, voltam ao Brasil debaixo de um céu claro, radiante, trazendo luto. É uma ironia perversa da natureza. O sol parece zombar da dor deles, como se dissesse: "A vida continua." Para eles, não. Internamente, ainda chove.

O avião toca o solo suavemente, mas cada roda que encosta na pista parece empurrá-los mais para dentro de uma realidade que eles não querem enfrentar. O baque seco, o ronco dos motores desacelerando, os freios rangendo... tudo marca a entrada oficial em um novo capítulo: aquele onde Thiago já não existe mais.

Os cintos são desatados com gestos automáticos. A fila para desembarque se forma lentamente. Wanir aperta a mão de Marquinhos com força. Marcus olha fixamente para o chão. Letícia e Felipe continuam alheios. Há um mundo ali que eles ainda não compreendem. Descem as escadas do avião sem dizer nada. Cada passo no solo brasileiro dói. Não há comemoração. Não há "bem-vindos". Há o peso do retorno. A sensação de que estão trazendo o fim junto com as malas. A angústia ainda os acompanha, mais pesada do que nunca. E, ainda assim, seguem. Porque, por mais cruel que seja, é isso que os vivos fazem: seguem.

O Brasil os recebe com um calor estranho. Não é apenas a mudança de temperatura em relação a Seattle, é algo mais profundo, quase simbólico. Um calor que não aquece, mas pressiona. O sol brilha sobre um país que parece o mesmo de antes, mas já não é.

O aeroporto de Congonhas, em São Paulo, ferve de movimento e rotina. As pessoas correm com suas malas, apressadas, alheias ao peso que aquela família carrega. Os Rotta caminham até o saguão, com a lentidão de quem não tem pressa de seguir. É então que recebem a notícia: um parente de Marcus, que é piloto, alugou um avião particular para levá-los até Presidente Prudente, onde pretendem sepultar Thiago.

Após pegarem as malas, vão todos até o hangar onde está o avião alugado. Aproximam-se calmamente, com os olhos ainda carregados de lágrimas secas. O piloto os aguarda, já preparando a pequena aeronave para o embarque. O caixão de Thiago vem sobre um carrinho elétrico trazido por dois funcionários do aeroporto. Porém, quando tentam acondicioná-lo ao compartimento de carga, vem a constatação: ele é grande demais. Não vai caber.

Esperavam um caixão de criança, mas, nos Estados Unidos, para transporte internacional, usa-se uma caixa padrão — uma urna de madeira pesada, reforçada, do tamanho de um adulto. Tentam reposicionar, calcular ângulos, verificar possibilidades. Não há jeito. Não caberá ali.

Há uma discussão breve, mas tensa. O que fazer? Como seguir? Contratar um carro funerário? Após avaliarem as alternativas, optam por alugar outro avião maior. Mais tempo. Mais burocracia. Mais espera.

Voltam ao saguão para aguardar a nova aeronave. Marcus e Wanir estão exaustos, física e emocionalmente. Sentam-se em cadeiras duras, sob luzes pálidas, esperando uma solução. A sala é asséptica, fria demais para o calor que faz lá fora. O ar-condicionado sopra indiferente, e os barulhos metálicos dos carros de bagagem e dos anúncios nos alto-falantes parecem ecoar dentro de suas cabeças. É nesse espaço de espera que Wanir começa a se remexer. Uma inquietação silenciosa toma conta de seu corpo. Algo está errado. Seu coração acelera. Seus olhos varrem a sala, como se procurassem um rosto. O rosto que ela sabe que não encontrará mais. Mas, por instinto, ela ainda o procura. É quando vem o estalo. Um vazio. Um susto.

— Onde está o Thiago? Onde está o meu filho? — pergunta, com um fio de voz, quase sussurrando.

A pergunta cai como um trovão. Ninguém sabe responder. Vão averiguar. Alguns minutos depois, chega a confirmação de um funcionário do aeroporto:

— Ele está lá fora, no pátio, esperando o novo avião.

— Lá fora? — repete Wanir, levantando-se abruptamente, com a voz ganhando corpo. — No pátio? Onde exatamente?

— Onde ficam os aviões pequenos, aguardando o embarque — responde timidamente o funcionário.

Wanir corre para a janela à procura de seu filho. E o encontra. No meio do pátio, cercado por aviões particulares, escadas metálicas e veículos de apoio: uma caixa de madeira. Sozinha. Debaixo do sol. Ninguém por perto. Nenhum sinal de sombra. O caixão de Thiago, seu menino, seu anjo, está ali, largado como uma encomenda qualquer, sob o peso do calor tropical.

Ela para. O peito arfando. O coração descompassado. A indignação cresce junto com a dor. Wanir leva a mão à boca, o coração dispara.

— Ele está sozinho lá fora! Sozinho! — repete, como quem tenta acordar de um pesadelo.

Olha para Marcus, como que procurando um salvador. — NÃO! ELE NÃO PODE FICAR LÁ! — grita.

Marcus, mesmo sentindo algo o rasgando por dentro, sai correndo. Os passos ecoam nos corredores, entre placas e portas de vidro. Atravessa o saguão, passa pelos corredores, cruza uma porta de emergência e caminha até o pátio. Quando chega ao local indicado, precisa levar a mão aos olhos para suportar a luz forte do meio-dia. E lá está ele. O caixão. Uma caixa de madeira clara, solitária sob o calor inclemente. Nenhuma sombra por perto. Nenhuma proteção. Apenas o absurdo do descaso.

Marcus aproxima-se devagar. A madeira está quente ao toque. Senta-se sobre ela com delicadeza, como se pedisse licença. Passa a mão suavemente pela superfície áspera, como um carinho. Então, murmura:

— Estou aqui, meu filho. Você não está sozinho.

Fica ali, em silêncio. Como um vigia. Como um pai que se recusa a abandonar o filho, mesmo depois do fim. Como se sua sombra lançada sobre a caixa pudesse servir de abrigo.

Marcus fica ali alheio ao relógio. O tempo se dissolve. Ficaria ali sentado quantas horas fossem necessárias. Não arredaria o pé nem por um minuto. O pátio é puro movimento — escadas com rodas, funcionários com coletes, turbinas em ronco ao longe —, mas ali, naquele pequeno raio de sol, tudo para.

Wanir observa do saguão. Pai e filho, juntos pela última vez. O choro brota, mas já não é apenas de dor. É também de reverência. Porque, mesmo na morte, o amor resiste.

Capítulo 68

A ÚLTIMA VEZ

O sol de São Paulo continua brilhando forte quando a família embarca no novo avião com destino a Presidente Prudente. Apesar de ser maior que o anterior, ainda é um avião pequeno, com assentos estreitos e um barulho constante que preenche a cabine com uma vibração quase hipnótica. Não há compartimento de carga. A urna de madeira com o corpo de Thiago foi colocada dentro do avião, no mesmo espaço dos passageiros. Está ali, ao lado deles. É como se a presença dele ainda insistisse em fazer parte daquela viagem derradeira.

Wanir olha fixamente para o caixão. O toque do sol sobre o bronze dos fechos parece um brilho sagrado e, ao mesmo tempo, doloroso. Depois de alguns minutos, ela vira-se para Marcus e diz em voz baixa, quase um sussurro:

— É a última vez que estamos todos juntos. A família inteira.

As palavras pairam no ar como fumaça. Marcus assente, com umidade discreta no olhar. Não responde. Aquela frase carrega o peso de tudo o que estavam vivendo. Não é uma constatação banal, mas um lamento silencioso, uma espécie de adeus suspenso no tempo.

É uma despedida que não diz apenas sobre Thiago. É também uma despedida da vida que tinham antes, do cotidiano que conheciam, das rotinas e dos planos que haviam sido rasgados pelo acaso. Naquele voo, pela última vez, estão todos reunidos. Não em celebração. Não em viagem de férias. Não há historinhas em fita cassete, lutas fingidas ou bronca de pai. Estão juntos na mesma cabine apertada, partilhando o mesmo ar, cercando a memória de um menino que já não respira.

O avião ganha altura, cortando o céu do interior paulista. Lá embaixo, a paisagem é uma colcha de retalhos de plantações, estradas sinuosas. Cidades pequenas que se esparramam pelo horizonte, casas com telhados de barro, rios que serpenteiam entre as matas.

Wanir segura o banco com força. Marquinhos, ao lado, cochila com a cabeça encostada na janela, esgotado pelo peso dos últimos dias. Letícia e Felipe estão quietos. Parecem entender que aquele não é um voo comum.

Depois de um tempo, Marcus vira-se para Wanir. Não diz nada de imediato. Apenas a olha. E ela entende.

— Se esse avião cair agora... — ela começa — ...tudo acaba — completa.

Há um silêncio longo. Um silêncio que não é de medo, mas de resignação. Pela primeira vez em muito tempo, a ideia da morte parece um descanso. Um fim para uma dor que não tem nome, nem borda, nem alívio.

— Seria mais fácil — conclui Wanir, com um leve tremor na voz.

Marcus assente de novo. É como se o peso de tudo o que viveram tivesse alcançado um ponto em que a continuidade soa mais absurda do que o fim. É uma confissão íntima entre dois sobreviventes. Um desejo não pela morte em si, mas pelo descanso que ela promete. Por um instante, o céu parece o único lugar onde não há dor.

Mas o avião não cai. O motor continua seu zunido constante. As asas seguem firmes no ar. A vida, por mais que doa, insiste em continuar.

Ao fundo, o piloto anuncia que a descida começará em breve. Presidente Prudente se aproxima. E, com ela, a última etapa.

Marcus olha pela janela. Vê o brilho da vegetação rala e amarelada que denuncia o calor seco da região. Aquela é sua terra. Mas agora, parece estranha. Como se eles tivessem voltado para um lugar que já não os reconhecia.

Quando o avião toca o solo, um pequeno sobressalto sacode os passageiros. Wanir olha novamente para o caixão. Passa a mão sobre ele com suavidade. É o fim da viagem. Mas não da dor. Porque o amor verdadeiro não termina com o último pouso. Ele segue, como um sussurro, dentro de quem ficou. Segue disfarçado nos detalhes: na memória de uma risada, no som de uma música, na cor de um cobertor. E, naquela última viagem juntos, eles sabem — não com palavras, mas com o coração — que, mesmo separados, continuarão sendo uma família. Incompleta, sim. Mas inteira no que mais importa.

Capítulo 69

O DESENCONTRO

Muitos pais que perdem um filho falam sobre a sensação de que o mundo deveria parar. Mas o mundo não para. Ele segue, indiferente. E, para Marcus e Wanir, retornar ao Brasil foi como voltar para um lugar que já não era mais deles. Quando o avião pousa em Congonhas e, depois, quando chegam finalmente a Presidente Prudente para o velório e sepultamento, algo dentro deles parece suspenso. Como se não houvesse mais raiz, mais solo onde pisar. Thiago é enterrado, mas o amor, a dor e tudo que viveram nos últimos meses ainda vibra em cada parte de seus corpos. É como se o Brasil, seu próprio país, não os reconhecesse mais.

Em Seattle, tudo era intensidade. Cada gesto, cada encontro, cada passo, tinha significado. As pessoas haviam se tornado parte de suas vidas de uma forma profunda e definitiva. Enfermeiros, médicos, vizinhos, voluntários, estranhos que se tornaram amigos. Tudo lá pulsava com uma urgência de amor e sobrevivência. O contraste com o Brasil é avassalador.

Marcus não consegue deixar de lembrar dos detalhes. Do cheiro dos quartos, das vozes, dos nomes, dos olhares. Sente-se ainda lá, como se parte dele tivesse ficado naqueles corredores do Fred Hutch, ou no quarto do Children's Hospital, ou naquele momento no aeroporto, onde velou o filho sob o sol. A volta ao Brasil é, para ele, uma desconexão. Não apenas geográfica, como também emocional, espiritual.

Wanir, por sua vez, sente uma solidão sufocante. Quando fala do Thiago, das cenas, das pessoas, sente que seus interlocutores não entendem a dimensão da tragédia vivida. Eles ouvem, mas não escutam. Assentem, mas não sentem. É como contar um sonho para quem está completamente acordado. A dor deles é estranha demais, distante demais para ser compreendida. E, por isso, voltam ao seu ninho como estranhos.

No começo, tentam ficar em Presidente Prudente, talvez como uma forma de esticar o tempo junto ao filho, de permanecer mais perto do lugar onde ele agora repousa. Mas não conseguem. Há burocracias, pendências e uma cidade que, apesar do carinho, não os abraça como precisam.

Vão, então, para Campinas, para a casa dos pais de Marcus. E ali, uma nova camada de dor se impõe. Marquinhos, o pequeno doador de medula, que havia enfrentado tudo com valentia, agora está descompensado. É como se todo o peso da impotência explodisse de uma vez só. Dona Noêmia não compreende o drama que a família viveu. Uma avó presente e carinhosa, mas presa a costumes antigos. Marquinhos está completamente alterado, bravo, frustrado. Quebra coisas. E ela diz:

— Tem que bater nesse menino.

Wanir só consegue pensar: "se eu fosse ele, quebrava a casa inteira". Marquinhos não está conseguindo lidar com a frustração de não ter salvado o irmão. De não ter sido o herói que esperava ser. Isso deixa os pais muito preocupados com seu futuro. Estão sempre tentando acalmá-lo, dizendo que ele fez tudo o que podia.

— Você foi um herói. Você foi o melhor irmão do mundo — repetem insistentemente.

Wanir está despedaçada. Passa os dias sozinha. Esperando. Marcus sai cedo com o pai, vai para São Paulo, passa nos hospitais, tenta organizar a vida profissional. E ela fica ali. Naquela casa que não é sua.

Naquele quarto que não é seu. Pensando. Tentando entender. Tentando segurar o próprio corpo em peças. Quando Marcus volta à noite, não há descanso. Fecham a porta do quarto e conversam. Chorar se torna rotina. Um ritual. Uma forma de seguir respirando.

O Brasil está ali, do lado de fora. Mas não os alcança. E a vontade de voltar para Seattle não é apenas geográfica. É o desejo de retornar para um lugar onde a dor tem nome, onde há conexão. Onde, de alguma forma, tudo tinha feito sentido. Agora, no desencontro com o Brasil, o luto ganha um novo rosto: o da saudade de um tempo que, mesmo terrível, havia sido pleno de significado.

O luto é difícil. Pesado. Um tipo de peso que não se carrega nos ombros, mas por dentro — no peito, nos olhos, na fala. É como caminhar por dentro d'água, com o mundo à volta funcionando normalmente, enquanto eles, por dentro, permanecem afundados.

Durante semanas, talvez meses, parecem anestesiados. Os dias passam, mas não há vida — só a sensação de que algo foi lhes arrancado com brutalidade. Estão vivos, mas com a alma vazia. Wanir e Marcus se arrastam entre as tarefas mínimas. Dormem pouco, comem pouco, falam quase nada. Estão mortos por dentro.

Mesmo já morando em São Paulo em uma casa alugada, a vida continua sem sentido: boletos esquecidos, telefonemas ignorados. Até que um dia luz é cortada por falta de pagamento. Não por descaso, mas porque o mundo ao redor deixou de importar. As crianças, assustadas, correm para os pais e os abraçam com força. E é neste exato momento, no escuro da sala, com os filhos chorando de pavor, que o casal se dá conta do abismo onde caíram. É Wanir quem rompe o silêncio. Sentada em meio à escuridão, balançando o corpo para acalmar Letícia, olha para Marcus e diz, com uma firmeza serena:

— Nós não podemos nos entregar. Se demos tudo o que tínhamos para um, precisamos dar para os outros também.

É mais que um apelo. É uma convocação de retorno à vida normal. Há três filhos ali, esperando. Esperam o retorno dos pais — não fisicamente, mas emocionalmente. Eles também precisam de colo, de atenção, de amor. Precisam estudar, brincar, crescer. E, para isso, é preciso que os pais voltem. Que renasçam, ainda que em pedaços.

É necessário recuperar o tempo perdido. O tempo das ausências, das viagens, dos quartos de hospital. O tempo em que foram obrigados a dividir-se — corpo em um lugar, coração em outro. E, para recuperar esse tempo, não basta simplesmente estar presente. É preciso estar inteiro.

Nesta noite, enquanto acendem velas pela casa, com os filhos já calmos e sorrindo timidamente, Marcus e Wanir estão conscientes de que o luto não terminou. Mas a vida, esta sim, precisa recomeçar.

Capítulo 70

A FORÇA DA UNIÃO

Muitas histórias de casais que enfrentam a perda de um filho terminam no vazio, no afastamento ou na separação. Mas, para Marcus e Wanir, o que poderia tê-los destruído acabou unindo ainda mais. No epicentro da dor, encontraram força um no outro. Nesse elo silencioso, construíram uma fortaleza — não apenas emocional, como também espiritual. É como se a dor, em vez de corroer, soldasse suas almas com uma liga indestrutível, feita de emoções incontidas, paciência e presença absoluta.

Lá em Seattle, se tornaram inseparáveis. Apesar da acolhida generosa das pessoas, tudo ao redor era estranho: a cidade fria, o idioma alheio, os corredores intermináveis dos hospitais, os alarmes que não paravam de soar. A sensação constante era a de caminhar num labirinto escuro, e o único fio de orientação era a mão um do outro. Não dividiam somente as angústias e os cuidados com o Thiago. Dividiam também os olhares que falavam sozinhos, os suspiros contidos de quem já não sabia se estava vivendo ou apenas resistindo. Era como se cada um respirasse pelo outro.

Durante os dias intermináveis nos hospitais, formaram uma espécie de microcosmo. Um pequeno planeta em órbita própria, feito de revezamentos na cabeceira do leito, cochilos fragmentados em poltronas, lanches rápidos comprados no Albertson mais próximo e doses diárias de força que pareciam brotar do amor e da urgência. O mundo lá fora desaparecera. Existia apenas aquele quarto e, dentro dele, os dois — cúmplices de uma travessia brutal. O tempo era marcado pelo ritmo dos monitores, pelas entradas e saídas dos médicos, pela temperatura do corpo do filho.

No retorno ao Brasil, sentiram o impacto do desencontro. A realidade brasileira parecia uma fita rebobinada de um tempo antigo. O país era o mesmo, mas eles não. Tudo parecia abafado, rudimentar, como se o mundo tivesse ficado menor. A informação era escassa, os meios de comunicação limitados. Em Presidente Prudente, a televisão ainda era regional. Ficava fora do ar por horas. As músicas, os programas, os costumes, tudo parecia vir de outra era. A experiência nos Estados Unidos os transformara de maneira irreversível, criando um abismo entre o que eram e o que se tornaram.

Era como ter voltado de uma guerra e encontrado tudo intacto. O mesmo barulho da cidade, as mesmas fachadas de loja, os mesmos cheiros — e, ainda assim, tudo estar deslocado. A vida seguia num compasso que já não os incluía. Eles olhavam para as pessoas como se olha para quem ainda não sabe.

Em 1984, essa volta abrupta foi como cruzar um oceano de eras, e o desejo de voltar para o outro lado do mundo, para a bolha acolhedora de Seattle, é quase insuportável.

Capítulo 71

A HORA DA CONTA

Os custos desta tragédia não foram apenas emocionais. Foram também financeiros. Eles gastaram o que tinham e o que não tinham para tentar salvar Thiago. Mas, em nenhum momento, houve dúvida. Em nenhum momento, fizeram contas para ver se era possível. Quando eles decidiram ir para Seattle, sabiam que iriam, tamanha era sua determinação. Mas, inevitavelmente, a conta viria. E veio alta. O Fred Hutch custou 250 mil dólares. O Children's Hospital, outros 100 mil. Mesmo com doações e arrecadações, a conta não fechava.

E, já de volta ao Brasil, cartas começaram a chegar. Calhamaços. Envelopes com carimbos hospitalares e uma frieza burocrática que soava quase ofensiva. Cada página era um cálculo: seringas, exames, algodão, minutos de oxigênio, deslocamentos de ambulância. Tudo foi cobrado. Tudo foi somado. O valor da ambulância que levou Thiago para o dentista, por exemplo, foi desproporcional. Apenas alguns minutos entre hospitais e lá estava ela: detalhada, cravada, impessoal.

A cobrança de insumos nos hospitais era feita de maneira muito simples e organizada. Tudo vinha dentro de pacotinhos acompanhados de um tíquete com o código do produto. Cada vez que um insumo ou medicamento era utilizado, as enfermeiras colavam o tíquete correspondente na porta do paciente, para depois tudo ser levado à tesouraria. Um dia, no Children's, uma enfermeira se aproximou de Marcus, convidou-o para um canto do corredor e, com uma expressão grave no rosto, perguntou baixinho, quase sussurrando:

— Vocês são particulares aqui?

— Sim — ele respondeu, sem entender aonde ela queria chegar.

Ela hesitou. Olhou ao redor, como se se certificasse de que ninguém mais estava ouvindo.

— E como vocês vão pagar tudo isso? — completou, assustada.

Marcus deu de ombros e disse:

— Não sei.

No dia seguinte, algo mudou. Os tíquetes com os registros de medicamentos e insumos desapareceram da porta. Discretamente, as enfermeiras pararam de colá-los. Elas nunca disseram nada e continuaram trabalhando como se nada de anormal estivesse acontecendo. Era como se dissessem: "isso não é importante agora" — gotas de empatia em um oceano de frieza administrativa.

Mas foi apenas quando conheceram Evelyn e David que a sobrevivência começou a ganhar estrutura. Um casal improvável, que apareceu após a matéria do programa *60 Minutes*. Evelyn, brasileira; David, chileno, vice-presidente do Rainier Bank, em Seattle, que assumiu uma missão silenciosa e determinante: ajudar a desatar os nós financeiros. Abriu uma conta, recebeu os fundos que, pouco a pouco, amigos e parentes conseguiam mandar do Brasil. Era quase impossível enviar dinheiro legalmente para fora. Mas David conhecia os atalhos. Tudo dentro da lei. Tudo com autorizações especiais.

Foi com essa rede que conseguiram, a duras penas, enviar os 80 mil dólares que haviam juntado no Brasil e mais alguma coisa conseguida com a ajuda de amigos. O suficiente para pagar apenas uma parte do tratamento no Fred Hutch. Já o Children's, onde Thiago passou os momentos mais duros, ficou com apenas 10 mil.

— Não pague mais do que isso — disse um dia David. — Aqui não tem esse negócio. Se você não tem, ninguém vai bater na sua porta. Fiquem tranquilos.

Parecia arriscado. Mas valia a pena tentar.

Alma Richie, o senador mórmon, havia assinado um documento garantindo o pagamento integral das despesas. Mas, no fim, isso não foi necessário. Um dia, chegou uma carta para a família Rotta. Simples, direta: a dívida estava perdoada. Estavam livres. Não era apenas uma questão financeira. Era um gesto de empatia radical. Um ato que dizia: "Sabemos o que passaram. Não é dinheiro que vai medir essa história." E aquilo curou um pedaço da dor. Uma ferida invisível cicatrizava lentamente, não com anestesia, mas com dignidade.

Os médicos que cuidaram de Thiago também tiveram um papel preponderante na questão financeira dos Rotta. Nenhum deles cobrou honorários. Nenhum. Nem os do Children's, nem os do Fred Hutch. Marcus e Wanir acreditam até hoje que este foi mais um efeito da passagem de Thiago na vida deles. Aquele menino especial tocou seus corações de forma tão profunda, que cobrar pelo que fizeram — e fizeram muito — seria quase uma ofensa a Deus.

Um dos gestos mais marcantes para Marcus foi a vaquinha criada pelos colegas médicos, encabeçada pelo amigo Walter Rosa. Seu propósito não era ajudar nas contas hospitalares, mas servir de sustento para a família na volta ao Brasil. Eles estavam sem casa, sem emprego, sem nada.

— Não precisa. Eu vou trabalhar agora — argumentou Marcus.

Mas Walter foi incisivo:

— Não importa. Pegue esse dinheiro. É seu.

Capítulo 72

O CHEIRO DO AMOR

Hoje, na casa da família, existe um baú. Não é um baú qualquer. É um relicário. Ali dentro estão guardadas as roupas do Thiago, seus brinquedos, objetos que um dia segurou com as mãos pequenas e quentes. Mas, acima de tudo, está o cobertor, o famoso cobertor amarelo, gasto nas bordas, com fiapos que contam histórias de tardes de febre, cochilos ao lado da mãe e noites em que foi capa de super-herói. Aquele cobertor, para eles, tornou-se mais do que tecido. Tornou-se presença. Um rastro de vida. Um vestígio de amor.

Wanir lembra de uma cena que reavivou essa sensação. Estava assistindo ao filme *Dear Zoe* (2022), com Sadie Sink. Nele, uma menina chorava desesperada por ter derramado suco sobre o travesseiro da irmã falecida. Aquilo a devastou, porque o travesseiro não era um objeto qualquer. Era o que restava da irmã: o seu cheiro. O pai, sem entender, lavou o travesseiro. E, com ele, apagou a última ligação olfativa entre as irmãs.

Wanir não precisou assistir até o fim para entender. Ela e Marcus também aprenderam isso. Quando Thiago partiu, o cheiro dele ficou.

No travesseiro, nas roupas, nos brinquedos, no cobertor. Era um perfume suave de criança, misturado com as essências do hospital, um vestígio de sabonete infantil e pele adormecida.

Marcus tentou proteger aquilo. Selou o cobertor em um saco plástico, na esperança de preservar o invisível. O cheiro era o que restava quando tudo o mais desaparecia. Por muito tempo, eles abriam aquele saco com o cuidado de quem folheia um livro sagrado. Inalavam fundo. Fechavam os olhos. E, por um instante, estavam de novo com Thiago.

Entre os objetos guardados, há também um creme usado durante os dias na UTI. Abrir o frasco é como abrir uma janela no tempo. O aroma não ativa só a memória, mas o corpo inteiro. O hospital volta. O quarto. A respiração. Os corredores. A máscara no rosto do Thiago. A mão pequena apertando a deles. A despedida... Tudo ressurge com brutal nitidez.

O olfato é o sentido mais próximo da memória emocional. Enquanto a visão e a audição são mediadas pela linguagem, o cheiro é puro. Ele atravessa o tempo e a lógica. Não precisa explicar, apenas conecta. E é por isso que aquele baú permanece intacto. Porque, ao abri-lo, eles não estão apenas revivendo uma história. Estão, de algum modo, continuando a amar. O cheiro do amor não se escreve. Não se fotografa. Não se descreve com exatidão. Mas pode ser guardado. E, enquanto for lembrado, ele também respira.

Capítulo 73

UM ANJO VEIO MORAR COM A GENTE

Ao retornar de Seattle, trazendo nas malas o peso da saudade e no peito a dor da perda, Marcus e Wanir passaram a procurar uma forma materializada de manter a presença de Thiago em suas vidas — algo que possa ser tocado, olhado, sentido. Algo que diga: "Ele ainda está aqui". É assim que surge a ideia de esculpir um anjo. Mas não um anjo qualquer. Um anjo com o rosto, o tamanho e a expressão do menino que partiu cedo demais.

Recorrem ao artista Luiz Morrone, cujas mãos sabiam traduzir memórias em matéria. Entregam-lhe fotografias, medidas, detalhes. A cabeleira, os olhos vivos, os lábios ligeiramente curvados num sorriso contido. Cada traço de Thiago deve estar ali. Cada centímetro daquela escultura será uma tentativa de eternizar o efêmero.

Durante semanas, a família acompanha o processo como se acompanhasse uma gravidez. Um segundo parto, em bronze. Visitas ao ateliê, observações minuciosas, correções de proporções. Querem que tudo seja exato. Que o anjo não seja um símbolo genérico, mas um espelho. Um eco. Uma permanência.

A escultura é finalizada e levada ao cemitério, onde ficará junto à sepultura de Thiago. Mas a paz que ela traz é logo ameaçada. Tentam roubá-la. A imagem é encontrada danificada, com a cabeça amassada por uma tentativa bruta de violar sua integridade. Aquilo que era memória vira alvo. Aquilo que era carinho vira objeto.

Diante disso, a família decide trazer o anjo para casa. Instalado num canto especial da residência dos Rotta, ele passa a ser mais do que uma escultura: torna-se uma presença constante, silenciosa, que acompanha o ritmo da vida. Ali, onde o tempo segue seu curso, o anjo permanece.

Os netos crescem com o anjo como parte da paisagem afetiva da casa dos avós. Alguns têm receio no começo; outros, curiosidade. Mas, logo, todos passam a amá-lo. Apresentam o anjo aos amigos como quem mostra um parente querido. É o tio Thiago, o anjo da família. Uma figura que, embora nunca conhecida em vida, é familiar em espírito.

Em ocasiões especiais, o anjo ganha destaque. No casamento de Letícia, é colocado na igreja, num canto iluminado, como se testemunhasse a nova etapa da irmã que tanto amava. Ele também está no casamento de Marquinhos. Não como decoração, mas como convite ao amor invisível. Como sinal de que ele permanece parte da família.

Com o tempo, o bronze perde o brilho. As marcas do tempo tornam a escultura ainda mais viva, mais real. O metal escurecido, a cabeça levemente deformada, as rugosidades da superfície, tudo conta uma história. Uma história de amor que resiste ao tempo, ao roubo, à perda.

Marcus, olhando hoje para a obra, reconhece um pequeno erro. A escolha do bronze, feita para resistir ao tempo e ao clima do cemitério, acabou tornando a escultura um pouco dura, sem a delicadeza dos materiais mais maleáveis, como o barro ou o gesso. O brilho do metal apaga um pouco a suavidade dos traços. Mas nada disso importa tanto quanto o que ela representa.

A escultura é, antes de tudo, um gesto. Um modo de dizer: "Ele esteve aqui. Ele viveu. Ele foi amado. E continua sendo." É um altar cotidiano, uma ponte. Um anjo que foi morar com eles. E ali ficou. Ficou como parte da casa, como parte da história, como parte do amor que não termina.

Capítulo 74

O AMOR RESISTINDO AO TEMPO

Thiago foi enterrado em Presidente Prudente, num dos últimos espaços disponíveis no cemitério, já na parte mais baixa, quase junto ao muro dos fundos. Era o que havia na época. Os pais não tinham força para discutir localização, apenas queriam que tudo fosse feito com dignidade e respeito. Ali repousava uma criança que havia sido luz em todos os cantos por onde passou.

O tempo passou, lento e implacável. E, com ele, veio também a chance de transformar o luto em memória. Anos depois, já com mais estrutura emocional e possibilidades, Marcus e Wanir conseguem adquirir um local na parte mais alta do cemitério, onde sempre imaginaram que o filho deveria estar. É um lugar diferente: arborizado, silencioso, com sombra fresca o dia inteiro. Um espaço de paz. Ali, sob a copa de árvores antigas, constroem um jazigo de granito, sólido e sereno, como o amor que ainda tinham por ele. É bonito. Discreto, mas acolhedor.

Um lugar digno para guardar não apenas o corpo, mas o vínculo que jamais se dissolveu.

Aos poucos, aquele espaço vai se tornando o coração silencioso da família. Ali são enterrados também o pai e a mãe de Marcus, assim como os pais de Wanir. O próprio pai de Marcus, quando ainda estava lúcido, fez um pedido: queria ser enterrado junto do neto. Havia um carinho particular, uma afinidade inexplicável entre os dois — mesmo que tivessem convivido tão pouco.

Quando transportaram o corpo do Thiago para o novo jazigo, muitos meses após sua morte, um fato causou espanto. O caixão estava intacto, como novo. Não havia nenhum sinal do tempo, de deterioração, de abandono. Era como se algo — que talvez nunca seja entendido — o tivesse preservado.

Quase quatro décadas depois, sem mais nenhum membro da família em Prudente, Marcus e Wanir decidem trazer Thiago para São Paulo, a cidade onde hoje vivem, para onde a vida os levou. É uma forma de mantê-lo perto. Mesmo nesse novo deslocamento, o caixão permanece intacto. Quarenta anos. Nenhuma marca do tempo. Nenhum desgaste visível. Marcus não sabe explicar. Wanir também não. Mas os dois sabem sentir: há formas de amor que o tempo não apaga, nem mesmo toca. Amor que ultrapassa a carne, os anos, os lugares. Amor que permanece, inteiro.

Capítulo 75

MORTE E NASCIMENTO

Voltar ao Brasil depois de tudo o que viveram em Seattle foi como atravessar um espelho e se ver do outro lado, distorcido. O choque cultural foi brutal. Lá, o hospital era duro, mas humano. Havia estrutura, empatia, organização. Aqui, o vazio institucional era quase tão sufocante quanto a dor.

Nos primeiros dias, Marcus evitou entrar em hospitais. O cheiro, os corredores, os jalecos brancos, tudo evocava lembranças ainda cruas, ainda em carne viva. Mas o casal sabia que o que tinha vivido não podia simplesmente acabar. Era preciso dar sentido à perda. E sentido, naquele momento, significava transformação. Com o tempo, eles passaram a gostar de falar sobre o Thiago. No início, sim, era impossível. As palavras não saíam, a dor ainda era crua. Mas, hoje, eles acreditam que lembrar e contar a história do filho faz parte da ideia de manter viva a sua memória.

Toda esta história também mudou a visão de Marcus como médico. Depois que voltou de Seattle, ficou mais preocupado com os pacientes, mais empático, mais humano. Passou a acreditar que um hospital deve ser organizado para funcionar em função dos pacientes, e não em função dos médicos ou das enfermeiras, como é a maioria deles aqui.

Nos primeiros meses após o retorno, o luto ocupava todos os espaços. A ausência de Thiago era tão física quanto espiritual. Estava nas roupas que não podiam ser doadas, nos brinquedos que ninguém mais tocava, no quarto que se recusavam a desmontar. Mas havia algo que incomodava ainda mais do que o silêncio da morte: a indiferença da vida ao redor. Mesmo dispostos a compartilhar sua história com as pessoas como uma forma de conscientização, sentiram que todo um país continuava alheio à dor que ainda gritava não só dentro deles, mas dentro de tantos e tantos pais vitimados pelo câncer de seus filhos. E foi essa lacuna, esse descompasso entre sofrimento e estrutura, que começou a se transformar em ação.

É Wanir quem começa a plantar a ideia. E uma das motivações foi uma conversa que teve com Grandpa Freddy, ainda em Seattle. Um dia, ela perguntou como poderia retribuir a tudo o que estavam recebendo. E Freddy respondeu com um sorriso discreto:

— *Do the same thing in Brazil.* [37]

Não era uma sugestão. Era um legado. Uma missão sussurrada, passada de um coração ao outro.

Wanir conversa com médicos, entre eles a oncologista Sônia. Fala sobre o que tinha visto nos Estados Unidos: casas de apoio, voluntariado verdadeiro, hospitais com estrutura emocional e logística para acolher não apenas pacientes, mas famílias inteiras. Mas é como descrever um planeta distante. A resposta é sempre a mesma: "Aqui não tem como. Aqui não existe isso."

E, de fato, não existia. O Brasil era um país enclausurado. A reserva de mercado mantinha o país isolado. Não havia acesso fácil à informação, troca de experiências ou conhecimento. E, nos hospitais, o sistema era igualmente opaco. As famílias, um incômodo.

Nos primeiros meses, era impossível sair da dor. A casa estava cheia de silêncios. Cada canto dizia: "falta alguém". Mas, com o tempo, eles

37 "Faça o mesmo no Brasil."

entenderam que o amor que sentiam por Thiago não precisava mais lutar contra a morte, que podia lutar a favor da vida. E foi com esse amor ainda doendo que começaram a construir algo que não morresse, para que tudo pelo que passaram fosse transformado em propósito, para transformarem o luto em compromisso.

E é nesse solo árido que a semente do acolhimento foi plantada. Porque, se tudo falta, o que não pode faltar é a memória do que significa ser bem tratado. E mais do que isso: a sensação de dívida com aqueles que um dia os acolheram. A necessidade de devolver ao mundo o bem que haviam recebido. Também é importante conscientizar as pessoas de que crianças com câncer não nascem com a doença. Thiago era um exemplo: uma criança saudável, que brincava, corria, nadava, pulava, era esperto, não sossegava nunca. O câncer veio depois, mas não se sabe por quê. Há sempre algum fator, uma predisposição genética. (Hoje, sabe-se muito mais sobre tumores, mas a ciência ainda está longe de compreendê-los totalmente.)

Marcus e Wanir queriam construir algo. Algo que oferecesse às famílias brasileiras aquilo que eles só encontraram a milhares de quilômetros de casa. No entanto, a transformação não veio de súbito. Foi lenta, como são todas as grandes mudanças. Primeiro, a negação. Depois, a aceitação. Por fim, a vontade de agir. E, dentro dessa decisão, houve também um processo de elaboração do luto. Não um consolo, mas uma consequência. Porque, como Marcus diria anos depois, não foi uma missão. Missão é palavra grande demais. Foi apenas gratidão.

— O sofrimento continua até hoje. Quarenta anos depois, ele ainda está aqui, mas a gente conseguiu continuar porque sabia que tinha feito tudo. Tudo mesmo, sem deixar faltar nada.

O sentimento de dever cumprido não eliminou a dor, mas deu a ela um contorno menos cruel. É como se dissesse: "A gente perdeu, mas não falhou". Essa consciência foi o pilar sobre o qual a ideia se sustentou. A culpa deu lugar à ação. A impotência, à construção.

Nasceu a ideia de um lugar real, com tijolos e acolhimento, onde mães e pais, como eles, pudessem encontrar amparo, afeto, acolhimento. Um teto. Um café quente. Um ouvido. Apoio total e incondicional. E, sobretudo, a sensação de que não estão sozinhos. Essa ideia nasceu não como monumento à tragédia. Mas como resposta. Nasceu como eco de um gesto que um dia veio de fora e que agora voltava para dentro. Era um ciclo completo: um pequeno ser humano que partiu, mas que, de algum modo, continua inspirando caminhos para os que ficaram.

E assim, em 1985, com a ajuda de um anjo, nasceu aquilo que passaria a se chamar AACC — Associação de Apoio à Criança com Câncer.

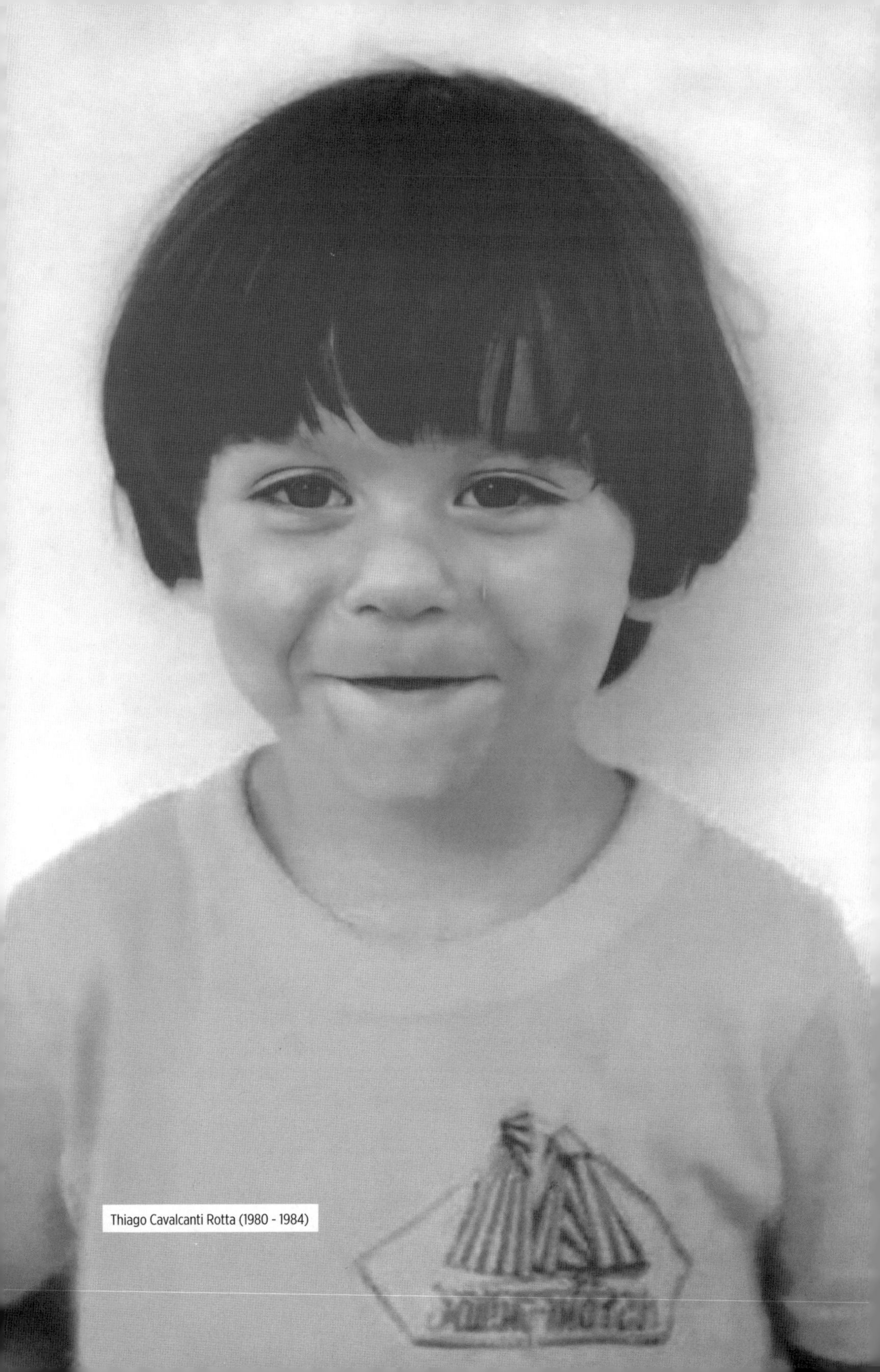

Thiago Cavalcanti Rotta (1980 - 1984)

APÊNDICE

DONNALL THOMAS

Edward Donnall Thomas, MD, conhecido como "Don" pelos amigos, nasceu em uma pequena cidade no centro do Texas em 1920. Sua conquista mais notável, o Prêmio Nobel de Medicina, foi concedida em 1990 por seu desenvolvimento do transplante de medula óssea, que poderia curar pacientes com leucemia avançada. O Dr. Thomas foi presidente da ASH em 1988. Ele era professor emérito da Universidade de Washington e diretor emérito da Divisão de Pesquisa Clínica do Centro de Pesquisa do Câncer Fred Hutchinson. O Dr. Thomas faleceu no sábado, 20 de outubro de 2012, em Seattle, Washington. Ele tinha 92 anos.

ARCHIE BLEYER

O interesse do Dr. Archie Bleyer em Oncologia de Adolescentes e Jovens Adultos (AYA) começou em meados da década de 1990, quando percebeu que o progresso no câncer que havia testemunhado pessoalmente em crianças não havia ocorrido em adolescentes. Como presidente do Children's Cancer Group, ele formou o Comitê AYA do

CCG e, em 1999, fez com que o Instituto Nacional do Câncer dos EUA conduzisse um *workshop* sobre o tema. Posteriormente, ele envolveu o Children's Oncology Group, o Programa de Avaliação de Terapia do Câncer do NCI, o Painel do Presidente dos EUA sobre Câncer, a Sociedade Americana de Oncologia Clínica, o M.D. Anderson Cancer Center da Universidade do Texas, a Fundação Lance Armstrong e a Aflac Insurance Company em uma iniciativa nacional de oncologia AYA. Desde então, a iniciativa foi acompanhada pelo Teenage Cancer Trust do Reino Unido, o Escritório do Diretor do NCI dos EUA (Grupo de Revisão do Programa), Planet Cancer, First Descents, CanTeen, Teen Impact, Enzon Pharmaceuticals, CancerCare, Hyundai Corporation e vários centros de câncer nos EUA, Austrália e Europa. Durante sua carreira em oncologia pediátrica, o Dr. Bleyer recebeu mais de US$ 75 milhões em bolsas de pesquisa como pesquisador principal dos Institutos Nacionais de Saúde, da Sociedade Americana do Câncer e da Sociedade de Leucemia da América. Sua atual missão de pesquisa clínica é dedicada a melhorar o prognóstico de jovens adultos com câncer que não apresentaram resultados tão bons quanto os de pacientes mais jovens e mais velhos.

IRWIN BERNSTEIN

O Dr. Irwin "Irv" Bernstein estuda como as células-tronco da medula óssea se formam, amadurecem e dão origem a todas as células do sangue e do sistema imunológico de uma pessoa. Seu objetivo de longa data é traduzir descobertas laboratoriais em novas terapias para pessoas com leucemia e outras doenças. Um exemplo é o primeiro medicamento "bala mágica", ou conjugado anticorpo-fármaco: gemtuzumabe ozogamicina (Mylotarg). O medicamento para leucemia foi baseado na pesquisa fundamental do Dr. Bernstein sobre biologia das células sanguíneas, e ele foi um dos seus principais desenvolvedores. Sua equipe também aprendeu como um conjunto de sinais chamado via Notch estimula as células-tronco sanguíneas a se multiplicarem. Uma *spinoff* da Fred Hutch, a Nohla Therapeutics, agora está se baseando nessa descoberta para desenvolver terapias celulares de doadores universais e prontas para uso. O Dr. Bernstein também lidera programas de treinamento em pesquisa financiados pelo governo federal para cientistas em início de carreira na Fred Hutch. Por mais de 40 anos, o Dr. Bernstein chefiou o Programa de Oncologia Pediátrica do Fred Hutch e a Divisão de Hematologia e Oncologia do Departamento de Pediatria da UW. O Dr. Bernstein é especialista em cânceres hematológicos, oncologia pediátrica e pesquisa. Ele é chefe da divisão de hematologia/oncologia pediátrica do Hospital Infantil de Seattle, mas não atende pacientes.

THOMAS PENDERGRASS

O Dr. Thomas W. Pendergrass é hematologista-oncologista pediátrico em Seattle, Washington. Ele se formou em Medicina pela Faculdade de Medicina do Centro de Ciências da Saúde da Universidade do Tennessee e atua na área há mais de vinte anos.

ROBERT HICKMAN

Robert Othello Hickman foi um nefrologista pediátrico da região de Seattle, EUA, e inventor do cateter de Hickman. Era membro de A Igreja de Jesus Cristo dos Santos dos Últimos Dias. Hickman foi criado em Logan, Utah. Serviu na Força Aérea dos EUA de 1945 a 1946. De 1947 a 1949, serviu como missionário da Igreja de Jesus Cristo na França. Casou-se com Lucy Jean Whitesides em 1950. Formou-se em Anatomia pela Universidade de Utah. Mais tarde, formou-se em Medicina pela Faculdade de Medicina da Universidade de Maryland. Fez estágio na Universidade de Utah e residência na Universidade de Washington, onde trabalhou com Belding Scribner em hemodiálise.

FIZEMOS TUDO O QUE ERA POSSÍVEL